ACCESO AL E-BOOK GRATIS + 2 MESES A CONECT@

[+] Diríjase a la página web de la editorial www.tirant.com

[+] En *Mi cuenta* vaya a Mis promociones https://www.tirant.com/mispromociones

[+] Introduzca su mail y contraseña, si todavía no está registrado debe registrarse

[+] Una vez en Mis promociones inserte el código oculto en esta página para activar la promoción

Código Promocional

ZWCCAGJMSYGSYJRHZ7LKKQ

Rasque para visualizar

La utilización del LIBRO ELECTRÓNICO y la visualización del mismo en NUBE DE LECTURA excluyen los usos bibliotecarios y públicos que puedan poner el archivo electrónico a disposición de una comunidad de lectores. Se permite tan solo un uso individual y privado.

D1694367

CONOZCA CONECT@

No se admitirá la devolución de este libro si el código promocional ha sido manipulado

Pásate a Conect@

Web de apoyo para los estudiantes de Derecho

www.conectaderecho.com

Materiales:
Textos útiles para conseguir un aprobado.

Foros:
Intercambia experiencias con otros compañeros

Libros en préstamo
Por que leer ha dejado de ser caro.

Tirant TV:
La Tele jurídica más dinámica

Librería:
Libros con precios exclusivos para suscriptores

Base de datos
Toda la legislación, jurisprudencia y documentos que necesitas, junto a un completo índice que recorre todas las materias, para facilitarte el desarrollo de tus actividades académicas.

Consigue nuestro tablet conect@ con la aplicación ya instalada!

Disponible en App Android!

POLÍTICAS ECONÓMICAS COYUNTURALES
Objetivos e instrumentos

COMITÉ CIENTÍFICO DE LA EDITORIAL TIRANT LO BLANCH

MARÍA JOSÉ AÑÓN ROIG
Catedrática de Filosofía del Derecho de la
Universidad de Valencia

ANA BELÉN CAMPUZANO LAGUILLO
Catedrática de Derecho Mercantil de la
Universidad CEU San Pablo

JORGE A. CERDIO HERRÁN
Catedrático de Teoría y Filosofía de
Derecho. Instituto Tecnológico
Autónomo de México

JOSÉ RAMÓN COSSÍO DÍAZ
Ministro de la Suprema Corte
de Justicia de México

OWEN M. FISS
Catedrático emérito de Teoría del Derecho de la
Universidad de Yale (EEUU)

LUIS LÓPEZ GUERRA
Juez del Tribunal Europeo de Derechos Humanos
Catedrático de Derecho Constitucional de la
Universidad Carlos III de Madrid

ÁNGEL M. LÓPEZ Y LÓPEZ
Catedrático de Derecho Civil de la
Universidad de Sevilla

MARTA LORENTE SARIÑENA
Catedrática de Historia del Derecho de la
Universidad Autónoma de Madrid

JAVIER DE LUCAS MARTÍN
Catedrático de Filosofía del Derecho y Filosofía
Política de la Universidad de Valencia

VÍCTOR MORENO CATENA
Catedrático de Derecho Procesal de la
Universidad Carlos III de Madrid

FRANCISCO MUÑOZ CONDE
Catedrático de Derecho Penal de la
Universidad Pablo de Olavide de Sevilla

ANGELIKA NUSSBERGER
Jueza del Tribunal Europeo de Derechos Humanos
Catedrática de Derecho Internacional de la
Universidad de Colonia (Alemania)

HÉCTOR OLASOLO ALONSO
Catedrático de Derecho Internacional de la
Universidad del Rosario (Colombia) y Presidente del
Instituto Ibero-Americano de La Haya (Holanda)

LUCIANO PAREJO ALFONSO
Catedrático de Derecho Administrativo de la
Universidad Carlos III de Madrid

TOMÁS SALA FRANCO
Catedrático de Derecho del Trabajo y de la
Seguridad Social de la Universidad de Valencia

JOSÉ IGNACIO SANCHO GARGALLO
Magistrado de la Sala Primera (Civil) del
Tribunal Supremo de España

TOMÁS S. VIVES ANTÓN
Catedrático de Derecho Penal de la
Universidad de Valencia

RUTH ZIMMERLING
Catedrática de Ciencia Política de la
Universidad de Mainz (Alemania)

Procedimiento de selección de originales, ver página web:
http://www.tirant.net/index.php/editorial/procedimiento-de-seleccion-de-originales

POLÍTICAS ECONÓMICAS COYUNTURALES
Objetivos e instrumentos

CARLOS OCHANDO CLARAMUNT
Coordinador

tirant lo blanch
Valencia, 2015

Copyright ® 2015

Todos los derechos reservados. Ni la totalidad ni parte de este libro puede reproducirse o transmitirse por ningún procedimiento electrónico o mecánico, incluyendo fotocopia, grabación magnética, o cualquier almacenamiento de información y sistema de recuperación sin permiso escrito de los autores y del editor.

En caso de erratas y actualizaciones, la Editorial Tirant lo Blanch publicará la pertinente corrección en la página web www.tirant.com (http://www.tirant.com).

© Carlos Ochando Claramunt y otros

© TIRANT LO BLANCH
EDITA: TIRANT LO BLANCH
C/ Artes Gráficas, 14 - 46010 - Valencia
TELFS.: 96/361 00 48 - 50
FAX: 96/369 41 51
Email:tlb@tirant.com
http://www.tirant.com
Librería virtual: http://www.tirant.es
DEPÓSITO LEGAL: V-1927-2015
ISBN: 978-84-9086-932-1
IMPRIME: Guada Impresores, S.L.
MAQUETA: Tink Factoría de Color

Si tiene alguna queja o sugerencia, envíenos un mail a: *atencioncliente@tirant.com*. En caso de no ser atendida su sugerencia, por favor, lea en *www.tirant.net/index.php/empresa/politicas-de-empresa* nuestro Procedimiento de quejas.

Índice

PRÓLOGO 11

Capítulo 1
OBJETIVOS DE LAS POLÍTICAS ECONÓMICAS A LARGO PLAZO: DESARROLLO, CRECIMIENTO Y DISTRIBUCIÓN DE LA RENTA
SALVADOR PÉREZ MORENO
JOSÉ J. BENÍTEZ ROCHEL

1. Introducción 15
2. Desarrollo, crecimiento y distribución como objetivos: significado y medición 16
3. Crecimiento económico 21
   3.1. Algunos datos 21
   3.2. Teorías del crecimiento económico 24
   3.3. Políticas de crecimiento económico 26
      A) Capital 26
      B) Trabajo 29
      C) Tecnología 30
      D) Instituciones 33
4. Distribución de la renta 34
   4.1. Algunos datos 34
   4.2. Factores de la desigualdad de la renta 37
   4.3. Políticas distributivas 40
      A) Impuestos 40
      B) Transferencias 41
      C) Control de precios 42
      D) Provisión directa de bienes y servicios 43
5. Relación entre crecimiento y distribución de la renta 44

Capítulo 2
OBJETIVOS DE LAS POLÍTICAS ECONÓMICAS A CORTO PLAZO Y MEDIO PLAZO: CICLOS ECONÓMICOS, ESTABILIDAD DE PRECIOS Y EMPLEO
MAJA BARAC

1. Introducción 49
2. Los ciclos económicos 50
   2.1. El concepto teórico del ciclo económico 50
   2.2. Las perturbaciones generadoras de los ciclos económicos 51
   2.3. Los principales enfoques sobre Teorías de los Ciclos Económicos 53
   2.4. ¿Cómo cuantificamos el ciclo económico? 58
3. La estabilidad de precios 59
   3.1. Conceptos básicos de la estabilidad de precios 59
   3.2. El objetivo de la estabilidad de precios 63

3.3. Diferentes tipos de inflación, situación de deflación y recomendaciones de política económica 65
4. El empleo.. 69
   4.1. Conceptos básicos 69
   4.2. El objetivo de empleo 71
   4.3. El mercado de trabajo: enfoques teóricos y políticas económicas.................. 74
   4.4. El objetivo de empleo en la Unión Europea 77
5. La interacción de los objetivos de estabilidad de precios y del empleo 79
6. Conclusiones finales... 81

Capítulo 3
POLÍTICA FISCAL Y PRESUPUESTARIA (I). INGRESOS Y GASTOS PÚBLICOS
ISIDRO ANTUÑANO MARURI
VÍCTOR FUENTES PRÓSPER

1. Introducción 85
2. Política de ingresos públicos 89
   2.1. Características generales.. 89
   2.2. Ingresos públicos y presión fiscal 90
   2.3. La distribución de la presión fiscal 93
   2.4. La descentralización de los ingresos públicos 95
   2.5. La instrumentación de la política fiscal... 96
3. Política de gastos públicos 99
   3.1. Introducción... 99
   3.2. Nivel del gasto público, y su evolución en el tiempo..................................... 99
   3.3. Cambios en la composición del gasto público.. 102
   3.4. Impacto de la crisis sobre la política de gastos públicos 107
4. Presupuestación, gestión y control de los ingresos y gastos públicos 109
   4.1. Características generales de los presupuestos... 109
   4.2. Las fases presupuestarias 110

Capítulo 4
POLÍTICA FISCAL Y PRESUPUESTARIA (II). DÉFICIT PÚBLICO Y DEUDA PÚBLICA
JORGE UXÓ GONZÁLEZ
FERNANDO BERMEJO PATÓN

1. Introducción 115
2. La política fiscal y el control de la demanda agregada: objetivos e instrumentos...... 116
3. Estabilizadores automáticos y medidas discrecionales.. 119
4. Indicadores para medir la orientación de la política fiscal 124
   4.1. El saldo presupuestario y su variación 124
   4.2. La variación del saldo primario ajustado cíclicamente................................... 126
   4.3. Políticas fiscales procíclicas y anticíclicas.. 130
5. La eficacia de la política fiscal 131
6. Déficit público y dinámica de la deuda... 137
7. Los efectos de las políticas de consolidación fiscal 142

Capítulo 5
POLÍTICA MONETARIA Y FINANCIERA (I): LA POLÍTICA MONETARIA
XOSÉ CARLOS ARIAS
JOSÉ FRANCISCO TEIXEIRA
ANA ESTHER CASTRO

1. Introducción 145
2. Política monetaria. Conceptos básicos 146
   2.1. Objetivos y estrategia de intervención de la política monetaria 146
   2.2. Instrumentos de política monetaria 147
   2.3. Los mecanismos de transmisión monetaria 152
3. La política monetaria en Europa. El banco central europeo 155
   3.1. La actuación básica del BCE 155
   3.2. El período de la política monetaria convencional, 1999-2007 157
4. Políticas monetarias no convencionales y urgentes: la actuación del BCE y la reserva federal 159
   4.1. La reacción de la Reserva Federal 159
   4.2. La política monetaria del BCE a partir de 2007 160
      A) El período de emergencia (2008-2011) 161
      B) El cambio de rumbo de la política 163
5. La gestación de una nueva política monetaria. Perspectivas de largo plazo 166
   5.1. Abandono del "inflation targeting" y ampliación de los objetivos de inflación . 167
   5.2. Integración entre políticas monetarias y regulación prudencial 168
   5.3. Mejor coordinación de los bancos centrales 169
   5.4. ¿Hacia mayores controles de capital? 169
   5.5. Cambios institucionales: el problema de la independencia de los bancos centrales a una nueva luz 171

Capítulo 6
POLÍTICA MONETARIA Y FINANCIERA (II): LA POLÍTICA FINANCIERA MACROPRUDENCIAL
ANTONIO CALVO BERNARDINO

1. La política financiera: concepción tradicional y perspectiva moderna 175
   1.1. Concepto y evolución de la política financiera 175
   1.2. El sistema financiero: estructura general y funciones en el marco de la política financiera 177
   1.3. Las razones de la regulación financiera 179
2. Los pilares de la política financiera moderna: las políticas macroprudencial y microprudencial 181
3. Los instrumentos de la política financiera con perspectiva macroprudencial 184
   3.1. Los instrumentos tradicionales de la política financiera con orientación básicamente macroeconómica 186
   3.2. Los instrumentos de la política macroprudencial 188
4. Los agentes de la política financiera 191
   4.1. Funciones generales de las autoridades en la regulación financiera: las competencias de los órganos nacionales 191

4.2. Autoridades supranacionales con competencias en el ámbito de la regulación financiera macroprudencial 195

Capítulo 7
POLÍTICAS DE ESTABILIZACIÓN EXTERIOR: EQUILIBRIO EXTERIOR, SOSTENIBILIDAD DE LA BALANZA DE PAGOS Y POLÍTICAS DE AJUSTE EXTERIOR
JESÚS PAÚL GUTIÉRREZ

1. Introducción 205
2. El equilibrio exterior: las dificultades para su delimitación 206
3. Balanza por cuenta corriente: significado macroeconómico y diferentes perspectivas.. 209
4. Determinantes del saldo por cuenta corriente 215
5. Desequilibrios por cuenta corriente y posición de inversión internacional............... 217
6. Factores que inciden sobre la sostenibilidad de un desequilibrio por cuenta corriente. 219
7. Política de ajuste exterior 223
    7.1. Políticas para la financiación del déficit en cuenta corriente........... 224
    7.2. Políticas de corrección del déficit por cuenta corriente 226
        A) El tipo de cambio como instrumento de corrección del déficit exterior........ 226
        B) El papel de las políticas monetaria y fiscal en la corrección del déficit exterior 231

Capítulo 8
POLÍTICA DE RENTAS
CARLOS OCHANDO CLARAMUNT

1. Política de rentas, concertación social y modelo corporatista de relaciones laborales .. 235
    1.1. Los diferentes niveles de concertación social y de organización de los intereses 238
2. La instrumentación tradicional de la política de rentas 240
    2.1. Tipología de política de rentas... 243
        A) La política de rentas indicativa... 243
        B) Política de rentas obligatoria 243
        C) La política de rentas cooperativa... 244
    2.2. Beneficios y costes en la aplicación de las políticas de rentas 245
        A) Los beneficios macroeconómicos potenciales de las políticas de rentas........ 245
        B) Los beneficios políticos, institucionales y organizativos............ 246
    2.3. La difícil evaluación de los resultados de la política de rentas anti-inflacionista... 247
3. Crisis económica, devaluación salarial y distribución de la renta 250
4. Distribución de la renta, demanda agregada y crecimiento económico................ 255
5. El nuevo papel de la política de rentas 257

Prólogo

CARLOS OCHANDO CLARAMUNT

"La justicia, la seguridad o la belleza son objetivos a los que la gente puede aspirar incluso si el mercado fuera eficiente en el sentido corriente e incluso si su búsqueda fuera económicamente costosa".
(Przeworski, A.: "Una mejor democracia, una mejor economía" Claves de Razón Práctica nº 70, 1997, pág. 9).

El origen de este libro se remonta a una serie de manuales publicados por los compañeros del área de Política Económica del Departamento de Economía Aplicada de la Universidad de Valencia. De hecho, el inmediato antecesor de este manual fue coordinado por los profesores Isidro Antuñano y Antonio Sánchez, y llevaba por título *Política Económica. Elaboración y políticas coyunturales* (Tirant Lo Blanch, 2009). De alguna manera, el presente manual supone una revisión, actualización y ampliación de ese libro anterior.

No obstante, la vocación de este trabajo es ligeramente diferente a los anteriores. Por primera vez, se ha abierto a la participación de compañeros/as de otras Universidades, lo que creemos que, sin duda, ha enriquecido su contenido. Es el principal rasgo diferenciador de este manual respecto a los anteriores publicados en esta misma editorial.

El libro tiene por objeto el análisis de los principales objetivos e instrumentos de las llamadas políticas coyunturales o instrumentales. Es decir, aquellas políticas de naturaleza macroeconómica que tratan de estabilizar los ciclos económicos y los shocks externos y que fijan sus objetivos en el corto y medio plazo. Otros manuales de esta misma editorial están dedicados al análisis de otros aspectos de la política económica (análisis de los procesos de elaboración, de los agentes que intervienen en el proceso de decisión, evaluación de las políticas públicas, análisis de las políticas sectoriales, reformas estructurales, etc.).

Hemos intentado sintetizar el contenido del manual al máximo en ocho capítulos. La estructura formal del mismo es la siguiente. Los dos primeros capítulos están dedicados a los objetivos de la política económica. El primero aborda los objetivos a largo plazo (crecimiento económico, desarrollo y distribución de la renta). Tradicionalmente, tales objetivos han quedado fuera de campo de acción de las políticas coyunturales o de estabilización a corto plazo. No obstante, nos ha parecido oportuno tratarlos en el manual ya que la distinción entre el corto y el largo plazo cada vez está más desdibujada y, sin duda, las políticas de estabilización también tienen unos efectos más que notables en los objetivos a largo plazo.

El segundo capítulo está dedicado al estudio de los objetivos a corto y medio plazo (empleo e inflación). Este capítulo hace una referencia especial a la importancia que están adquiriendo los ciclos económicos en el debate actual de la política económica. Durante las últimas décadas parecía que los ciclos económicos habían desaparecido, pero la Gran Recesión nos ha recordado que existen (¿de verdad habían desaparecido?) y que tienen una relevancia extraordinaria en la instrumentación de la política económica.

A partir del capítulo tres nos adentramos en el análisis de los instrumentos de la política de estabilización económica. Los capítulos tres y cuatro están dedicados a la política fiscal y presupuestaria (ingresos, gastos, déficit público y deuda pública). Los capítulos cinco y seis tienen como objetivo el estudio de la política monetaria y financiera. El primero centrado en la política monetaria y el segundo en la política y regulación financiera. Sin duda, la regulación financiera no es neutral respecto a los resultados macroeconómicos y, en la actualidad, está adquiriendo una inusitada importancia en la gestión de las políticas económicas. De ahí que hayamos considerado necesario tratarla en un capítulo aparte, dándole una entidad propia.

El capítulo siete está dedicado a los desequilibrios exteriores de la economía y a las políticas que permiten su corrección. Finalmente, el capítulo ocho analiza los objetivos e instrumentación de la política de rentas. Esta política tiene una naturaleza diferente a las anteriores. Recordemos que la política de rentas interviene en el proceso de generación de las rentas y no en el momento del gasto de las mismas (como ocurre con la política fiscal o la política monetaria). Creemos que la política de rentas debe de tener su espacio en un libro de estas características, por dos razones fundamentales: la primera, porque ha sido un instrumento de política económica muy utilizado en el pasado (el caso español da buena muestra de ello) y la segunda, porque la crisis actual revitaliza su uso. En la agenda actual de la política económica está encontrar una norma salarial óptima que contribuya a alcanzar otros objetivos de la política económica y que compatibilice adecuadamente la equidad y la eficiencia económica.

El manual está dirigido, esencialmente, a los estudiantes del Grado de Economía, aunque puede ser utilizado por alumnado de otras titulaciones e, incluso, por personas expertas y especializadas en la materia. Dirigirnos principalmente a este público nos ha obligado a ser didácticos. Hemos intentado exponer los principales conceptos, los diferentes enfoques teóricos y las principales ideas con claridad y sencillez, intentando que la lectura de los distintos capítulos sea atractiva y útil como herramienta de estudio. Todos los capítulos incluyen cuadros, recuadros, tablas, gráficos, esquemas y ejemplos para facilitar su lectura. A pesar de eso, todos los autores hemos intentado no perder el rigor científico y académico necesario que debe presidir un libro de estas características.

Advertimos que no se trata de un manual de economía española, aunque se ponen numerosos ejemplos sobre la política económica española y se hace continua referencia al caso español. A lo largo del manual se adopta una perspectiva más general y abstracta (también comparada) de la política económica.

Nuestro punto de partida ha sido el análisis de la intervención del Estado a partir de objetivos e instrumentos. Es decir, se ha adoptado un enfoque clásico de Política Económica. Sin embargo, el manual pretende ser, en sí mismo, un ejercicio de pluralismo metodológico. Los autores proceden, no sólo de distintas Universidades, sino de diferentes corrientes de pensamiento dentro de una ciencia económica que siempre es, no lo olvidemos, plural y con multitud de paradigmas metodológicos, en ocasiones, contradictorios entre sí. Es, especialmente, en la Política Económica donde debemos tener más presente la existencia de esa diversidad teórica y metodológica. Hacer política económica es elegir entre diferentes opciones disponibles lo cual conlleva siempre la incorporación de juicios de valor y posicionamientos normativos (que por definición son plurales). No existe una visión monolítica de la Política Económica (como tampoco existe en la ciencia económica en general). Esperemos que esa riqueza metodológica esté recogida en el manual y sea puesta en valor por el lector.

Otra de las características de la Política Económica es su metodología interdisciplinar. La Política Económica se complementa y enriquece con conocimientos que proceden de ámbitos tan diversos como la sociología, la psicología, la antropología, la ciencia política y un largo etcétera de ramas. No puede ser de otra manera. Comprender la intervención del Estado y las consiguientes reacciones y comportamientos de las personas derivadas de la misma, requiere del conocimiento que aportan otras ciencias sociales diferentes a la economía. En 1992 un periodista le preguntó a Edgar Morin si le parecía peligrosa la ciencia, a lo que éste le contestó: *"no la ciencia, sino esa barbarie en el interior de la ciencia que es el pensamiento disciplinar, la compartimentación en disciplinas. Muchos científicos solo tienen una visión de los problemas de sus respectivas disciplinas, que ha sido arbitrariamente recortados en el tejido complejo de los fenómenos. Esos científicos tienen una pobreza increíble para comprender los problemas globales. Y todos los problemas importantes son problemas globales. Nuestro modo de pensamiento científico, yo diría el modo cartesiano que consiste en aislar los problemas, es algo que aporta ignorancia"*.

Por otro lado, los autores han hecho un admirable esfuerzo de síntesis y de actualización de la información para elaborar estos ocho capítulos. Han intentado describir y analizar los cambios en la política económica acaecidos en los últimos años (especialmente, a partir de la crisis económica actual) adoptando un enfoque realista y actualizado. ¿Qué se ha hecho en política económica en los últimos años?, ¿cuáles han sido (y son) los debates significativos en política económica desde la crisis hasta ahora?, ¿cómo han cambiado los objetivos e instrumentos de la política económica en estos últimos años?, ¿qué alternativas de política económica se plantean en este último periodo tiempo? Estas son algunas de las preguntas que tratan de contestar cada uno de los capítulos.

Para finalizar, permítaseme expresar dos agradecimientos muy especiales (la lista sería demasiado extensa para un prólogo tan breve). En primer lugar, a todas las personas que han colaborado en este manual. Enseguida aceptaron el reto. El trabajo y esfuerzo que han dedicado a este proyecto ha sido admirable. Trabajar con todos ellos ha sido francamente muy estimulante y han hecho que la labor de coordinación, además de muy fácil, haya sido extraordinariamente enriquecedora para mi (debo reconocer que he aprendido mucho releyendo una y otra vez los capítulos del manual).

En segundo lugar, deseo expresar mi más sincero agradecimiento a todos los compañeros y compañeras que participaron en la publicación de los manuales anteriores de Política Económica. El trabajo académico siempre es un trabajo colectivo que se nutre de las relaciones personales y del intercambio de ideas. También este libro es el resultado de años de intercambio de ideas, de experiencias, de seminarios, de materiales didácticos compartidos, etc. En definitiva, de la generosidad de muchas personas, especialmente, de los compañeros de Política Económica de la Universidad de Valencia. Vaya por delante, pues, mi agradecimiento a ellos por tantas ideas y experiencias compartidas.

CARLOS OCHANDO CLARAMUNT
junio de 2015

Capítulo 1
Objetivos de las políticas económicas a largo plazo: desarrollo, crecimiento y distribución de la renta

SALVADOR PÉREZ MORENO
JOSÉ J. BENÍTEZ ROCHEL
Universidad de Málaga

1. Introducción

La intervención del Estado en las economías mixtas está orientada, en última instancia, a la satisfacción de necesidades sociales. En los sistemas democráticos, de acuerdo con una estructura de preferencias colectivas conformada a partir de diversas preferencias individuales, se determina la orientación general de la política económica y se formulan una serie de objetivos. Aunque todos los objetivos presentan simultáneamente efectos que se transmiten a corto y a largo plazo, se suele destacar a largo plazo el desarrollo, el crecimiento económico y la distribución de la renta. Sin duda, se trata de objetivos fundamentales para elevar el nivel de vida general de todos los ciudadanos en el largo plazo. Mientras que el crecimiento económico es un proceso acumulativo que permite a una sociedad disfrutar de más y mejores bienes y servicios para satisfacer sus necesidades y deseos, la distribución de los beneficios del crecimiento es igualmente un aspecto trascendental para cualquier sociedad.

Ambos objetivos de política económica, además, están interconectados, de manera que hace aconsejable un tratamiento que tenga en cuenta sus posibles interrelaciones. En este sentido, aunque existe una abundante literatura teórica y empírica que resalta la posible relación de compatibilidad entre crecimiento y distribución de la renta desde diversas perspectivas, con frecuencia se suele argüir potenciales conflictos entre eficiencia y equidad, planteándose la necesidad de establecer una jerarquía o un orden de prioridades. Cabe traer a colación, por ejemplo, las intervenciones públicas destinadas a reducir las desigualdades que afectan a la estructura de incentivos de la economía, que pueden tener repercusiones negativas sobre los estímulos que tienen los individuos a trabajar, ahorrar o emprender iniciativas empresariales.

Así las cosas, en el plano político puede entenderse, incluso, que el binomio crecimiento-distribución de la renta constituye una de las esencias que diferencian las distintas corrientes políticas. Por un lado, se encuentran las opciones que dan mucha importancia a la igualdad y a las formas de atenuar y reducir los factores de desigualdad. Y, por otro lado, aquellas otras que anteponen el crecimiento económico que generan las reglas de juego de la economía de mercado a cualquier otro objetivo, amparándose en el respeto a la libertad individual. Entre ambos extremos, encontramos un amplio espectro político que pondera en distinta medida los principios de igualdad y libertad, con objeto de alcanzar conjuntamente altas cotas de crecimiento económico y de equidad en la distribución de la renta, de acuerdo con unas determinadas preferencias colectivas, en un contexto de desarrollo cuyos principales paradigmas hoy día son el desarrollo humano y el desarrollo sostenible.

2. Desarrollo, crecimiento y distribución como objetivos: significado y medición

El *desarrollo* es un fenómeno complejo sobre el cual no existe una definición unívoca. De hecho, su significado difiere en gran medida en función de la corriente de pensamiento y perspectiva de análisis adoptada. En general, en las primeras aportaciones de los llamados *pioneros del desarrollo*, autores que en los años cuarenta y cincuenta del siglo XX empezaron a teorizar y a hacer propuestas sobre el desarrollo de los países del Sur, se solía identificar desarrollo con desarrollo económico, y éste con crecimiento económico. Este enfoque simplista y unidimensional del desarrollo, esencialmente centrado en el crecimiento económico, ha ido progresivamente evolucionando hacia un enfoque más integral, teniendo en cuenta, por un lado, las trasformaciones estructurales e institucionales y, por otro, ciertos aspectos importantes relacionados con la salud, la educación o el medioambiente (Recuadro 1.1).

> **Recuadro 1.1**
> **La Economía Política del Desarrollo y la tesis de la *monoeconomía***
>
> Desde la década de los cuarenta, momento en que el tema del desarrollo cobra una especial significación, diferentes corrientes de pensamiento han rechazado la posibilidad de que la teoría económica convencional pueda aplicarse a los países del Sur, proponiendo construcciones científicas adaptadas a su realidad. En el campo de la Economía Política del Desarrollo (o, simplemente, Economía del Desarrollo, para algunos autores), siguiendo los estudios de A. L. Hidalgo Capitán, cabe diferenciar siete escuelas de pensamiento: escuela de la *modernización*, *estructuralista*, *neomarxista*, *neoliberal*, *islamista*, *alternativa* y *neoinstitucionalista*. Dichas grandes corrientes de pensamiento, aunque integran contribuciones muy diversas, comparten ciertas características. En general, las escuelas de la *modernización*, *estructuralista* y *neoinstitucionalista* rechazan la tesis de la *monoeconomía*, al considerar la economía convencional como una teoría económica que solo es aplicable a países desarrollados. Por su parte, aunque desde diferentes ópticas y con importantes matices, las escuelas *neoliberal* y *alternativa* aceptan la aplicación de la tesis de la *monoeconomía*, mientras que las escuelas *neomarxista* e *islamista* admiten la aplicación universal de una teoría económica, aunque diferente a la convencional.
>
> Desde mediados de los años cuarenta hasta mediados de los años setenta, la escuela de la *modernización* fue la corriente ortodoxa en el campo del desarrollo. Frente a ella surgieron otras corrientes heterodoxas. A partir de los años setenta, la escuela *neoliberal* tomó el relevo como escuela ortodoxa de la Economía Política del Desarrollo, al tiempo que la escuela *alternativa* adquiría un especial protagonismo. Dicha escuela adopta un enfoque multidisciplinar que abarca distintas áreas temáticas, siendo el desarrollo humano y el desarrollo sostenible sus dos principales paradigmas.
>
> En la última década una de las corrientes que ha presentado una mayor actividad intelectual ha sido el *neoinstitucionalismo*, de forma tal que empieza a considerarse que puede estar llamada a ser la nueva ortodoxia de la Economía Política del Desarrollo.

Hoy día para definir con rigor qué entendemos por desarrollo es fundamental adjetivarlo y especificar el tipo de desarrollo al que nos estamos refiriendo. Dos son los enfoques predominantes: desarrollo humano y desarrollo sostenible.

El primer *Informe sobre Desarrollo Humano*, publicado en 1990 por el Programa de las Naciones Unidas para el Desarrollo, definía el *desarrollo humano* como un proceso mediante el cual se ofrece a las personas mayores oportunidades. Entre éstas, las más importantes son una vida prolongada y saludable, educación, y acceso a los recursos necesarios para tener un nivel de vida decente. Bajo este prisma, el desarrollo humano puede entenderse como un concepto amplio e integral basado en la idea de bienestar de la población, que se refiere a la formación de capacidades humanas y al uso de las mismas. De la misma forma, la libertad se considera primordial para el desarrollo humano, de manera que los individuos deben ser libres para aprovechar sus oportunidades y participar en la configuración de la estructura política de la sociedad (*desarrollo como libertad*, en palabras de A. Sen). Aunque con ciertos cambios en la medición desde su aparición en 1990, los progresos en el desarrollo humano se miden a través del denominado Índice de Desarrollo Humano (IDH), como principal indicador de referencia, que refleja los logros medios en tres dimensiones básicas del desarrollo humano. En concreto, se trata de un indicador compuesto que combina mediante una media geométrica indicadores de salud (esperanza de vida al nacer), educación (media de años de escolaridad y años de escolaridad previstos) y bienestar material (Renta Nacional Bruta per cápita en Paridad de Poder Adquisitivo, PPA).

Por su parte, el concepto de *desarrollo sostenible* tiene su origen en el Informe "Nuestro Futuro Común", más conocido como *Informe Brundtland*, presentado por la Comisión Mundial del Medio Ambiente y del Desarrollo en 1987, que definía el desarrollo sostenible como el desarrollo que satisface las necesidades de la generación presente sin comprometer la capacidad de las generaciones futuras para satisfacer sus propias necesidades. Se trata de una interpretación tridimensional, que engloba, además de la dimensión económica y la social, la sostenibilidad. Dicho término, que recibió un respaldo político internacional en la Cumbre de la Tierra de Río de Janeiro (1992), y a pesar de que ha sido objeto de ciertas controversias, ha constituido desde entonces un referente importante para instituciones internacionales, gobiernos y sociedad civil. En este contexto, durante estas décadas, se han desarrollado diferentes enfoques que pretenden medir el progreso global en materia de desarrollo sostenible.

Centrándonos en el *crecimiento económico*, hemos de subrayar, en primer lugar, que hoy por hoy continúa siendo un objetivo fundamental de la política económica a largo plazo. Los países que han tenido éxito en la carrera del crecimiento económico, como Gran Bretaña en el siglo XIX, Estados Unidos en el siglo XX o China en las últimas décadas, han conseguido incrementar noblemente el bienestar material medio de sus ciudadanos. En líneas generales, se suele entender por crecimiento económico la expansión de la producción potencial de un país o territorio, de acuerdo con unas disponibilidades de factores de producción y una capacidad de generación o adquisición de tecnología determinada. Para su medición, además de considerar la tasa de variación del Producto Interior Bruto (PIB) [o Producto Nacional Bruto (PNB) o Renta Nacional Bruta (RNB)], es importante tener en cuenta el crecimiento de la producción por habitante (PIB, PNB o RNB per cápita) como objetivo a largo plazo, toda vez que indica un aumento del nivel de vida medio de la población. Normalmente, las comparaciones internacionales se realizan en términos de PPA (usualmente, dólares estadounidenses), de manera que una unidad monetaria tiene el mismo poder adquisitivo en todos los países.

Conviene precisar que por crecimiento sostenido suele identificarse aquella senda de crecimiento que se mantiene de forma sostenida en el tiempo, mientras que el crecimiento sostenible hace referencia, más que a la amplitud del mismo, al tipo de crecimiento que permite que generaciones futuras puedan disfrutar de los mismos recursos medioambientales que las generaciones precedentes.

En cuanto a la *distribución de la renta*, ésta puede analizarse desde diferentes perspectivas, tales como la *distribución espacial* o *territorial de la renta* (diferencias en los niveles de renta media entre territorios), *distribución funcional* o *factorial de la renta* (reparto de la renta entre factores de producción, tradicionalmente trabajo y capital, aunque también debe tenerse en cuenta las rentas mixtas y las rentas obtenidas por el sector público), o *distribución personal de la renta* (disparidades de rentas entre individuos u hogares de una sociedad, descontados impuestos directos y cotizaciones y añadidas las transferencias monetarias recibidas desde los poderes públicos). En nuestro caso, adoptamos esta última perspectiva de análisis.

La distribución de la renta es uno de los objetivos de política económica más cargado de juicios de valor. En la medida en que puede considerarse como un fin de contenido ético en sí mismo, su tratamiento sobrepasa claramente el debate estrictamente económico. La idea de alcanzar una sociedad más equitativa está vinculada con el concepto de justicia y, por tanto, sujeta a valoraciones. Tradicionalmente, para definir qué se entiende por una distribución justa de la renta se utilizan distintos criterios: *criterio de igualdad* (todos los sujetos recibirían la misma retribución), *criterio de distribución según las necesidades* (se perseguiría que todos los individuos obtuviesen niveles de satisfacción equivalentes, aunque su puesta en práctica implica serias dificultades), *criterio de distribución atendiendo a los méritos personales* (según el esfuerzo realizado o conforme a los resultados obtenidos), *criterio de igualdad de oportunidades* (mismos derechos y posibilidades de acceder al bienestar), etc. Actualmente se tiende a priorizar la búsqueda de la igualdad de oportunidades como objetivo político, frente a criterios de igualdad más proclives a la creación de incentivos discutibles o a criterios que desatienden a aquellas personas menos capacitadas, en línea con las preferencias colectivas de las sociedades contemporáneas.

Por otro lado, frecuentemente se suele distinguir entre *equidad categórica* y *equidad vertical*. El primer principio se fundamenta en la idea de que todos los individuos deben poder disponer de ciertas cantidades mínimas de determinados bienes. Se orienta a favorecer a los grupos con rentas más bajas, tratando de proporcionales niveles mínimos de bienestar y de evitar situaciones de pobreza. Por su parte, el principio de equidad vertical plantea la disminución de la desigualdad general entre todos los grupos de renta. En el límite se llegaría a una situación de igualdad total en términos de renta.

Teniendo en cuenta las anteriores consideraciones, son numerosos y variados los indicadores que pueden utilizarse para medir la distribución de la renta. En general, cabe discriminar, fundamentalmente, entre medidas de desigualdad y medidas de pobreza. Entre las medidas de *desigualdad*, el indicador más comúnmente utilizado es el coeficiente de Gini (basado en la Curva de Lorenz, que permite la representación gráfica de la desigualdad en la distribución de la renta), que toma valores comprendidos entre 0 (equidistribución) y 1 (máxima desigualdad). Además de otros indicadores ampliamente conocidos, como los de Theil o Atkinson, en los últimos años, particularmente en la Unión Europea (UE), está cobrando una alta relevancia el ratio S80/S20, que mide la proporción de los ingresos totales percibidos por el 20% de la población con mayores ingresos (quintil superior) en relación con los ingresos recibidos por el 20% de la población con ingresos más bajos (quintil inferior).

El principal indicador de *pobreza* es la tasa de pobreza (o tasa de recuento de pobreza o tasa de riesgo de pobreza), que mide la incidencia de la pobreza como porcentaje de personas de la población total que se encuentra por debajo del umbral de pobreza. Es fundamental, pues, la definición del umbral de pobreza para la medición de la pobreza objetiva. Para ello, se puede adoptar diferentes líneas de pobreza dependiendo del enfoque adoptado: absoluto o relativo. El enfoque absoluto suele aplicarse para los países en desarrollo, con umbrales de 1,25 o 2,50 dólares (PPA) por persona al día o bien umbrales nacionales específicos, indicando situaciones en las cuales no están cubiertas las necesidades básicas del individuo. Por su parte, el enfoque relativo se aplica en la UE y en la mayor parte de países desarrollados, considerando que una persona es pobre cuando se encuentra en una situación de clara desventaja económica respecto al resto de personas de su entorno; en concreto, Eurostat fija el umbral de pobreza en el 60 por ciento de la renta mediana por unidad de consumo para cada uno de los países (se aplica una escala de equivalencia —*escala de equivalencia de la OCDE modificada*— para tener en cuenta el tamaño y composición de los hogares). Complementariamente a los mencionados indicadores de pobreza monetaria, cabe considerar otros indicadores multidimensionales, como el Índice de Pobreza Multidimensional del PNUD o el Indicador AROPE de Eurostat, que mide el riesgo de pobreza y/o exclusión social en los países de la UE, no solo a partir del umbral de renta, sino también incorporando otros aspectos como la situación laboral o la escasez de recursos materiales (Recuadro 1.2).

Recuadro 1.2
¿Se puede acabar con la pobreza extrema en 2030?

En el año 2000 los Estados Miembros de Naciones Unidas aprobaron los *Objetivos de Desarrollo del Milenio* (ODM): ocho objetivos de desarrollo internacional para alcanzar en 2015 que ha proporcionado a toda la comunidad internacional un marco de referencia para trabajar en pro del desarrollo humano en todos los países del planeta. Quince años después, se han cumplido varios de los ODM, como la reducción de la pobreza extrema a la mitad respecto a la situación en 1990; si bien, pese a los progresos realizados, muchas de las metas no se han alcanzado.

En 2015 los ODM serán sustituidos por los *Objetivos de Desarrollo Sostenible* (ODS), que marcarán el paso de la agenda internacional hasta 2030. De acuerdo con las propuestas debatidas hasta la fecha, en septiembre de 2015 se aprobarán 17 objetivos, con 169 metas. Entre dichos objetivos, se plantea el reto fundamental de acabar con la pobreza extrema, es decir, que nadie en el mundo viva con menos de 1,25 dólares al día en 2030. Asimismo, se pretende reducir al menos a la mitad la proporción de hombres, mujeres y niños de todas las edades que viven en la pobreza en todas sus dimensiones con arreglo a las definiciones nacionales.

Estamos, pues, ante un hito sin precedentes: por primera vez en la historia, la humanidad podría acabar con la pobreza extrema en el mundo. ¿Objetivo alcanzable o utopía? ¿Existen medios y conocimientos suficientes? ¿Y voluntad política? ¿Es hoy día un objetivo prioritario para nuestra sociedad? ¿Y para la comunicad internacional? En cualquier caso, en el éxito o fracaso, la contribución de las políticas económicas será fundamental, pues, tomando prestadas las palabras de J. Stiglitz, las buenas políticas económicas pueden mejorar la vida de los pobres y las malas la empeoran.

3. Crecimiento económico

El crecimiento económico es un factor clave para el éxito económico de los países y su desarrollo en el largo plazo, aunque obviamente no solamente es importante la cantidad del mismo sino también el tipo de crecimiento, pues diferentes modelos de crecimiento pueden ocasionar consecuencias muy diversas en términos de distribución de la renta, mercado de trabajo, sostenibilidad ambiental, perspectivas de crecimiento sostenido u otras implicaciones futuras.

3.1. Algunos datos

La evidencia empírica nos muestra que los procesos de crecimiento han sido muy diversos tanto en el espacio como en el tiempo. Si nos retrotraemos dos mil años atrás, siguiendo las investigaciones históricas llevadas a cabo por A. Maddison (véase Cuadro 1.1), cabe señalar que, durante el primer milenio de nuestra era, la renta por habitante no experimentó mejora alguna, mientras que, entre el año 1000 y 1820, la media mundial creció tan solo alrededor de un 50 por ciento. Gran parte de dicho aumento hubo que dedicarlo a satisfacer las necesidades básicas de una población que se había multiplicado por cuatro. Sin embargo, desde

1820 hasta finales del siglo XX el crecimiento se hizo mucho más dinámico: la renta per cápita aumentó más de ocho veces, al tiempo que la población lo hizo más de cinco y otros indicadores de bienestar como la esperanza de vida también mejoraron muy significativamente. Lógicamente, las diferencias entre países y regiones en los progresos realizados han sido muy notables. En 1820 Occidente alcanzaba un nivel de renta 2,1 veces superior al resto del mundo, mientras que a finales del segundo milenio la diferencia era de 5,7 a uno y entre Estados Unidos y África alcanzaba 20 a uno.

Cuadro 1.1
Niveles de PIB por habitante (dólares internacionales de 1990)

	1	1000	1500	1820	1870	1913	1950	1973	2001
Europa Occidental	576	427	771	1.202	1.960	3.457	4.578	11.417	19.912
Otros países de tradición occidental	400	400	400	1.202	2.419	5.233	9.268	16.179	28.039
Occidente	**569**	**426**	**753**	**1.202**	**2.050**	**3.988**	**6.297**	**13.379**	**23.710**
Asia	456	465	568	581	556	696	717	1.718	4.434
América Latina	400	400	416	691	676	1.494	2.503	4.513	5.786
Europa del Este y antigua URSS	406	400	498	686	941	1.558	2.602	5.731	5.705
África	472	428	416	421	500	637	890	1.410	1.549
Resto del mundo	**453**	**451**	**538**	**580**	**609**	**880**	**1.126**	**2.379**	**4.217**
Mundo	**467**	**450**	**567**	**667**	**873**	**1.526**	**2.113**	**4.091**	**6.516**

FUENTE: Elaborado a partir de Maddison, A. (2007): *Contours of the World Economy 1-2030 AD Essays in Macro-Economic History*. Oxford University Press, Oxford.

Uno de los hechos más destacados de finales del siglo XX y principios del XXI ha sido el auge de las denominadas economías emergentes, con un rápido crecimiento de la actividad económica en China, India y algunos países de América Latina, Sudeste Asiático, Este de Europa, Oriente Medio y África. Los casos de China e India, por su tamaño en población —más de un tercio de la población del planeta— y peso del PIB —China es ya la segunda potencia económica mundial y la economía india cada vez está ganando un mayor peso a escala global— son especialmente significativos y están llamados a ser claves en el orden internacional del siglo XXI (Recuadro 1.3).

> **Recuadro 1.3**
> **China, India y la *Regla del 70***
>
> Los economistas solemos dar mucha importancia al logro de pequeñas diferencias en la tasa de crecimiento de la producción de un país. La *Regla del 70* resulta de gran ayuda para comprender la relación que existe entre la tasa de crecimiento anual del PIB y su variación a largo plazo. Esta regla es una fórmula matemática que nos dice cuánto tiempo se necesita para que el PIB, o cualquier otra variable que crezca en el tiempo de forma gradual, duplique su valor. Consiste en dividir 70 por la tasa media de crecimiento de un país para saber el número de años que, aproximadamente, se necesita para duplicar el nivel de producción. De esta forma, un país que crece a una tasa anual del 1% necesitará setenta años para duplicar su valor actual, mientras que otro que lo haga al 2% precisará treinta y cinco años.
>
> En este sentido, la aplicación de la *Regla del 70* nos puede ayudar a comprender mejor la enorme expansión económica experimentada por China e India durante las últimas décadas. En el caso chino, el crecimiento medio anual del PIB ha rondado el 10% desde principios de los años ochenta —aunque en los últimos años se ha desacelerado ligeramente—, duplicándose, por tanto, su producción cada siete años aproximadamente. Por su parte, India ha mostrado un crecimiento medio cercano al 6% en los ochenta y noventa, situándose en torno al 7,5% en la primera década del siglo XXI, duplicando pues su producción a lo largo de estas décadas cada once años aproximadamente.
>
> En cualquier caso, deberíamos tener presente que los modelos de crecimiento chino e indio son significativamente diferentes. Mientras que China se ha centrado en un sector manufacturero orientado hacia las exportaciones mundiales, convirtiéndose en la fábrica del mundo, India se ha integrado cada vez más en la economía mundial con un modelo más basado en la demanda interna y los servicios, con un crecimiento menos espectacular pero con éxito internacional en ciertos sectores de alto contenido tecnológico.

Frente al auge de las economías emergentes, cabe destacar el menor ritmo de crecimiento de las economías avanzadas a partir de los años 70, que se ha acentuado por el impacto de la Gran Recesión. La crisis financiera y económica originada en 2007-2008 en Estados Unidos, aunque se extendió rápidamente y afectó en mayor o menor medida a todos los países —en 2009 el PIB mundial no creció por primera vez desde la II Guerra Mundial—, ha tenido sus mayores efectos, en términos de contracción económica y destrucción de empleo, en el mundo desarrollado, afectando particularmente a algunos países europeos periféricos, como el caso de España (véase Cuadro 1.2). En 2013 el PIB español suponía el 92,7% de su valor en 2008, llegando a alcanzar la tasa de desempleo el 26,1% en 2013 frente al 8,2% de 2007.

Cuadro 1.2
Crecimiento del PIB en términos reales (tasa de variación anual)*

	2005	2006	2007	2008	2009	2010	2011	2012	2013	2014
Alemania	0,9	3,9	3,4	0,8	-5,6	3,9	3,7	0,6	0,2	1,6
Arabia Saudí	7,3	5,6	6	8,4	1,8	4,8	10	5,4	2,7	3,6
Argentina	9,2	8,4	8	3,1	0,1	9,5	8,4	0,8	2,9	0,5
Australia	3,2	2,7	4,5	2,7	1,6	2,3	2,7	3,6	2,1	2,7
Brasil	3,1	4	6	5	-0,2	7,6	3,9	1,8	2,7	0,1
Canadá	3,2	2,6	2	1,2	-2,7	3,4	3	1,9	2	2,5
China	11,3	12,7	14,2	9,6	9,2	10,4	9,3	7,8	7,8	7,4
EE.UU.	3,3	2,7	1,8	-0,3	-2,8	2,5	1,6	2,3	2,2	2,4
Fed. Rusa	6,4	8,2	8,5	5,2	-7,8	4,5	4,3	3,4	1,3	0,6
Francia	1,6	2,4	2,4	0,2	-2,9	2	2,1	0,3	0,3	0,4
India	9,3	9,3	9,8	3,9	8,5	10,3	6,6	5,1	6,9	7,2
Indonesia	5,7	5,5	6,3	7,4	4,7	6,4	6,2	6	5,6	5
Italia	0,9	2	1,5	-1	-5,5	1,7	0,6	-2,8	-1,7	-0,4
Japón	1,3	1,7	2,2	-1	-5,5	4,7	-0,5	1,8	1,6	-0,1
México	3	5	3,1	1,4	-4,7	5,1	4	4	1,4	2,1
Reino Unido	2,8	3	2,6	-0,3	-4,3	1,9	1,6	0,7	1,7	2,6
Rep. Corea	3,9	5,2	5,5	2,8	0,7	6,5	3,7	2,3	3	3,3
Sudáfrica	5,3	5,6	5,4	3,2	-1,5	3	3,2	2,2	2,2	1,5
Turquía	8,4	6,9	4,7	0,7	-4,8	9,2	8,8	2,1	4,1	2,9
UE	2,2	3,7	3,3	0,7	-4,3	2	1,8	-0,4	0,1	1,4
España	3,7	4,2	3,8	1,1	-3,6	0	-0,6	-2,1	-1,2	1,4
Mundo	4,9	5,5	5,7	3,1	0	5,4	4,2	3,4	3,4	3,4

* Países del G20, que incluye 19 países avanzados o emergentes, más la Unión Europea. España es *invitado permanente*.
FUENTE: Elaborado a partir de *IMF World Economic Outlook*, Fondo Monetario Internacional (abril 2015).

3.2. Teorías del crecimiento económico

Una de las cuestiones que más interés ha despertado entre los economistas se refiere a las razones que explican que unos países gocen de mayores niveles de bienestar material que otros. Sin duda, son muchas y variadas las contribuciones que, a nivel teórico, han tratado de explicar el crecimiento económico. En este sentido, el impacto que tuvo la aportación de Solow (1956) es difícil de exagerar. Su modelo suponía una función de producción con rendimientos decrecientes que provocaba una tendencia al denominado "estado estacionario" en donde la renta per cápita permanecería estable. El ahorro y el control de la población podrían retrasar la llegada del estado estacionario pero no podrían evitarlo. La única manera que admitía el modelo para lograr un crecimiento sostenido era a través del avance tecnológico. Ahora bien, ese avance no se explicaba por el modelo. Era una variable determinada exógenamente. La tecnología, principal responsable del crecimiento, surgía por causas ajenas al modelo. Este hecho provocó que el modelo de Solow se considerara insatisfactorio.

La teoría del crecimiento avanzó en las últimas décadas del siglo XX construyendo modelos en los que el crecimiento era endógeno, es decir, modelos en los que no era necesario recurrir a una variable exógena para explicar el crecimiento económico continuo. A Romer (1986) se le puede atribuir el mérito de construir el primer modelo con crecimiento endógeno. Supuso, simplemente, que el capital, en vez de rendimientos decrecimientos, podría tener rendimientos constantes. Este supuesto atacaba la base en la que, hasta entonces, se apoyaba la teoría neoclásica y planteaba un problema difícil de resolver: al suponer que el capital tenía rendimientos constantes a escala, implícitamente, se estaba admitiendo que el conjunto de factores tenían rendimientos crecientes a escala, con lo que, llevando el argumento hasta sus últimas consecuencias, implicaría que una única empresa con la mayor escala de producción posible tendría el dominio absoluto sobre el mercado. Para resolver este problema, Romer, y aquí reside la originalidad de su aportación, planteó la existencia de efectos externos en las inversiones privadas. Cuando una empresa incrementa su capital consigue aumentar tanto su propia producción como la de las empresas que la rodean. Por ejemplo, es posible que cuando una empresa dedica recursos para la formación de sus trabajadores adiestrándolos en el uso de nuevas tecnologías aumente también, a través de la movilidad laboral, la productividad de sus competidores. El *learning by doing* de los trabajadores se trasmitiría al conjunto del sistema productivo. Admitiendo que los beneficios sociales de la inversión superen a los beneficios privados, podría mantenerse que el capital tiene rendimientos decrecientes a nivel microeconómico (en la empresa) y constantes a nivel macroeconómico. Los modelos de crecimiento endógeno ampliaron el margen de maniobra de la política económica en la medida en que las externalidades o los efectos desbordamientos no son valorados por los agentes privados en sus decisiones de inversión y, en consecuencia, surge la pertinencia de diseñar incentivos adecuados desde la administración pública.

Más recientemente, las teorías del crecimiento económico han resaltado la relevancia de ciertas restricciones que van más allá de la disponibilidad de factores productivos (capital y trabajo) o del progreso tecnológico. Así, North (1990) cuestionó los modelos que no habían incorporado el papel de las instituciones en la toma de decisiones individuales. Las instituciones, ya sean formales (como las constituciones o las leyes) o informales (como los convencionalismos o las normas de conducta), condicionan el desempeño económico y político. Los individuos o los grupos que los representan, a través de la negociación, diseñan instituciones que una vez establecidas tienden a reforzarse de manera que existen diferentes trayectorias históricas que se apoyan en incentivos también diferentes. Es posible, por tanto, que, dependiendo de las restricciones institucionales, el crecimiento económico sea favorecido por la presencia de recompensas que estimulen la creación de riqueza. En definitiva, elementos tales como el marco legal, las relaciones laborales, el respeto a los derechos de propiedad, o la seguridad jurídica condicionan el crecimiento económico y deben incorporarse al diseño de la política económica.

En esta línea, Acemoglu y Robinson (2012), entre otros autores, mantienen que las diferencias entre las instituciones explican el éxito o el fracaso de los países. Se destaca la contribución al crecimiento económico de las instituciones que favorecen la eficiencia en el uso del capital y del trabajo para lograr un mayor nivel de renta. Incluso, se admite la conveniencia de adecuar las instituciones a las diferentes etapas de desarrollo. Por ejemplo, en los países menos desarrollados, en los que aún no se han aplicado los principales avances tecnológicos, las instituciones habrían de favorecer los procesos de imitación de los métodos productivos más avanzados. En cambio, a medida que los países se acerquen a la frontera tecnológica cobran más importancia los incentivos a la innovación y las instituciones que estimulen la financiación de proyectos y la asunción de riesgos.

3.3. *Políticas de crecimiento económico*

Las teorías expuestas en el apartado anterior nos proporcionan un marco adecuado para las propuestas de política económica. En cualquier caso, la variable clave que explica el crecimiento a largo plazo es la productividad. Es evidente que cuanto mayor sea la cantidad de bienes y servicios producidos por cada trabajador mayor será la producción agregada. Por tanto, cualquier política que estimule el aumento de la productividad también contribuirá al crecimiento económico. En este contexto, consideraremos las políticas económicas que afectan a cuatro factores claves que determinan el crecimiento económico de los países: capital, trabajo, tecnología e instituciones.

A) Capital

Quizás la manera más evidente de aumentar la productividad y logar el crecimiento económico sea la acumulación de capital a través de la inversión. Y la inversión exige renunciar al consumo actual, es decir, ahorrar. Por tanto, *fomentar el ahorro* es una de las posibilidades que tienen los gobiernos para estimular el crecimiento económico. A partir de ahí pueden plantearse distintas cuestiones. En primer lugar, habría que determinar el nivel adecuado de ahorro que se precisa. Sobre la base del modelo de Solow se formuló una *"regla de oro"* que podría servir de guía para la política económica: establecer el nivel de ahorro que hace máximo el consumo cuando la economía alcanza el estado estacionario. Como es obvio, el nivel adecuado de ahorro de una economía es mucho más fácil establecerlo en teoría que en la práctica.

Supongamos, no obstante, que sabemos cuál es la tasa de ahorro que precisamos. La siguiente cuestión es cómo conseguirla. Una primera vía podría ser con medidas que estimulen el ahorro privado a través, por ejemplo, de instrumentos fiscales. No obstante, en una economía globalizada, donde existe libre circulación de capitales, el ahorro buscaría los destinos que le ofrecen mayor remuneración, por lo que la capacidad de los gobiernos estaría bastante limitada. Incluso, no estaría justificada la política de fomento del ahorro nacional ya que los proyectos de inversión rentables encontrarían financiación, ya sea con fondos provenientes del ahorro nacional ya sea con ahorro extranjero. Lo relevante, entonces, sería la existencia de oportunidades atractivas de inversión y el ahorro no sería una restricción. Ahora bien, la evidencia empírica sostiene que aún existe cierta correlación entre el ahorro nacional y la inversión nacional, ya que no han desaparecido todas las barreras que impiden la libre circulación de capitales. Estas barreras no son, necesariamente, legales sino que, por ejemplo, es posible que, simplemente, los inversores extranjeros sean reticentes a colocar sus fondos en lugares a los que consideran inseguros.

Además del ahorro privado, al menos en teoría, el ahorro público puede contribuir a lograr el nivel de ahorro deseado. En la práctica, en cambio, los gobiernos suelen tener déficits presupuestarios, al gastar más de lo que ingresan, acumulando una deuda pública que ha abierto un debate respecto a los efectos sobre el ahorro privado.

Una vez que se haya alcanzado el nivel óptimo de ahorro queda una tercera cuestión que debe resolverse. ¿Cómo canalizarlo hacia la inversión productiva? Aquí entra en juego el sistema financiero. En efecto, una de las principales funciones del sistema financiero es la de orientar el ahorro hacia aquellas inversiones más productivas. Por tanto, desempeña un papel crucial en el crecimiento económico de los países. Por un lado, los ahorradores deben confiar en el sistema bancario para depositar sus ahorros ya que, en caso contrario, será muy difícil que dichos ahorros encuentren la vía para una asignación eficiente. Por otro, las propias entidades financieras deben realizar una adecuada labor de intermediación para destinar el ahorro al crecimiento de la economía real, es decir, a la producción de bienes y servicios. Precisamente, a raíz de la reciente crisis económica internacional, se ha puesto de manifiesto los graves problemas que pueden aparecer cuando las entidades financieras destinan sus fondos a inversiones especulativas sin conexión con la economía real. En consecuencia, el crecimiento económico también necesita un sistema financiero sólido y para ello es fundamental que se disponga de instituciones supervisoras que vigilen su solvencia y garanticen la protección de los derechos de los ahorradores.

Por otro lado, además del capital privado nacional existen, al menos, otras dos vías para elevar la capacidad productiva de cualquier economía. Una de ellas es la *inversión directa extranjera*. La creciente integración económica global, impulsada por la liberalización comercial, la reducción de los costes de transportes y las comunicaciones, y el desarrollo de las tecnologías de la información y las comunicaciones, ha favorecido la instalación de empresas en países distintos a sus lugares de origen. Las decisiones de localización de las empresas dependen de muchos factores, incluidos los culturales, aunque, simplificando la cuestión, podríamos afirmar que las empresas se enfrentan al dilema de concentrar su actividad en el espacio para aprovechar las economías de escala o dispersarlas para acercar su producto al consumidor reduciendo sus costes de transporte. Cuantos más bajos sean los costes de transporte frente a los beneficios de las economías de escala más incentivos tendrán las empresas a dispersar en el espacio su actividad productiva. Aquí también existe un margen de actuación para la política económica y, en este sentido, los países compiten entre sí para mejorar su atractivo como destino de la inversión extranjera.

Otra posibilidad es que el propio sector público asuma el protagonismo en el aumento del capital físico o, más concretamente, en la *provisión de infraestructuras*, ya sean de transportes y comunicaciones, educativas o sanitarias. Precisamente, la carencia de una mínima infraestructura sanitaria que garantice el acceso al agua potable y la prevención de enfermedades es la que está impidiendo en muchos países en desarrollo el crecimiento económico. A nivel más general, existen poderosas razones para que los gobiernos, directamente o con acuerdos con la iniciativa privada, promuevan la construcción de infraestructuras necesarias para el crecimiento económico, ya que en el mercado no existen los incentivos necesarios para su provisión.

Por último, además del capital físico, los países disponen de un *capital natural (recursos naturales)* que, por supuesto, también contribuye al crecimiento económico. En principio, las opciones de política económica en este ámbito pasarían por garantizar una explotación sostenible de manera que el bienestar de las generaciones futuras no se vea condicionado por las actuaciones de las generaciones actuales. El debate sobre si se debería tomar medidas para limitar el uso de los recursos naturales sigue abierto. No obstante, desde el punto de vista puramente económico, no es un problema grave el potencial agotamiento de ciertos recursos naturales ya que cabría esperar que el mecanismo de los precios permitiera la sustitución de unos recursos por otros. Así, por ejemplo, a medida que el petróleo se fuera agotando y su extracción resultara cada vez más costosa surgirían fuentes energéticas alternativas que empezarían a ser rentables. El problema aparece cuando se tratan de bienes públicos globales, es decir, de externalidades que se propagan indivisiblemente por todo el planeta. En este caso, no existen incentivos, ni económicos ni políticos, para la provisión de esos bienes. En concreto, si para alcanzar el crecimiento económico utilizamos la atmósfera como recurso productivo, empleando métodos productivos que emiten CO_2 y que favorecen el calentamiento global y el cambio climático, estamos asumiendo un coste social difícil de cuantificar. No existen mecanismos institucionales eficaces para garantizar una solución al problema de la contaminación.

B) Trabajo

La política económica destinada a aumentar tanto la cantidad como la calidad del trabajo contribuye al crecimiento económico a largo plazo. La *cantidad de trabajo* está determinada, en principio, por la población activa o, si se prefiere, por la tasa de actividad, es decir, el porcentaje de individuos que están trabajando (ocupados) o lo están buscando activamente (parados), sobre la población en edad de trabajar. En este ámbito los gobiernos tienen distintos instrumentos para animar la permanencia en el mercado de trabajo o para desalentar su abandono.

La cantidad de trabajo también está influida por el propio crecimiento demográfico. Aquí, las variables determinantes, además de la esperanza de vida, son las tasas de fertilidad y las migraciones. También en este caso pueden tomarse medidas que afecten a dichas tasas. La tasa de fertilidad puede incentivarse ya sea a través de ayudas directas a la maternidad o facilitando los medios para que las madres no se vean obligadas a abandonar el mercado de trabajo. Por otro parte, algunos países utilizan la política migratoria para regular sus necesidades de mano de obra y contribuir al crecimiento económico.

Ahora bien, cabe recordar que la política de crecimiento económico busca el incremento de la productividad que eleve la disponibilidad de bienes y servicios. Por tanto, es posible que, en determinados casos, el aumento en la cantidad de trabajadores o de la población, en general, no se corresponda con un mayor crecimiento económico. Por ejemplo, en aquellos países con un desempleo estructural permanente no existe la garantía de que el aumento de la población activa se traduzca en mayor crecimiento económico. Además, el desempleo cíclico puede afectar al crecimiento económico a largo plazo si aquellos que han perdido su puesto de trabajo, y no ejercen sus competencias profesionales, ven deteriorada su propia formación y capacidad productiva. En este sentido, un adecuado funcionamiento del mercado de trabajo que evite el desempleo de larga duración, y facilite el ajuste entre la oferta y la demanda, contribuye al crecimiento económico.

Asimismo, si el crecimiento demográfico no está acompañado de una mayor cantidad de capital el resultado es una productividad más baja y una menor producción por habitante. Es comprensible, en esas circunstancias, que el objetivo sea el *control del crecimiento de la población*. Esto puede lograrse a través de sanciones, como la denominada política de hijo único en China, promoviendo el conocimiento y uso de las técnicas de control de la natalidad, o, como sugiere la teoría microeconómica de la fecundidad, mejorando las posibilidades educativas y laborales de las mujeres de manera que aumente el coste oportunidad de tener hijos.

Respecto a la *calidad del trabajo*, la política económica habría de ocuparse de la educación. Los datos disponibles demuestran una correlación entre el nivel educativo de la población y el crecimiento económico. Los efectos externos positivos justificarían las subvenciones a la educación. La discusión no está en la conveniencia de incentivar la educación como forma de lograr el crecimiento económico sino en la manera de hacerlo. A nivel teórico podríamos distinguir entre formación general y formación específica. La primera elevaría la productividad en cualquier empresa, mientras que la segunda la aumentaría en un lugar determinado de trabajo. Esto podría ser una guía útil para saber quién debería financiar el coste de la formación; no obstante, la realidad es que no resulta fácil distinguir en la práctica entre la formación general y la específica. Por otro lado, por razones que resultan fáciles de deducir, parecería conveniente que los países en desarrollo, con mayores carencias en este ámbito, centraran sus esfuerzos en la alfabetización y la educación primaria, mientras que los más avanzados busquen la rentabilidad social de la educación secundaria y superior. Precisamente, en los últimos años, en Europa está abierto un debate sobre la financiación de las universidades y su contribución al crecimiento económico.

C) Tecnología

El crecimiento económico que históricamente han experimentado los países se explica, fundamentalmente, por el cambio tecnológico. Es decir, el motivo principal de que, a largo plazo, el nivel de vida crezca se debe no tanto a que las sociedades dispongan de una mayor cantidad de capital o de trabajo sino a que han sabido combinarlos de modo diferente para la producción de más y mejores bienes y servicios. Para ello se necesitan la generación y difusión de nuevas ideas que conduzcan a un proceso productivo socialmente más eficiente.

La *educación* puede sentar las bases para el progreso tecnológico. Los subsidios a la educación encontrarían aquí una nueva justificación. De una forma más general, se trataría de buscar el crecimiento económico a través de políticas que generen innovaciones. Para ello, con cierta frecuencia se han establecido metas concretas respecto a los *gastos de I+D*. Por ejemplo, la estrategia de crecimiento de la Unión Europea se ha propuesto, desde hace algunas décadas, que los gastos de I+D alcancen el 3% del PIB. No obstante, es necesario tener presente que el objetivo final es la innovación y, en este caso, surgen dudas sobre la conveniencia de utilizar los gastos en I+D como guía para la eficacia de la política.

En efecto, el incremento de los recursos (financieros y humanos) destinados a la investigación y el desarrollo no garantiza el crecimiento económico a través de la innovación. Dentro de la I+D puede distinguirse distintos tipos de investigación: básica, aplicada, y en desarrollo. La *investigación básica* busca ampliar el conocimiento y la comprensión científica a través de nuevas hipótesis, teorías o leyes. No persigue, por tanto, una aplicación práctica específica. Las nuevas ideas surgidas a partir de la investigación básica no son rivales en el sentido de que pueden apropiarse de ellas cualquiera sin que ello afecte al uso que los demás puedan hacer de esas ideas. Son bienes públicos cuya provisión correspondería a los gobiernos. La discusión se puede plantear sobre el nivel que deberían alcanzar los gastos y las líneas de investigación que deben financiarse, ya que no resulta fácil determinar las que tienen una mayor rentabilidad social. En cualquier caso, los resultados de la investigación básica se miden, a veces, a través de la producción científica tomando como indicador el número o el impacto de los artículos publicados en revistas académicas. De tal manera que puede darse la paradoja de que los resultados científicos sean buenos mientras que los tecnológicos sean malos.

La *investigación aplicada* utiliza, en principio, los resultados de la investigación básica para resolver un determinado problema práctico. Sus resultados son tecnológicos, esto es, son inventos que pueden patentarse. Las patentes ofrecen el monopolio temporal, generalmente 20 años, para la explotación comercial de un determinado invento. Es necesario advertir que no todos los inventos son patentados y, a veces, las empresas recurren al simple secreto industrial para beneficiarse, indefinidamente, de los beneficios que les reportaría un determinado invento. No obstante, existe cierto consenso en que las patentes son un instrumento necesario para alentar el avance tecnológico y el crecimiento económico. Básicamente, el sistema de patentes incentiva a los agentes a dedicar recursos a la investigación, ofreciéndole la posibilidad de que sus resultados sean excluibles, es decir, impidiendo que otros agentes se beneficien de ellos.

Por último, la *investigación en desarrollo* utiliza el conocimiento disponible para mejorar o producir nuevos procesos, materias primas o bienes y servicios. El objetivo final es la *innovación*. Según Schumpeter, esa era la clave del desarrollo económico. La innovación cubría, siguiendo al mismo autor, cincos casos: a) un bien nuevo; b) un nuevo método de producción; c) la apertura de un nuevo mercado; d) una nueva fuente de aprovisionamiento de materias primas; e) la creación de una forma organizativa. El encargado de asumir la tarea de la innovación es el empresario, el que, de hecho, introduce cambios en la función de producción combinando de manera diferente los recursos de que dispone.

Llegamos, por tanto, a la conclusión de que una de las tareas fundamentales de la política de crecimiento económico es el fomento de la *iniciativa empresarial*. Aunque, se ha generalizado el apoyo a la creación de empresas por parte de los gobiernos, sigue poniéndose en tela de juicio la eficacia de este tipo de medidas ya que, en entornos competitivos, la incertidumbre es consustancial a los mercados y no está garantizado el éxito empresarial. De hecho, existe cierta controversia sobre la pertinencia de establecer medidas a favor de la competencia y la liberalización de los mercados. Por un lado, en algunos sectores, como el de las telecomunicaciones, la desaparición de los monopolios ha venido acompañada de destacables innovaciones y nuevos servicios que han contribuido al crecimiento económico del conjunto de las economías. Por otro lado, podría argumentarse que la eliminación de las posiciones monopolísticas desanimaría la innovación en la medida en que se penalizaría a las empresas que, precisamente, han tenido éxito en el mercado.

A pesar de la generalizada insistencia en que los gobiernos deben acometer reformas estructurales para favorecer el crecimiento económico (Recuadro 1.4), no es una tarea fácil, en consecuencia, lograr un sistema que combine de forma adecuada los incentivos a la innovación con su conveniente difusión para la asignación eficiente de los recursos y el crecimiento económico.

Recuadro 1.4
Reformas estructurales para el crecimiento

Para superar las limitaciones que tienen las políticas económicas de gestión de la demanda agregada, en las últimas décadas se viene proponiendo la implementación de reformas estructurales en aras a alcanzar el crecimiento económico a largo plazo. Con frecuencia, promovidas en el seno de organismos internacionales, como el FMI o la OCDE, estas reformas consisten, básicamente, en cambios en el marco institucional orientados a estimular la competencia y suprimir las restricciones que afectan tanto a los mercados de bienes y servicios como al de los factores productivos. Eliminando los supuestos obstáculos estructurales de las economías se estimularía la innovación y el crecimiento. La eficacia de este tipo de medidas se puede valorar, lógicamente, en el contexto de uno de los debates fundamentales de la política económica: mercado *versus* regulación.

Por ejemplo, las reformas destinadas a la liberalización y desregulación del sistema financiero contribuyeron, según algunos planteamientos, al agravamiento y propagación internacional de la Gran Recesión. De hecho, en este terreno lo que se está valorando ahora no es la eliminación de restricciones sino el diseño de una regulación destinada a evitar los errores del pasado. En otros ámbitos, en cambio, se sigue defendiendo la pertinencia de las reformas estructurales relacionadas con la liberalización y la competencia, como en los mercados de bienes y servicios y, particularmente, en el del trabajo. En efecto, algunas economías, entre ellas la española, tienen un grave problema de desempleo que afecta a sus posibilidades de crecimiento. Se argumenta que la rigidez salarial determina que, ante caídas en la demanda de trabajo, los ajustes se produzcan vía cantidades y no a través de los precios. No obstante, debe advertirse que este es un tema complejo en donde, además de variables puramente económicas, también juegan un papel importante los condicionantes políticos o institucionales.

Podríamos mencionar, asimismo, otras reformas como las relacionadas con la educación, la formación y la investigación. Todas ellas orientadas, más específicamente, a fortalecer la dotación de capital humano, su vinculación con el sistema productivo y la capacidad de innovación. En cualquier caso, las reformas estructurales no están orientadas sólo al sector privado sino que también el sector público ha sido objeto de propuestas que afectan a cuestiones más profundas. En este sentido, algunas de las funciones que han sido exclusivas de la administración pública se han dejado en manos de agencias independientes. De esta manera, han proliferado distintas autoridades, al margen del control de los gobiernos, encargadas de garantizar la competencia en los mercados. El propio Banco Central Europeo es, de hecho, una agencia independiente que gestiona la política monetaria en la eurozona. Incluso, se ha llegado a proponer una reforma de la política fiscal que deje en manos de un organismo independiente las decisiones sobre los ingresos y gastos públicos.

Mientras tanto, la globalización económica parece que exige un entramado institucional nuevo para solucionar problemas, como el deterioro del medio ambiente y la desigualdad, que, en muchos casos, están asociados al crecimiento económico. Es un reto más que enfrentan todos los agentes que participan en la elaboración de la política económica.

¿Son las reformas estructurales la solución que garantiza el crecimiento económico sea cual sea el lugar y el momento en que nos encontremos? No. Probablemente, no lo sea.

D) Instituciones

Las teorías más recientes sobre el crecimiento económico han puesto de manifiesto la importancia que tienen las instituciones como elementos catalizadores del aumento de la productividad. En pocas palabras, la política de crecimiento debería prestar especial atención a las reglas del juego tanto económicas como políticas. Es necesario, de entrada, que los *derechos de propiedad* sean respetados. Este es un prerrequisito básico para animar a las empresas a invertir e innovar con los recursos que poseen. Difícilmente se logrará animar la inversión si los agentes no tienen la certeza de que podrán apropiarse de sus retornos. También resulta esencial un *sistema judicial independiente y una administración pública compuesta por funcionarios competentes, capaces y útiles* que garanticen el cumplimiento de los contratos y penalice los fraudes. Por su parte, el *sistema político* debe favorecer el bienestar social y evitar la corrupción. En este sentido, se destaca la importancia de la *estabilidad política y macroeconómica* proponiendo incluso que agencias independientes asuman el control de determinadas políticas para garantizar su continuidad en el tiempo al margen del ciclo político como, por ejemplo, ocurre con la gestión de la política monetaria por parte del Banco Central Europeo.

No obstante, quizás el reto más importante que enfrentan los países es el diseño de instituciones que favorezcan la innovación y el crecimiento económico. Los economistas debemos aceptar con humildad que el estado actual de nuestro conocimiento no nos permite articular una política económica que garantice el crecimiento económico.

Del modelo de Solow se derivó la tesis de la convergencia en la medida en que los rendimientos decrecientes del capital habrían de posibilitar un crecimiento más rápido en los países pobres que en los ricos. Los más avanzados tecnológicamente serían imitados por los más rezagados de manera que los niveles de renta per cápita se aproximarían los unos con los otros. Parecería que, simplemente, replicando las trayectorias exitosas se garantizaría el crecimiento económico. Sin embargo, el estudio del papel de las instituciones ha puesto de manifiesto que existen factores culturales, históricos y geográficos que no pueden reproducirse fácilmente de manera que *no existe una política de crecimiento única* que pueda aplicarse con independencia del contexto en el que se desenvuelvan las economías. No se trata, por tanto, de imitar las instituciones y las políticas que han tenido éxito en otros países o momentos históricos sino, y esto es particularmente relevante, conseguir las condiciones que permitan la aparición de ideas nuevas y el crecimiento económico sostenible.

4. Distribución de la renta

La Gran Recesión ha acentuado las desigualdades crecientes que venimos observando desde los años 80 en numerosos países, convirtiéndose hoy día la desigualdad económica en una seria preocupación y una amenaza para el crecimiento económico en el largo plazo, como reconocen destacadas autoridades políticas y económicas y organismos internacionales como la OCDE. De hecho, cada vez son más las voces que subrayan los problemas que conllevan para una sociedad las excesivas desigualdades económicas, no solo desde una perspectiva ética de justicia social, sino también en términos de crecimiento y eficiencia económica.

4.1. Algunos datos

Los primeros estudios históricos sobre la evolución de la desigualdad global (desigualdad entre todos los ciudadanos del mundo) son relativamente recientes. Las series temporales aportadas por Bourguignon y Morrison (2002) ponen de manifiesto cómo, entre 1820 y 1992, la desigualdad global aumentó casi continuamente desde el inicio de la Revolución Industrial hasta la primera Guerra Mundial, con un incremento en el coeficiente de Gini desde 0,50 a 0,61. Posteriormente, en el período entre guerras, y hasta 1950, dicho coeficiente se elevó hasta 0,64, siendo el aumento de la desigualdad entre países el principal determinante, aunque la desigualdad descendió en el interior de los países. A partir de mitad del siglo XX, tras un descenso de la desigualdad global durante la década de los 50, se incrementó durante las dos décadas siguientes hasta alcanzar en 1980 un coeficiente de Gini de 0,657. Durante buena parte de la segunda mitad del siglo XX la causa del aumento de la desigualdad global fue la creciente desigualdad entre países, debido al lento crecimiento del mundo en desarrollo en relación con los países más desarrollados; si bien, el elevado crecimiento experimentado fundamentalmente por China a partir de los 80, que se ha visto acompañado más recientemente por una fuerte expansión económica de otras economías emergentes de Asia, América Latina y África, ha contribuido a aminorar la desigualdad global.

Junto a esta tendencia de la desigualdad global entre todos los habitantes del planeta, en las últimas décadas las desigualdades económicas se han incrementado entre los habitantes de la mayoría de los países desarrollados y en algunos países en desarrollo, aunque las tendencias difieren considerablemente entre países y regiones. En concreto, entre 1990 y 2012 la desigualdad en renta disponible, esto es, después de impuestos y transferencias, aumentó en 65 de los 130 países con datos disponibles, donde viven más de dos tercios de la población mundial (véase Cuadro 1.3). En general, la desigualdad aumentó en países que en 1990 disfrutaban de niveles de desigualdad relativamente bajos, y ha disminuido en algunos países que todavía sufren altos grados de desigualdad. El aumento de la desigualdad ha sido particularmente notable en Europa Occidental, incluyendo los países nórdicos, con bajos niveles de desigualdad tradicionalmente. Por su parte, aunque América Latina y el Caribe continúa siendo, junto con África, una de las regiones con mayores cotas de desigualdad, el coeficiente de Gini disminuyó entre 1990 y 2012 en 14 de los 20 países con datos disponibles, incluido Brasil, un país tradicionalmente muy desigualitario. Asimismo, en África la brecha entre ricos y pobres descendió en muchos países, incluyendo algunos con desigualdades muy elevadas como Botsuana, Lesoto y Suazilandia, aunque se mantuvo en niveles altos en otros países como Sudáfrica. Respeto a Asia, tradicionalmente con menores niveles de desigualdad que otros países en desarrollo, a pesar de los fuertes crecimientos y las significativas reducciones de la pobreza extrema, la desigualdad de la renta se incrementó en 18 de los 31 países examinados entre 1990 y 2012, y particularmente en China, donde la desigualad aumentó tanto en las áreas urbanas como rurales.

Cuadro 1.3
Tendencias en distribución de la renta por región, 1990-2012**

	África	Asia	América Latina y Caribe	Europa, Norteamérica, Oceanía y Japón	Total
Incremento de la desigualdad	13	18	4	30	**65**
Decremento de la desigualdad	19	10	14	8	**51**
Ninguna tendencia	3	3	2	6	**14**
Total	**35**	**31**	**20**	**44**	**130**

**Número de países por tipo de tendencia en relación con el coeficiente de Gini.
FUENTE: Elaborado a partir de United Nations (2013): *Inequality Matters. Report of the World Social Situation 2013*. United Nations, New York.

Más allá de las tendencias crecientes en los niveles de desigualdad de la renta en numerosos países europeos, no cabe duda que, en determinados casos, la Gran Recesión ha acentuado las desigualdades, particularmente en aquellos países donde la crisis económica ha golpeado con mayor virulencia (Recuadro 1.5). No obstante, dependiendo de aspectos tales como la estructura económica, el marco institucional o las propias respuestas políticas ofrecidas por las autoridades ante la crisis, nos encontramos con patrones relativamente diversos entre los países europeos. De acuerdo con los últimos datos disponibles para el coeficiente de Gini, ratio S80/S20 y tasa de riesgo de pobreza (véase Cuadro 1.4), en 2013 Grecia, Portugal, España e Italia eran los países que mostraban los mayores niveles de desigualdad de la renta y de pobreza relativa de la UE15, con valores superiores a la media. En cuanto a la evolución de tales indicadores entre 2007 y 2013, cabe subrayar que la desigualdad de la renta se ha incrementado en 8 de los 15 países, mientras que la tasa de riesgo de pobreza ha aumentado en 10 países, constatándose pues cierta diversidad. En ese sentido, España es uno de los países donde la desigualad y la pobreza se ha incrementado considerablemente durante el periodo de crisis, aumentando el coeficiente de Gini de 31,9 a 33,7 y el ratio S80/S20 de 5,5 a 6,3; si bien la tasa de riesgo de pobreza únicamente se ha incrementado en 0,7 puntos. No olvidemos que nos estamos refiriendo a la pobreza relativa, con un umbral de pobreza en 2013 sustancialmente inferior al de 2007, como resultado del descenso de la renta mediana del país.

Cuadro 1.4
Desigualdad de la renta y riesgo de pobreza en los países de la UE15, 2007-2013

	Coeficiente de Gini			Ratio S80/S20			Tasa de riesgo de pobreza		
	2007	2010	2013	2007	2010	2013	2007	2010	2013
Alemania	30,4	29,3	29,7	4,9	4,5	4,6	15,2	15,6	16,1
Austria	26,2	28,3	27	3,8	4,3	4,1	12,0	14,7	14,4
Bélgica	26,3	26,6	25,9	3,9	3,9	3,8	15,2	14,6	15,1
Dinamarca	25,2	26,9	27,5	3,7	4,4	4,3	11,7	13,3	12,3
España	31,9	33,5	33,7	5,5	6,2	6,3	19,7	20,7	20,4
Finlandia	26,2	25,4	25,4	3,7	3,6	3,6	13,0	13,1	11,8
Francia	26,6	29,8	30,1	3,9	4,4	4,5	13,1	13,3	13,7
Grecia	34,3	32,9	34,4	6,0	5,6	6,6	20,3	20,1	23,1
Irlanda	31,3	30,7	30	4,8	4,7	4,5	17,2	15,2	14,1
Italia	32,2	31,2	32,5	5,5	5,2	5,7	19,8	18,2	19,1
Luxemburgo	27,4	27,9	30,4	4,0	4,1	4,6	13,5	14,5	15,9
Países Bajos	27,6	25,5	25,1	4,0	3,7	3,6	10,2	10,3	10,4
Portugal	36,8	33,7	34,2	6,5	5,6	6,0	18,1	17,9	18,7
Reino Unido	32,6	32,9	30,2	5,3	5,4	4,6	18,6	17,1	15,9
Suecia	23,4	24,1	24,9	3,3	3,5	3,7	10,5	12,9	14,8
UE15	30,3	30,5	30,4	4,9	4,9	4,9	16	16,3	16,4

FUENTE: Elaborado a partir de Eurostat (2015): *Eurostat Database*, abril.

> **Recuadro 1.5**
> **Crisis y tendencias futuras de la desigualdad económica**
>
> Las grandes recesiones, como la que se inició en 2007, conllevan una fuerte caída de la producción y del empleo. Suponen, por tanto, un empobrecimiento general que afecta de manera especial a los que reciben sus rentas en el mercado de trabajo. No obstante, el impacto final sobre la desigualdad depende, entre otras cosas, de la capacidad redistributiva de la intervención pública y, en particular, del sistema de impuestos y transferencias. Por tanto, si bien es posible que las crisis económicas aumenten la desigualdad, como ha ocurrido recientemente en Francia o España, también se han dado casos en los que el deterioro de las condiciones económicas sea compatible con cambios moderados en la distribución de la renta, o incluso ciertas mejoras, como el caso de los Países Bajos en los últimos años.
>
> Ahora bien, una de las secuelas que está dejando la Gran Recesión es un importante volumen de población que, después de haber perdido su empleo o cuando intenta acceder por primera vez al mercado de trabajo, solo encuentran puestos de trabajo mal remunerados, con pocas o nulas posibilidades de promoción e inestables. Dado que la mayor parte de la renta se distribuye en el mercado de trabajo, este fenómeno está teniendo consecuencias distributivas relevantes.
>
> Relacionado con esta situación, T. Cowen publicó en 2013 un libro con un provocativo título: *Se acabó la clase media*. En numerosos países desarrollados la brecha entre ricos y pobres está creciendo y la clase media reduciéndose. El economista norteamericano explica que esta tendencia tiene su origen en varios hechos claves y difíciles de contrarrestar: la productividad cada vez mayor de las máquinas inteligentes, la globalización económica y la escisión de las economías contemporáneas en sectores muy estancados y sectores muy dinámicos. En este contexto, subraya especialmente la importancia de los conocimientos tecnológicos como aspecto determinante en las perspectivas laborales de los individuos. Cada vez más gente empieza a quedarse de uno u otro lado de la línea divisoria marcada por los conocimientos tecnológicos y las capacidades para competir en un mundo global cada vez más interdependiente. En este sentido, pronostica la ruptura del contrato social establecido, que implícitamente recompensaba con un buen nivel de vida a los que se esforzaban, y nos anuncia una sociedad más polarizada en la que numerosos ciudadanos tendrán salarios estancados o decrecientes. No obstante, como irónicamente apuntó el físico Niels Bohr, predecir es muy difícil, especialmente el futuro. En cualquier caso, tomemos nota.

4.2. *Factores de la desigualdad de la renta*

Las causas subyacentes de la desigualdad de la renta constituyen un tema de estudio complejo y multidimensional. En las economías actuales la distribución de la renta tiene lugar en tres ámbitos fundamentalmente: a) *mercado*: la distribución que se realiza en el sistema productivo al retribuir a los factores de producción; b) *Estado*: redistribución de la renta por parte de los poderes públicos por el que la distribución de la renta derivada del sistema productivo se altera a través de los ingresos y gastos públicos, esencialmente mediante impuestos y transferencias; y c) *ámbito informal*, la distribución de la renta que tiene lugar básicamente entre los miembros del hogar y a través de organizaciones del denominado Tercer Sector en apoyo a determinados colectivos.

Sin duda, son muchos los factores que explican los diferentes procesos de distribución de la renta que tienen lugar en nuestras sociedades. Desde una perspectiva multinivel, cabría diferenciar entre factores individuales y factores contextuales. Se trata de dos niveles, micro y macro, desde donde cabe examinar complementariamente los factores que explican la desigualdad de la renta (véase el Cuadro 1.5).

En primer lugar, para analizar los *factores individuales* conviene tener presente las dos grandes fuentes de ingresos personales: las rentas provenientes del *trabajo* (salarios, etc.) y de la *propiedad* (beneficios, intereses, alquileres, etc.). Son diversas las razones que explican las desigualdades en las retribuciones del trabajo que existen en mayor o menor medida en todos los países. En parte, dichas desigualdades se explican por las lógicas diferencias personales en términos de capacidades que existen entre los miembros de cualquier sociedad, que responden a factores como edad, estado de salud, coeficiente de inteligencia, nivel educativo, habilidades sociales, fuerza, estatura, diversidad funcional, etc. Otra fuente de desigualdad en las retribuciones salariales es la intensidad en el trabajo, en la medida en que no todos los individuos se esfuerzan de una manera similar. Asimismo, entre otros factores socioculturales relevantes, cabría referirse al origen étnico o nacionalidad, familia de procedencia, nivel cultural, lugar de residencia (grado de urbanización, tamaño de municipio,...), sin olvidar otros factores ajenos que pueden considerarse como el azar o el trato discriminatorio hacia ciertas personas.

En cuanto a la desigualdad en las rentas provenientes de la propiedad, cabe mencionar factores que contribuyen a la desigualdad de la riqueza como la adquisición de bienes materiales por herencia, la acumulación originada en el ahorro de los individuos durante su vida laboral, o la capacidad de asumir riesgos y emprender actividades empresariales con éxito. No cabe duda que la distribución de la riqueza desempeña un papel fundamental en la distribución de la renta, máxime si tenemos en cuenta la creciente participación del capital en la renta nacional que venimos observando en las últimas décadas.

En segundo lugar, más allá de las mencionadas desigualdades existentes entre los individuos de una sociedad en relación con los factores individuales subrayados, existen otros *factores contextuales* que caracterizan a los respectivos territorios y que, desde una perspectiva macro, nos permiten explicar en buena medida por qué la desigualdad en la distribución de renta difiere significativamente entre países con perfiles individuales comparables. Entre otros factores contextuales que inciden en la distribución de la renta de un país, cabe señalar:

a) instituciones políticas, que engloba diferentes aspectos que de manera directa o indirecta influyen en la distribución de la renta, tales como la eficacia del gobierno y la calidad de los servicios públicos, el funcionamiento del Estado de derecho, el control de la corrupción, la calidad del marco regulatorio, etc.

b) instituciones económicas e intervención pública en la economía, incluyendo cuestiones relacionadas con el peso del sector público (estructura impositiva directa e indirecta, Estado del bienestar, etc.) o la regulación económica de los mercados de bienes y servicios y los mercados de factores (particularmente, el mercado de trabajo, cuya regulación sobre salario mínimo, despido o negociación colectiva tiene importantes implicaciones sobre la distribución de la renta).

c) estructura productiva, en la medida en que el mayor o menor peso de terminados sectores productivos en una economía no es neutral para la distribución de la renta. Así, por ejemplo, los salarios en el sector industrial tienden a ser más altos que en el caso del sector primario, mientras que el sector servicios encierra un amplio abanico de situaciones, desde el servicio doméstico hasta la banca o los despachos profesionales, con una amplia heterogeneidad en niveles de productividad y retribuciones salariales.

d) estructura sociodemográfica, teniendo en cuenta aspectos tales como la distribución de la población por grupos de edades (población en edad de trabajar, población infantil, mayores), o el papel que desempeña el nivel educativo y sus disparidades como determinantes para la cohesión social y el aprovechamiento de las oportunidades que el medio socioeconómico ofrece, incidiendo, por ende, en la distribución de la renta.

Cuadro 1.5
Principales factores individuales y contextuales de la desigualdad de la renta

Factores individuales (nivel micro)	*Factores contextuales (nivel macro)*
Rentas del trabajo – Factores personales determinantes de las capacidades laborales – Intensidad en el trabajo – Otros factores particulares	– Instituciones políticas – Instituciones económicas e intervención pública en la economía
Rentas del capital – Adquisición por herencia – Adquisición por acumulación – Capacidad de asumir riesgos	– Estructura productiva – Estructura sociodemográfica

FUENTE: Elaboración propia.

Al margen del análisis de los mencionados factores explicativos de la distribución de la renta, algunos autores han tratado de explicar la desigualdad de la renta a través de la relación de ésta con el crecimiento económico, valorando en qué medida la distribución de la renta viene determinada por los procesos de crecimiento económico, a la vez que otros autores han puesto el foco en el papel que desempeña la propia distribución en el crecimiento, tal como examinamos más adelante.

4.3. Políticas distributivas

Todas las políticas económicas provocan efectos sobre la distribución de la renta. Por tanto, un análisis riguroso de la acción distributiva de los poderes públicos exigiría una valoración completa del conjunto de actuaciones públicas. No obstante, en este apartado nos limitaremos al análisis de aquellos instrumentos que suelen utilizarse de forma explícita con el argumento de que contribuyen al objetivo de la equidad. En particular, nos ocuparemos de los impuestos, las trasferencias, el control de precios y la provisión de bienes y servicios.

A) Impuestos

Los impuestos, con independencia de sus motivaciones últimas, alteran la renta que reciben los agentes. Una manera simplificada e incorrecta de buscar la justicia impositiva sería la de gravar, indiscriminadamente, los bienes y servicios de lujo y las rentas más elevadas. Podría pensarse que, de esta manera, estamos aplicando el principio de la capacidad de pago haciendo que los contribuyentes con mayor poder adquisitivo sean los que paguen una cantidad mayor de impuestos. Sin embargo, de entrada, habría que distinguir entre el agente que paga el impuesto y el que, en realidad, recibe la carga del impuesto. Por ejemplo, resulta atractiva la idea de que los impuestos lo paguen las grandes empresas o los bancos cuando lo cierto es que son los individuos los que pagan todos los impuestos. En consecuencia, para evaluar la equidad de cualquier impuesto debería conocerse quién soporta su carga o, dicho de otra forma, es necesario estudiar la incidencia del impuesto.

Supongamos un impuesto que grave las unidades intercambiadas en un mercado. Admitamos, en primer lugar, que el impuesto debe pagarlo el vendedor. En ese caso, el precio que recibe el oferente (P_o) es el que paga el comprador (P_d) menos el impuesto establecido (T). Es decir,

$$P_o = P_d - T$$

Si, en cambio, el impuesto lo paga el comprador entonces el precio que paga (P_d) es igual al precio que cobra el vendedor (P_o) más el impuesto, o sea

$$P_d = P_o + T$$

Es obvio que ambas expresiones son equivalentes. Es indiferente a quien le corresponda el pago del impuesto ya que, en ambos casos, se produce una brecha entre el precio que paga el comprador y el precio que percibe el vendedor que es igual a la cuantía del impuesto. Es decir, con un impuesto el consumidor paga más y el productor recibe menos respecto al precio que existiría sin impuestos. La magnitud de esa diferencia dependerá de las elasticidades de oferta y demanda. En general, el impuesto recae en mayor medida en el agente que tenga la curva más inelástica (menos sensible a las variaciones del precio). Si la demanda es más inelástica que la oferta el impuesto recaerá en mayor medida en los consumidores y, análogamente, cuando la oferta es más inelástica que la demanda recaerá en los productores.

Por tanto, para determinar la incidencia de los impuestos es necesario conocer las elasticidades de la oferta y de la demanda. Si, por ejemplo, establecemos impuestos sobre bienes de lujo que tienen una demanda muy elástica en relación con la oferta podríamos encontrarnos con que los que, realmente, soportan la carga del impuesto son los propietarios y trabajadores de las empresas que producen esos bienes, algunos de los cuales, quizás, se vean obligados a aceptar reducciones de salarios o pérdidas de sus empleos. Este análisis simplificado nos hace intuir una variedad de situaciones en las que los efectos distributivos de los impuestos dependerán de las características de la oferta y de las de la demanda en cada mercado.

Por otro lado, es frecuente la clasificación de los impuestos en progresivos, proporcionales o regresivos en función de que el porcentaje de los impuestos crezca, permanezca constante o disminuya a medida que la renta sea mayor. Al margen de los efectos que cada sistema tributario pueda ocasionar sobre las decisiones de consumo/ahorro y trabajo/ocio de los agentes habría que realizar, al menos, dos consideraciones. La primera es que es posible que, en términos absolutos, como es fácil comprobar, pague más impuestos el que más renta tiene, sea cual sea el sistema adoptado. De manera que, sobre bases objetivas, no podemos determinar cuál es el más equitativo o justo. La segunda es que una valoración completa de los efectos redistributivos de la acción pública precisaría conocer no solo la capacidad que tienen los impuestos para corregir las desigualdades sino el impacto que tienen otras actuaciones y, en particular, las de las transferencias. Recuérdese que la renta disponible se calcula restándole a la renta obtenida en el mercado los impuestos y sumándole las transferencias.

B) Transferencias

Una parte sustancial de las transferencias que realizan los estados, al menos en Europa, son las relativas a las pensiones de jubilación. Existen, básicamente, dos sistemas de *pensiones*. En el sistema de reparto los que trabajan en cada momento contribuyen al pago de las pensiones de los que, en ese momento, ya están jubilados. En cambio, en el sistema de capitalización cada individuo financia su propia pensión aportando recursos a un fondo, individual o colectivo. Habitualmente, se ha identificado a los sistemas de reparto con los sistemas públicos que, por otro lado, son los más frecuentes en los países de la OCDE. Pues bien, en muchos países las proyecciones demográficas han puesto en duda la sostenibilidad del sistema y, en consecuencia, se está discutiendo la pertinencia de reformas que, a veces, suponen el retraso en la edad de jubilación o cierta rebaja en la generosidad de la prestación. El pacto intergeneracional que supone el sistema de reparto tiene consecuencias distributivas evidentes. Ahora bien, aunque el sistema de pensiones público y universal trata de evitar que los que abandonan la población activa caigan en la pobreza por falta de recursos existen otros hechos sobre los que cabría reflexionar. No todos los que abandonan la población activa carecen de recursos económicos. Además, algunos estudios apuntan a que, como promedio, los ricos viven más que los pobres, con lo que, desde ese punto de vista, las pensiones públicas de jubilación podrán ser un instrumento regresivo de redistribución.

Las *prestaciones* y *subsidios por desempleo* también son unas transferencias destinadas a garantizar una renta temporal a los que han perdido su puesto de trabajo. Una de las dificultades consiste en buscar el equilibrio adecuado para mantener el incentivo a la búsqueda activa de trabajo. Por un lado, las transferencias a los parados facilitan una búsqueda más eficiente permitiendo que el trabajador pueda tener el tiempo suficiente para encontrar el empleo que mejor se adapte a sus características. Por otro, se corre el riesgo de que se estimule la permanencia en la situación de desempleo y la dependencia de la asistencia social. Este es un ejemplo más de la complejidad de la relación entre eficiencia y equidad.

Por último, aunque sin pretender agotar el tema, cabe mencionar las *transferencias directas*, ya sean monetarias o en especie, a las personas o familias necesitadas. Por ejemplo, proporcionando alimentos y alojamiento a los más necesitados se estaría evitando su marginación social y las situaciones de extrema pobreza, aunque estas transferencias pueden ser criticadas con el argumento de que no son tan eficientes como las de dinero en efectivo ya que son los propios interesados los que saben, mejor que nadie, lo que verdaderamente necesitan. Una crítica común a las transferencias directas es que no actúan sobre las verdaderas causas de la desigualdad sino que se limitan a paliar sus efectos.

C) Control de precios

A través de la política de precios los poderes públicos persiguen garantizar unos niveles mínimos de ingresos o permitir el acceso a ciertos bienes y servicios. Analicemos brevemente las consecuencias que tiene la interferencia en los mercados del establecimiento de un precio mínimo (como el salario mínimo) y de un precio máximo (como en los alquileres).

En ausencia de *salario mínimo* la demanda de trabajo se igualaría con la oferta de trabajo tal que al salario de equilibrio no existiría desempleo. Al establecerse el salario mínimo por encima del punto de equilibrio (por debajo, lógicamente, no sería relevante) la oferta de trabajo sería mayor que la demanda de trabajo y la diferencia sería el desempleo. La existencia del salario mínimo beneficia a los trabajadores que siguen empleados ya que en vez de recibir el salario de equilibrio recibirán el salario mínimo. Otros trabajadores salen perjudicados; aquellos que estarían empleados al salario de equilibrio y que pierden sus empleos al establecerse el salario mínimo. Por último, están los que al salario de equilibrio no se planteaban incorporarse al mercado de trabajo y que con salario mínimo se convierten en activos. Es evidente que el salario mínimo tiene consecuencias sobre la distribución de la renta. La mayoría de los economistas aceptan que las leyes sobre el salario mínimo perjudican a los jóvenes y a los menos cualificados, es decir, a los que encontrarían un puesto de trabajo por debajo del salario mínimo. No obstante, se trata de un tema complejo y controvertido en el que los juicios de valor están muy presentes.

Por otra parte, un precio máximo por debajo del de equilibrio (por encima no sería relevante) provoca una escasez: la demanda sería superior a la oferta. Tomemos como ejemplo el mercado de viviendas en alquiler. Si desde los poderes públicos se piensa que debe protegerse al arrendatario permitiéndole el acceso de una vivienda a un precio asequible, estableciéndose un precio máximo, el resultado puede ser la escasez de viviendas en alquiler. De forma análoga a lo que ocurría con los precios mínimos, están los que se benefician de los precios máximos, los perjudicados que no pueden alquilar la vivienda que antes tenían por un precio mayor, y los que se animan a buscarla al precio máximo cuando antes no lo intentaban con un precio superior. Además, la existencia de un exceso de demanda no satisfecha obliga a establecer algún método de racionamiento que puede suponer costes administrativos.

D) Provisión directa de bienes y servicios

La realización de determinadas *obras públicas* (carreteras, hospitales, escuelas, etc.) se justifica, a veces, por sus impactos redistributivos. Asimismo, la provisión gratuita, o a precios reducidos, de bienes y servicios se realiza con la intención de contribuir al objetivo de la equidad. La educación y la sanidad son buenos ejemplos.

Si la *educación* afecta a la productividad y, en consecuencia, al ingreso podría pensarse que una distribución más igualitaria de la educación equivale, en última instancia, a un reparto más equitativo del ingreso. No obstante, esa correlación no es tan simple. Como hemos comentado anteriormente, los salarios, por ejemplo, están influidos no sólo por el nivel educativo, sino también por otros factores que son más difíciles de medir como las capacidades físicas e intelectuales, el esfuerzo, la discriminación social o, incluso, la suerte. Además, la teoría de que la productividad (y los salarios) crecen con la educación que adquieren las personas ha sido criticada por planteamientos alternativos que, básicamente, sostienen que la productividad tiene más relación con las características del puesto de trabajo que con las del propio trabajador. En este contexto, el nivel formativo sería utilizado por los empleadores para reducir los costes de búsqueda o de capacitación de los empleados. Desde un punto de vista más radical, se ha llegado a presentar la educación como un arma ideológica de legitimación de la estructura social del sistema capitalista.

Por otro lado, la *sanidad* es un servicio que debería llegar al conjunto de la población para evitar que la falta de recursos económicos sea un obstáculo para la salud. También existe un consenso sobre las ventajas de proporcionar un patrón sanitario mínimo y universal que, entre otras cosas, evite la propagación de las enfermedades. Ahora bien, cuando los servicios son gratuitos la demanda tiende a elevarse hasta el punto en que los costes podrían crecer desmesuradamente. Por tanto, una vez más, habría que lograr el adecuado equilibrio entre eficiencia y equidad. En este caso, como en otros, podría discutirse el papel que debería tener la iniciativa privada para que la provisión pública de los servicios sanitarios sólo llegase a quien no pueda costearse un seguro privado.

5. Relación entre crecimiento y distribución de la renta

Conectado con el debate eficiencia-equidad, a lo largo de la historia numerosos economistas han abordado la relación entre crecimiento económico y distribución de la renta, defendiendo hipótesis muy variadas y obteniendo conclusiones igualmente divergentes. Algunos de ellos han estudiado la relación de manera expresa, mientras que otras posturas adoptadas no necesariamente se han planteado bajo el análisis de dicha relación, si bien sus aportaciones encierran interesantes implicaciones. Por ejemplo, cabe citar a figuras tan paradigmáticas y distintas como J. S. Mill, C. Marx, A. Marshall o J. M. Keynes, que se han ocupado en cierta medida del tema. No obstante, no es hasta la segunda mitad del siglo XX cuando proliferan los autores que estudian específicamente esta relación. En este sentido, constituye una referencia obligada la aportación de S. Kuznets (1955), cuya posición fue la más aceptada durante años. En las últimas décadas, sin embargo, aunque desde perspectivas muy diversas, numerosos autores han argumentado la posibilidad de avanzar en el logro de ambos objetivos de política económica conjuntamente, mientras que otros han subrayado las crecientes desigualdades que puede acarrear el crecimiento económico.

En este escenario, ante la variedad de opiniones expresadas acerca de la relación que nos atañe, parece oportuno contar con una clasificación que nos permita organizar y entender las distintas aproximaciones (véase Cuadro 1.6).

Cuadro 1.6
Clasificación de las principales aproximaciones a la relación entre crecimiento económico y distribución de la renta

Relación de Incompatibilidad		El crecimiento requiere una cierta desigualdad en la distribución
		El crecimiento genera desigualdad por su propia dinámica
Relación de Compatibilidad	Unidireccional	El crecimiento económico favorece la igualdad
		La igualdad favorece el crecimiento
	Bidireccional	Intrínseca: crecimiento económico e igualdad se refuerzan mutuamente
		Inducida: determinados elementos favorecen el crecimiento y la igualdad conjuntamente
Relación de Incompatibilidad tendente a Compatibilidad		El crecimiento requiere una cierta desigualdad que luego se corrige
		El crecimiento genera desigualdad y más adelante estimula la igualdad
Relación de Independencia		No existe ningún tipo de relación entre crecimiento y distribución
Relación Indeterminada		Falta de evidencia suficiente para afirmar una relación concreta

FUENTE: Elaborado a partir de Pérez Moreno, S. (2001): *El papel de la distribución de la renta en el crecimiento económico*. Universidad de Málaga, Málaga.

Una idea muy difundida en nuestra sociedad presenta la distribución de la renta y el crecimiento como objetivos incompatibles. Es decir, debemos sacrificar uno de ellos para obtener éxito en el otro. Con tales puntos de vista, podemos encontrar distintos planteamientos según la prelación que cada persona otorgue a cada uno de los objetivos. De este modo, mientras que algunos muestran su principal preocupación por las desigualdades, dejando en un segundo plano el crecimiento de la economía, otros optan claramente por el crecimiento, tolerando las desigualdades existentes y esperando mejoras colectivas en un futuro. En un término medio, se pueden encontrar soluciones de compromiso, sacrificando en una determinada proporción tanto uno como otro objetivo, o bien centrar las preferencias alternativamente en cada uno de ellos. Entre las justificaciones presentadas en apoyo de la relación de incompatibilidad, cabe diferenciar, por un lado, aquellos que consideran que la desigualdad en la distribución es un requisito para el crecimiento, entre los que figuran autores como J. S. Mill, y por otro lado, aquellas otras opiniones que, en línea con las conclusiones de C. Marx sobre el crecimiento económico capitalista, abogan por el tratamiento opuesto, es decir, la propia dinámica de crecimiento es la que genera una desigualdad creciente independientemente de la situación de partida.

En línea con esta última perspectiva se situaría la reciente obra de T. Piketty (2013), *El capital en el siglo XXI*, ensalzada por P. Krugman como, posiblemente, el libro de economía más importante de la década. Apoyado en un amplio análisis empírico, la principal tesis del autor francés es que cuando el rendimiento del capital (r) es mayor que la tasa de crecimiento económico (g) la desigualdad tiende a aumentar, en la medida en que la acumulación de riqueza supera el efecto redistributivo del crecimiento por el aumento de la producción y los salarios. Piketty observa que históricamente el rendimiento del capital (r) en los países estudiados se ha situado en torno al 5%, mientras que la tasa de crecimiento (g) ha oscilado entre el 1 y el 1,5%, aunque en determinados periodos, como las tres décadas posteriores a la Segunda Guerra Mundial, el ritmo de crecimiento excepcionalmente se haya aproximado a la tasa de rendimiento del capital. Ello explicaría la creciente desigualdad de la renta, particularmente, en los países desarrollados desde los años 80.

Por otro lado, son numerosos los economistas que defienden la existencia de una relación de compatibilidad entre crecimiento y distribución de la renta. Bajo esta concepción podemos agrupar las posiciones adoptadas por los autores en dos apartados. En primer lugar, aquellos que consideran que existe una relación de compatibilidad que podemos denominar unidireccional, donde cabe distinguir, a su vez, dos planteamientos según se estime que el crecimiento económico o la equidad favorece al otro elemento. Así, por ejemplo, A. Marshall, como otros economistas neoclásicos, era optimista respecto a las posibilidades futuras del progreso económico y sostenía que los beneficios del crecimiento alcanzarían antes o después a los grupos más desfavorecidos. Otros autores, como el propio J. M. Keynes, consideran que la reducción de las desigualdades favorece el crecimiento, en la medida en que estimula la demanda agregada. En esta línea, en las últimas décadas otros efectos negativos de la desigualdad sobre el crecimiento han sido también ampliamente documentados en la literatura, examinado diferentes mecanismos como la inestabilidad sociopolítica, el desaprovechamiento de la fuerza laboral y del mercado potencial interno, la menor inversión en capital físico y humano, o las distorsiones en determinadas acciones económicas.

Por otra parte, cabe sostener que el crecimiento económico y la equidad se refuerzan mutuamente. En este caso, en distintos informes internacionales sobre desarrollo se plantea la existencia de una relación de compatibilidad bidireccional entre distribución de la renta y crecimiento económico, pudiéndose discriminar, a su vez, en función de que dicha relación ostente un carácter intrínseco, como dos objetivos que se retroalimentan, o bien responda a la existencia de determinados elementos que favorecen a ambos conjuntamente, como pudiera ser la educación.

Pero la tesis más estudiada en este campo es la relación de incompatibilidad tendente a compatibilidad, a raíz de la obra de S. Kuznets (1955) y la copiosa literatura que ésta ha generado intentando confirmar o rebatir su famosa "hipótesis U", según la cual el crecimiento conduce en sus fases iniciales a una mayor desigualdad de la renta, y posteriormente a una mayor igualdad. En este contexto, podríamos citar también algunas teorías del desarrollo económico (Rostow y Lewis, entre otros), en cuyos modelos una característica común es el requerimiento de una cierta desigualdad en la distribución de la renta para que tenga lugar el proceso de crecimiento, aunque posteriormente la situación tiende hacia una mayor igualdad.

Otros autores, incluso, consideran la existencia de una relación de independencia entre los objetivos. Así, por ejemplo, Solow (1956) propone en su modelo neoclásico del crecimiento que la distribución de la renta no afecta directamente al crecimiento económico, bajo el supuesto de que la propensión a ahorrar de una economía es constante e igual para todos los agentes. No obstante, más allá de como supuesto de partida propio de un modelo, atendiendo a la evidencia empírica, esta postura difícilmente puede ser mantenida en la actualidad, dadas las estrechas relaciones observadas entre distribución de la renta y crecimiento en múltiples escenarios.

Ante esta amalgama de opiniones, no es extraño que algunos autores se muestren escépticos sobre la relación existente entre crecimiento económico y distribución de la renta, por lo que consideran que no es posible determinar el tipo de relación, aduciendo para ello la multiplicidad de planteamientos distintos que se han propuesto y la falta de evidencia suficiente para afirmar la existencia de una relación concreta. En cualquier caso, ante dicha ambigüedad, en la actualidad numerosos autores entienden que la relación depende de las circunstancias particulares de cada contexto espacial y temporal, subrayando, entre otros aspectos, factores estructurales e institucionales, así como el propio modelo de crecimiento. En este sentido, las palabras de G. Fields (1980) parece que siguen teniendo validez hoy día: "El crecimiento en sí mismo no determina la trayectoria de la desigualdad de un país. Más bien, el factor decisivo es el tipo de crecimiento económico determinado por el ambiente en el que ocurre el crecimiento y las decisiones políticas adoptadas".

Orientación bibliográfica

Varios textos podrían complementar los aspectos tratados en este capítulo. Entre otros manuales de Política Económica, cabe señalar: Acocella, N. (2005): *Economic policy in the age of globalisation*. Cambridge University Press, Cambridge. Capítulos 2, 3 y 8; Antuñano, I. y Sánchez, A. (Coord.) (2009): *Política económica. Elaboración y políticas coyunturales*. Tirant Lo Blanch, Valencia. Capítulos 5 y 6; Bénassy-Quéré, A., Coeuré, B., Jacquet, P. y Pisani-Ferry, J. (2010): *Economic Policy. Theory and Practice*. Oxford Univesity Press, Oxford. Capítulo 6; Cuadrado Roura, J.R.

(Dir.) (2015): *Política económica. Elaboración, objetivos e instrumentos*. McGraw Hill, Madrid. Capítulos 7 y 8; Fernández Díaz, A., Parejo Gámir, J.A. y Rodríguez Sáiz, L. (2011): *Política Económica*. McGraw Hill, Madrid. Capítulos 9 y 10.

Otras lecturas interesantes y actuales sobre los objetivos de política económica examinados son, por ejemplo:

a) Sobre desarrollo: Hidalgo-Capitán, A.L. (2011): "Economía Política del Desarrollo. La construcción retrospectiva de una especialidad académica", *Revista de Economía Mundial*, 28, 279-320; PNUD: *Informe sobre el Desarrollo Humano*. PNUD, Nueva York (publicación anual); Sachs, J.D. (2015): *Age of Sustainable Development*. Columbia University Press, New York; Sen, A. (2000): *Desarrollo y Libertad*. Planeta, Barcelona.

b) Sobre crecimiento económico: Acemoglou, D. y Robinson, J. (2012): *Por qué fracasan los países*. Deusto, Barcelona; Maddison, A. (2007): *Contours of the World Economy 1-2030 AD Essays in Macro-Economic History*. Oxford University Press, Oxford; OECD (2015): *Economic Policy Reforms: Going for Growth 2015*, OECD, Paris.

c) Sobre distribución de la renta: Cowen, T. (2014): *Se acabó la clase media*. Antoni Bosch editor, Barcelona; Piketty, T. (2014): *El capital en el siglo XXI*. Fondo de Cultura Económica, Madrid; United Nations (2013): *Inequality Matters. Report of the World Social Situation 2013*. United Nations, New York.

d) Sobre relación entre crecimiento y distribución de la renta: OECD (2015): *In It Together: Why Less Inequality Benefits All*. OECD, Paris; Ostry, J.D., Berg, A. y Tsangarides, C.G. (2014): "Redistribution, Inequality, and Growth", *IMF Staff Discussion Note* 14/02.

Capítulo 2
Objetivos de las políticas económicas a corto plazo y medio plazo: ciclos económicos, estabilidad de precios y empleo

MAJA BARAC
Universidad de Valencia

1. Introducción

La principal motivación para dar explicación a los fenómenos de fluctuaciones económicas surgió del interés de los economistas por predecir los periodos de crisis. Este interés se acrecentó durante el siglo XX tras las dos graves depresiones sufridas durante los años 30 y los 80 producidas por el Crack del 29 y las crisis del petróleo de 1973 y 1979. Asimismo, hasta ahora la fijación de los objetivos de estabilidad de precios y empleo, así como el papel de la política económica para alcanzarlos, se fundamentaba en gran medida en los diferentes modelos sobre el ciclo económico y sus conclusiones teóricas.

En los últimos años, sin embargo, los postulados de la "Gran Moderación" asumían el final de las volatilidades económicas y con ello la desaparición de fuertes fluctuaciones cíclicas y depresiones en las economías desarrolladas. Su teoría parecía respaldarse por la evidencia empírica: el crecimiento sostenido de los países, el control más estricto de la inflación y la ausencia de crisis graves. Las recesiones sufridas desde los años 90 habían sido producidas por shocks transitorios y más sectoriales, y la recuperación llegaba en periodos relativamente breves. Sin embargo, la profundidad de la actual crisis económica, con consecuencias negativas graves y persistentes sobre el empleo, con la adicional preocupación actual por la deflación, ha demostrado que la Gran Moderación fue en realidad una fase de auge del ciclo. La propia evidencia ha desmentido la desaparición de los ciclos económicos. Las fluctuaciones económicas siguen existiendo, son importantes y, por ello, deben tenerse en cuenta para el uso efectivo y justificado de las políticas coyunturales o estabilizadoras.

En este capítulo comenzaremos por explicar los distintos enfoques teóricos sobre los ciclos económicos y sus tipologías. Dedicaremos las siguientes dos secciones a definir cada uno de los objetivos de corto plazo, estabilidad de precios y empleo. En ellas definiremos algunos conceptos básicos y sus principales características y daremos unas recomendaciones generales sobre las políticas adecuadas para cuando surgen problemas y la economía se aleja del objetivo. En la sección quinta haremos unos comentarios sobre la interacción entre los objetivos y el crecimiento y analizaremos algunas peculiaridades inherentes a las características económicas de la fase del ciclo económico actual. Finalmente, cerramos el capítulo con una breve conclusión.

2. Los ciclos económicos

2.1. *El concepto teórico del ciclo económico*

Definiremos el ciclo económico como las fluctuaciones del crecimiento de la producción agregada real que se producen en el corto plazo y se caracterizan por la alternancia entre elevaciones y caídas, es decir, por períodos alternativos de prosperidad y depresión, que suelen tener un carácter aleatorio, asimétrico y no periódico, pero recurrente. Aunque no hay un claro consenso al respecto, la evidencia empírica parece señalar que las causas de las fluctuaciones se deben tanto a componentes inherentes al propio funcionamiento de las economías (endógenos), como a los efectos producidos por perturbaciones o *shocks* externos (principalmente de demanda o de oferta). El movimiento oscilatorio del ciclo económico se suele diferenciar en dos o cuatro fases o etapas. Las dos fases distinguen entre crecimiento y decrecimiento (contracción) de la producción entre los puntos de inflexión (cima y valle). Las cuatro etapas relacionan el crecimiento o decrecimiento con el nivel de inflación (véase el Cuadro 2.1 y el Gráfico 2.1).

Cuadro 2.1
Las fases del ciclo económico

2 FASES	4 FASES	PIB real	ΔPIB real	INFLACIÓN
Recesión (valle o fondo)	Recesión/ estanflación	> PIB potencial	Negativo (contracción)	Inflación moderada o inflación alta
	Depresión o crisis	< PIB potencial		Inflación baja o deflación
Expansión (cima)	Recuperación	< PIB potencial	Positivo (crecimiento)	Inflación baja
	Expansión/ sobrecalentamiento	> PIB potencial		Inflación alta o hiperinflación

FUENTE: Elaboración propia.

Objetivos de las políticas económicas a corto plazo y medio plazo 51

Gráfico 2.1
Representación de las oscilaciones del ciclo económico

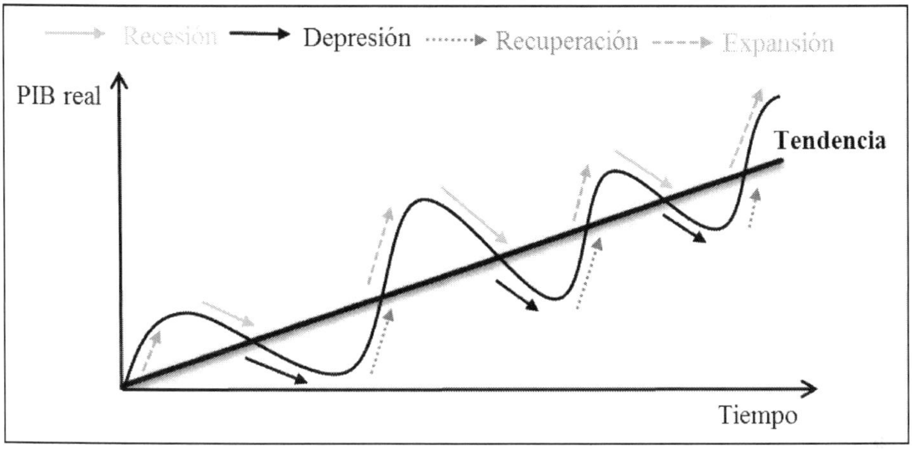

·····▶ Recesión ⎯⎯▶ Depresión ·······▶ Recuperación ----▶ Expansión

PIB real

Tendencia

Tiempo

FUENTE: Elaboración propia.

Aunque cada fase económica real tiene rasgos particulares y es influenciada por múltiples factores dinámicos (característica que dificulta su predicción y diagnóstico); también podemos identificar algunos rasgos comunes. Un rasgo general de las depresiones y de la fase de recesión o estanflación es la amplia infrautilización y desocupación de la mano de obra y de los recursos materiales de producción disponibles.

2.2. *Las perturbaciones generadoras de los ciclos económicos*

Podemos remontarnos hasta el año 1800 para encontrar los antecedentes de las *Teorías de los Ciclos Económicos*. Desde entonces se han adoptado múltiples enfoques para explicar el origen e impacto de las fluctuaciones económicas. Antes de abordar las teorías y sus implicaciones económicas vamos a hacer una primera clasificación (véase Cuadro 2.2) de las distintas aproximaciones de los ciclos económicos, en función de varias características.

Cuadro 2.2
Clasificación de los ciclos económicos

CRITERIO	TIPO	CARACTERÍSTICAS	EJEMPLOS
Según la procedencia del shock o perturbación	Exógenos	Las fluctuaciones irregulares son el resultado de shocks externos aleatorios que afectan al crecimiento económico en determinados momentos, alejándolo de la senda de equilibrio.	Cambios tecnológicos, demográficos, climatológicos o de expectativas, descubrimiento de nuevos países, guerras y revoluciones, medidas de política económica, etc.
	Endógenos	Las oscilaciones cíclicas son fruto de efectos internos del propio funcionamiento del sistema económico.	Institucional: inestabilidad crónica del capitalismo (Marx). Económico: propensión al ahorro, acumulación de capital o de beneficios.
Según la naturaleza del shock o perturbación del sistema económico	Demanda	El origen de la fluctuación es producido por un cambio en los componentes reales de la demanda (la inversión, el consumo, el gasto público o la demanda externa) y su efecto también tiene un impacto sobre la renta real, al menos a corto plazo.	El consumo previamente reprimido, cambios en las expectativas de inversores, variaciones imprevistas en ingresos y gastos públicos, etc. (Teoría keynesiana)
		El origen de la fluctuación es producido por un cambio en la oferta monetaria, que produce variaciones en la demanda agregada, pero tiene un efecto nominal (se traslada a los precios).	Modificaciones de los tipos de interés o de los coeficientes de caja, facilidades de acceso al crédito, etc. (Teoría monetarista)
	Oferta	El origen de la fluctuación es producido por un cambio en la oferta agregada: costes, beneficios o tecnología.	Volatilidad en los precios de materias primas, innovaciones de producto o de proceso, agotamiento de la capacidad productiva, etc.

CRITERIO	TIPO	AUTOR	CARACTERÍSTICAS	CICLO
Según la duración del ciclo	Cortos	Kitchin	Ciclo de inventarios.	3-5 años
	Medios	Juglar	Olas periódicas de inversión fija, con 3 fases: ascenso, explosión y liquidación.	8-10 años
		Marx	Cuatro fases: actividad media, sobreproducción, crisis y estancamiento.	10 años
		Hicks	Ciclos de la inversión autónoma (bandas de fluctuación).	7-10 años
		Moore	Ciclos de lluvia.	8 años
	Largos	Kuznets	Análisis demográficos.	15-25 años
		Kondratieff	Shocks externos sobre el continuo desarrollo. Shock por "acumulación" de innovaciones.	45-60 años 50 años
		Schumpeter	Ondas de "destrucción creativa"	-
		Goodwin	Shock por acumulación de beneficios	-

FUENTE: Elaboración propia.

Para el estudio de los ciclos se han utilizado diferentes metodologías. Algunos modelos son teóricos basados en hechos estilizados y otros son de carácter empírico. Los empíricos se basan tanto en observaciones estadísticas de largos periodos de la realidad, como análisis econométricos complejos que además intentan encontrar regularidades en los ciclos para tratar de anticipar las crisis. Sin embargo, la realidad es mucho más compleja que los modelos. Las irregularidades de las fluctuaciones observadas (en su duración e intensidad), la existencia de shocks aleatorios y la confluencia de múltiples causas, han dificultado la capacidad de los modelos para predecir los ciclos y, por lo tanto, minimizarlos.

2.3. Los principales enfoques sobre Teorías de los Ciclos Económicos

Para exponer las principales teorías trataremos de agrupar a los principales autores por orden cronológico y enfoque adoptado:

- *Las teorías clásicas y marxistas*: en este bloque agrupamos a la mayoría de autores del siglo XIX, entre los que destacan Sismondi, Juglar, Malthus y Marx. Suelen mantener el supuesto de la *Ley de Say* que expone que toda oferta crea su propia demanda, excepto Malhus, que considera que puede haber saturación crónica de los mercados que impida su ajuste automático. El origen de las crisis o estancamiento de la producción se debe a una saturación general y periodos de subconsumo y/o sobreproducción.

- *Teorías neoclásicas y los ciclos largos de Kondratieff*: suelen atribuir un origen externo a las perturbaciones cíclicas. Kondratieff y Kuznets llevan a cabo análisis empíricos para formular sus teorías. Para Kondratieff, las causas de la caída de la producción pueden ser cuatro: cambios en la tecnología, guerras y revoluciones, la aparición de nuevos países en el mapa del mundo o las fluctuaciones en la producción de oro. Supone que, además de la interiorización de la perturbación mediante las relaciones económicas, sociales y políticas, las fluctuaciones también se deben a una acumulación de sucesos previos (causas endógenas). Kuznets, sin embargo, establece seis rasgos clave del crecimiento económico moderno: los incrementos en el crecimiento per cápita y en la población en las economías desarrolladas, el aumento de las tasas de productividad, el aumento de las tasas de transformación estructural, el aumento de la urbanización y la secularización, la difusión de la tecnología y las mejoras de infraestructuras (comunicaciones) y, por último, los límites de la propagación a gran escala del crecimiento económico y de los beneficios. Otros autores encuentran relaciones entre una perturbación externa y ciertos desequilibrios económicos transitorios, pero el ajuste suele ser automático (Ley de Say). Estas teorías asumen que el origen del shock exógeno está en: las menores restricciones del crédito disponible (Marshall), un aumento de liquidez (Hawtrey, Hansen), un cambio en las expectativas (Pigou), las reformas institucionales (Vogel), etc.

- *Enfoque keynesiano*: se basa en el modelo propuesto en la *Teoría General del Empleo, Interés y Dinero* (1936) de Keynes. La perturbación es exógena, pero se propaga por toda la economía mediante el efecto multiplicador. Algunas teorías keynesianas se exponen brevemente en el Recuadro 2.1. Estos son los principales supuestos que adopta el modelo:

  - Rompe con la idea clásica que toda renta es gastada y que todo el ahorro es invertido. El ahorro depende del nivel de renta, una parte del ahorro puede invertirse y el resto se conserva en forma de dinero para las transacciones, por precaución y/o especulación. Las inversiones dependen de las expectativas y del tipo de interés. Por lo tanto, el tipo de interés es un fenómeno monetario que no es apto para equilibrar ahorro e inversión.

  - En las depresiones económicas la política monetaria expansiva tiene poca capacidad de reactivar la economía, porque las expectativas negativas neutralizan las condiciones favorables de los bajos tipos de interés (preferencias por la liquidez), y es fácil caer en la trampa de la liquidez. El Estado debe compensar la falta de inversión privada.

  - Los precios presentan rigideces (tanto en los bienes y servicios, como la rigidez salarial nominal a la baja) de modo que los ajustes se realizan mediante cantidades: cae la producción y aumenta el desempleo (ausencia de pleno empleo).

Objetivos de las políticas económicas a corto plazo y medio plazo   55

Recuadro 2.1
Las teorías del ciclo: los autores keynesianos

Los autores aquí comentados parten de la teoría de Keynes para la formulación de sus teorías sobre los ciclos económicos:
- Samuelson combina el análisis del multiplicador de Keynes con el principio de aceleración (Aftalión, Spiethoff) para demostrar que su interacción genera los movimientos oscilatorios sucesivos del nivel de renta: una serie interminable de expansiones y contracciones.

Otros autores endogeneizan las perturbaciones, creando ciclos autogeneradores o autosostenidos:
- Kaldor: introduce la no linealidad en las funciones de ahorro e inversión keynesianas, generando perturbaciones internas de la propensión media al ahorro y la acumulación de capital.
- Hicks: considera que la tasa del crecimiento a largo plazo equivale a la tasa de crecimiento de la inversión autónoma. Pero la senda de crecimiento de la producción fluctúa entre unas bandas, donde el suelo lo fijan los niveles mínimos de consumo (supervivencia) e inversión (depreciación), y el techo, el progreso tecnológico y el crecimiento de la población.
- Schumpeter: describe la competencia empresarial, no como una fuerza estabilizadora, sino como un ciclo evolutivo de "destrucción creativa". El desarrollo de innovaciones de procesos, de productos y organizativas de la empresa y las nuevas formas de control financiero son el origen de la perturbación técnica que genera beneficios extraordinarios transitorios, provocando ondas largas y ciclos económicos. Los beneficios monopolísticos temporales son una recompensa para el innovador y una ganancia para la sociedad capitalista. (Este autor no es considerado estrictamente keynesiano, aunque cronológicamente sí se ubica en este grupo).
- Goodwin: aplica el principio de aceleración a la participación de los beneficios, que aumenta en las recesiones y se reduce en las expansiones.

- *Teorías monetaristas:* Friedman es su máxima figura. El origen del shock es monetario y su efecto sobre la economía también es nominal. Introduce las expectativas adaptativas que implican la neutralidad monetaria. Asume que existen rigideces en el mercado de trabajo y en la producción de modo que para reducir el desempleo recomienda políticas estructurales de oferta que eliminen dichas rigideces. La intervención estabilizadora se centra en una política monetaria reglada encaminada a mantener la estabilidad de precios, mediante el control de la tasa de crecimiento del dinero y evitar las distorsiones cíclicas.

- *La nueva teoría clásica:* a su vez se subdivide en dos enfoques basados en shocks externos, donde se asume de nuevo la neutralidad del dinero (demanda monetaria endógena) y la flexibilidad de precios y salarios.

    - La nueva macroeconomía clásica (Lucas): introduce las expectativas racionales, que permiten el ajuste cíclico de las perturbaciones monetarias con información imperfecta. La perturbación es nominal con efectos reales.

    - Los modelos de ciclo real: los ciclos son frutos del proceso de ajuste ante las perturbaciones reales de oferta: tecnológicas (Solow y Prescott) u originadas en el mercado de trabajo (Barro y Sargent). Los agentes toman decisiones Pareto-óptimas que permiten la eliminación de la perturbación.

- *Los enfoques de los neokeynesianos:* mantienen los principios keynesianos básicos (efectos reales) incluso asumiendo expectativas reales (Mankiw). Los desequilibrios son fruto de la información asimétrica y las rigideces en precios y salarios. Por ejemplo, los modelos de racionalidad incompleta y costes de menú introducen las rigideces de precios, y los modelos de contratos, las rigideces salariales nominales.

- *El enfoque post-keynesiano:* asume la existencia de incertidumbre que puede provocar desequilibrios incluso en ausencia de rigideces en precios y salarios. En este grupo encontramos, entre otros, los modelos de racionamiento del crédito (oferta monetaria endógena), que asumen la no neutralidad del dinero y los modelos de influencia marxista. En esta corriente se suele ubicar la *teoría del ciclo financiero o el ciclo de Minsky* (véase Recuadro 2.2). Minsky asume que el capitalismo es propenso a generar ciclos con crisis financieras periódicas leves de auge y depresión (ciclo básico) y ciclos más largos de inestabilidad financiera a gran escala (el súper-ciclo). Establece una perturbación de carácter psicológico que combina con el mecanismo multiplicador-acelerador. En periodos de estabilidad se genera una actitud optimista, tanto en los prestatarios como en los prestamistas, que incrementa el apalancamiento privado. Con el tiempo la especulación incrementa, pero el efecto disciplinador del mercado no se traduce en mayores primas de riesgo (como las teorías clásicas predicen), es decir, el mercado deja de funcionar correctamente, y genera burbujas financieras, que cuando explotan, resultan en graves crisis económicas.

- *Teorías del ciclo político-económico:* las teorías del ciclo político-económico tratan de ligar los ciclos económicos con el desempeño político. Las fluctuaciones surgen en los principales objetivos económicos (crecimiento, empleo y precios) e instrumentos (tipo de interés, estructura de ingresos y gastos presupuestarios, déficit público, etc.), ante la presencia de eventos electorales. Se suelen clasificar en el ciclo político-económico y el ciclo económico de partidos políticos. El ciclo político-económico, también llamado el ciclo político-económico oportunista, es el que resulta del uso de las políticas macroeconómicas coyunturales para mejorar el estado de la economía en el periodo preelectoral. La segunda teoría se asocia a las fluctuaciones económicas producidas por la alternancia en el poder de partidos ideológicamente distintos, en un sistema democrático.

Por último, más que una teoría del ciclo, la "nueva economía" defendió la idea de la desaparición de los ciclos. Dicha idea radica en los constantes incrementos de productividad, que generan un crecimiento sostenido sin tensiones inflacionarias (gracias al uso de las nuevas tecnologías, a la supresión de barreras al comercio y a la circulación de capitales). Como ya hemos señalado, esta teoría ha quedado refutada por los sucesos recientes.

Las distintas aportaciones en el ámbito de las teorías del ciclo económico en base a los supuestos y escenarios descritos en cada modelo, han servido para justificar o no el papel activo de la política económica como instrumento estabilizador. Hoy en día se suelen aglutinar en dos grandes enfoques: el ortodoxo y el heterodoxo.

El primero englobaría las posturas que desaconsejan el uso de la política estabilizadora para eliminar la perturbación (sea exógena o endógena). Argumentan que el shock desaparece por las propias fuerzas del mercado, tras un proceso de ajuste y sin necesidad de intervención institucional e incluso señalan la propia intervención como el origen de algunas perturbaciones. Las políticas deben ser de carácter estructural y la política monetaria debe velar por la estabilidad de precios (supuesto de neutralidad monetaria).

Los enfoques heterodoxos, sin embargo, argumentan la necesidad de una intervención activa de la política coyuntural para reconducir la economía hacia la senda de crecimiento a largo plazo, ya sea mediante el uso de políticas de demanda expansivas o restrictivas (según la fase del ciclo), complementadas en ocasiones con reformas estructurales, que eliminen las rigideces e ineficiencias del mercado (información incompleta e imperfecta, rigideces de precios y salarios, rigideces en los mercados monetarios y financieros, etc.). El énfasis está en que se genera incertidumbre y distorsiones en la respuesta de los agentes económicos que sólo el Estado tiene la capacidad operativa de neutralizar, devolviendo la economía a una posición similar antes de la crisis.

En resumen, la distinción esencial entre dichos enfoques reside en la interpretación de la posición natural y regular de la economía: de equilibrio o de desequilibrio.

Recuadro 2.2
El ciclo de Minsky y la crisis financiera de 2008

El modelo descrito por Minsky sobre crisis financieras se ajusta tanto a los acontecimientos observados en la crisis de los años 30 como a los de la actual crisis financiera iniciada en el 2008. Los sucesos ocurridos en la crisis actual parecen confirmar un exceso de optimismo, no sólo de los mercados financieros, sino también de los reguladores y responsables políticos. Téngase en cuenta la política monetaria expansiva (en la etapa de auge) iniciada por Alan Greenspan y prolongada por Ben Bernanke (directores de la Reserva Federal). Este último, además, llegó a afirmar la desaparición de los ciclos económicos. Esto hace que, ante graves crisis financieras, las intervenciones de política económica no sólo deban neutralizar los efectos negativos de la depresión, sino que, además, se necesitan cambios institucionales, legislativos y regulatorios que reestablezcan el funcionamiento correcto de la disciplina del mercado financiero. ¿Se ha hecho suficiente a este respecto?

FUENTE: Bernard, L., Gevorkyan, A. V., Palley, T. I., y Semmler, W. (2014), "Time Scales and Mechanisms of Economic Cycles: a Review of Theories of Long Waves", *Review of Keynesian Economics*, (1), 87-107.

2.4. ¿Cómo cuantificamos el ciclo económico?

Comencemos por definir el PIB potencial. Se trata de una variable flujo que estima la producción máxima que puede obtener un país, dados sus recursos de trabajo, capital y tecnología, sin producir tensiones inflacionistas, ni deflacionistas. Es decir, es un valor máximo de producción condicionado a la estabilidad de precios, no el máximo técnico. La diferencia entre el PIB potencial y el PIB real observado en la economía nos da una brecha de producción u *output gap* que si es positiva implica que estamos en una fase expansiva con presiones inflacionarias y, por el contrario, si es negativa, supone que hay un crecimiento rezagado con recursos ociosos y mayor desempleo. Aunque el carácter estimado del PIB potencial (ya sea mediante cálculos econométricos o ajustes del PIB real) le confiere ciertas limitaciones innegables, tiene implicaciones importantes para la política económica estabilizadora. Las propias características de las fases recesivas o expansivas pueden tener efectos transitorios o permanentes sobre el PIB potencial. De este modo, la crisis económica actual ha sido lo suficientemente grave como para afectar al nivel del PIB potencial de los países que la han sufrido (véase el Recuadro 2.3 para los efectos cualitativos, con algunos ejemplos para España, y el Recuadro 2.4 para los efectos cuantitativos en la OCDE).

Recuadro 2.3
Variaciones en el PIB potencial a consecuencia de la crisis económica actual

Efectos negativos a corto y medio plazo
- Modificación de las expectativas futuras de crecimiento y aumento de la aversión al riesgo asociada a la creciente incertidumbre: CAÍDA DE LA INVERSIÓN.
- Efecto del paro de larga duración sobre el desempleo estructural y efectos adversos demográficos (flujos migratorios, sobre todo de los jóvenes mejor preparados): CAÍDA DEL CONSUMO Y REDUCCIÓN DEL CAPITAL HUMANO.

Además, existen posibles efectos retroalimentativos entre la caída de la inversión y del consumo por la interconexión de los mercados de bienes y servicios y del trabajo.

Efectos a medio y largo plazo
- Políticas coyunturales y reformas estructurales: EFECTOS INCIERTOS.
Por ejemplo, para el caso de España, hay estudios y autores que aseguran que las reformas laborales de 2010 y 2012, que incrementan la flexibilidad del mercado de trabajo, tendrán efectos positivos porque se reducirá la elevada correlación entre el desempleo y la fase cíclica. Sin embargo, sus detractores consideran que el incremento del poder de negociación de los empresarios frente a los trabajadores perpetuará las formas laborales precarias que reducen estructuralmente la productividad y el poder adquisitivo de la masa asalariada.
- El efecto del ciclo económico en las entradas y salidas de inmigrantes.
Lacuesta y Puente (2009) han hallado evidencia para España de que la vigente recesión económica puede hacer que los intensos flujos migratorios netos que recibió el país en el pasado disminuyan en los próximos años, con especial incidencia en las entradas. Esta circunstancia podría reducir el crecimiento potencial en España, dado el creciente envejecimiento de la población y las bajas tasas de natalidad.

Ante una crisis económica, por un lado, se debe actuar rápidamente (actitud *forward looking* ante los retardos asociados a las políticas coyunturales) para reconducir la economía hacia su nivel potencial. Por otro lado, es conveniente valorar en qué medida se deben usar las políticas estabilizadoras y la efectividad e implicaciones de las soluciones alternativas, ya que tendrán efectos sobre el crecimiento futuro.

Recuadro 2.4
Variaciones coyunturales en el PIB potencial para la OCDE

Un estudio reciente ha estimado una reducción media del 3,75% en el PIB potencial en 2014 entre los 19 países de la OCDE que experimentaron una crisis bancaria durante el período 2007-2011 (Austria, Bélgica, Dinamarca, Francia, Alemania, Grecia, Hungría, Islandia, Irlanda, Italia, Luxemburgo, Países Bajos, Portugal, Eslovenia, España, Suecia, Suiza, el Reino Unido y los Estados Unidos). Sin embargo, el impacto es muy heterogéneo, llegando a superar el 10% para varios pequeños países europeos, algunos de la zona euro (República Checa, Estonia, Grecia, Hungría, Islandia, Irlanda y Eslovenia). Dicha pérdida es algo más reducida, un 2,75% cuando la media se amplía a todos los países de la OCDE (34 países).

Los mayores efectos negativos provienen de la reducción en la tendencia de la productividad (menor productividad total de los factores y del capital por trabajador). A pesar de los grandes aumentos en el desempleo estructural de algunos países, la contribución del menor empleo potencial no es tan grande, ya que sus efectos negativos sobre la tasa de actividad no son tan graves como los sufridos en anteriores grandes recesiones. Esto puede deberse a las reformas de pensiones y el endurecimiento de la jubilación anticipada. Sin embargo, el mayor impacto negativo sobre el PIB potencial parece provenir de las condiciones pre-crisis. Básicamente, el sobrecalentamiento y los excesos financieros, la inflación, la cuantiosa inversión, los déficits por cuenta corriente, el endeudamiento global de la economía, los bajos tipos de interés reales y el rápido crecimiento del ratio capital-trabajo; que aluden a ineficiencias asignativas durante el periodo de auge, especialmente del capital. Por otro lado, una mayor regulación de la competencia en los mercados de productos se asocia con menores pérdidas en el PIB potencial a causa de la crisis. Esto puede indicar que se ha potenciado una mejor reasignación de recursos entre empresas y sectores, que ha ayudado a mitigar las perturbaciones negativas y sus efectos.

Las conclusiones de este estudio demuestran algo que ya se ha apuntado en algunos análisis económicos: la importancia de establecer un objetivo de crecimiento de corto plazo no sólo durante los periodos recesivos, sino también durante los expansivos. Esto implica tomar medidas para evitar las ineficiencias, la desregulación y la especulación que se asocian a los periodos de auge económico.

FUENTE: Ollivaud, P. and D. Turner (2014), "The Effect of the Global Financial Crisis on OECD Potential Output", *OECD Economics Department Working Papers*, 1166, OECD Publishing. http://dx.doi.org/10.1787/5jxwtl8h75bw-en.

---

3. La estabilidad de precios

3.1. Conceptos básicos de la estabilidad de precios

La tasa de inflación es el ratio al que crece el nivel general de precios (NGP) de una economía entre dos periodos. Normalmente, se opta por utilizar índices de precios de consumo para el cálculo de la misma (el Recuadro 2.5 recoge algunos métodos de cálculo de los NGP y sus tasas de variación). Sin embargo, la inflación (deflación) entendida como problema de política económica hace referencia a un incremento (descenso) continuado del NGP (según el Fondo Monetario Internacional, FMI, la deflación implica tener tasas de inflación negativas durante, al menos, dos trimestres seguidos), por lo tanto, hace referencia a la evolución de la tasa de inflación. Por otro lado, no hay que confundir la deflación con un proceso de desinflación que hace referencia a la reducción de la tasa de inflación entre dos periodos consecutivos.

Recuadro 2.5
Cálculo de los índices de precios y tasas

Cálculo de la inflación: el IPC y el deflactor
- El **Índice de Precios al Consumo (IPC)** está disponible mensualmente.
- Tiene carácter de índice de Laspeyres (ponderaciones de cantidades fijas de bienes y servicios).
- Los artículos (489, en Base 2011) se incluyen en función de su importancia en una cesta representativa de la capacidad de compra habitual de las familias (consumidor típico).
- Refleja los precios de los bienes y servicios (nacionales e importados) destinados al consumo.
- El **Índice de Precios al Consumo Armonizado (IPCA)** unifica las ponderaciones y composición del índice para permitir su comparabilidad internacional.
- La tasa de inflación se construye de la siguiente forma:

$$\text{Tasa de inflación (año t)} = \frac{IPC_t - IPC_{t-1}}{IPC_{t-1}} \cdot 100$$

- El deflactor del PIB está disponible trimestralmente, con cierto desfase.
- Las ponderaciones de precios no son fijas, sino en base a la producción de cada año.
- Refleja los precios de todos los bienes y servicios finales producidos en el interior de un país y, a diferencia del IPC, incluye los bienes de capital.
- La tasa de inflación se construye de la siguiente forma:

$$Deflactor_t = \frac{PIBn_t}{PIBr_t} \cdot 100 \rightarrow \text{Tasa de inflación (año t)} = \frac{Defl_t - Defl_{t-1}}{Defl_{t-1}} \cdot 100$$

La inflación subyacente
La medición de la inflación subyacente se realiza mediante un índice de precios de servicios y bienes elaborados no energéticos (IPSEBENE o IPC subyacente). Este indicador excluye los componentes más volátiles de los precios (la energía y los bienes no elaborados como los productos agrícolas) obteniendo un indicador más estable de la tendencia de la inflación a medio plazo.

En la actualidad muchos países desarrollados, especialmente en la zona euro, arrojan datos de inflación negativa. La inflación subyacente excluye el precio de los derivados del petróleo, que en los últimos meses ha experimentado una reducción de precios espectacular, superior al cuarenta por ciento por barril de Brent, por lo tanto, suaviza los datos negativos de las tasas de inflación. Su análisis permite valorar mejor los peligros de una inflación/deflación.

Estrictamente la estabilidad de precios implica que los precios ni crecen, ni se reducen, es decir, una tasa de inflación nula. Pero, generalmente se considera que valores de inflación media del 2-3% son aceptables ya que su cálculo puede sobreestimar el crecimiento del NGP (los índices no consideran productos nuevos, mejoras de calidad o productos de muy poco peso que suelen ser menos inflacionistas que la media; es un valor promedio por lo que con inflación cero, en algunos sectores los precios estarían bajando). La estabilidad de precios a medio y largo plazo es un objetivo coherente y con beneficios para el crecimiento, ya que:

- Tanto la inflación como la deflación, introducen distorsiones estáticas y dinámicas en las economías y una redistribución arbitraria de la renta y la riqueza (salarios vs pensiones, deudores vs acreedores, Sector Público vs Sector Privado).

- Permite la reducción de ineficiencias y la reasignación de los recursos que se dedicaban a protegerse de la inflación/deflación o corregirla (costes de transacción y renegociación de acuerdos, costes de cobertura, especulación, etc.) hacia proyectos sociales y productivos (Estado de Bienestar e I+D).

- Permite la formación de expectativas sólidas sobre la evolución de los precios, construyendo las bases para un crecimiento económico más robusto.

Históricamente la inflación había sido un problema central para muchos países, de modo que en la mayoría de libros de texto se estudian las medidas de reducción de la inflación, pero no hay ninguna mención a la lucha contra la deflación (algunos ejemplos de estas situaciones se presentan en el Recuadro 2.6). Hoy en día, sin embargo, la larga crisis económica y financiera, cuyos efectos aún están soportando la mayoría de países industrializados, ha avivado la amenaza de la deflación. Las consecuencias de una deflación son cualitativamente similares a las de la inflación, ya que introduce distorsiones, ineficiencias e incertidumbre. Generalmente se asocia con un periodo de estancamiento o reducción del crecimiento económico. La dinámica es la siguiente, la bajada generalizada de los precios comienza generando expectativas de bajada de precios futuros, que hacen que se postergue el consumo (esencialmente de bienes duraderos) provocando así una contracción de la demanda que, por un lado, presiona a la baja los precios y márgenes de beneficios (reduce la inversión) y, por otro, dada la rigidez a la baja de los salarios, incrementa el desempleo (nuevo descenso del consumo). Al igual que la espiral de precios-salarios inflacionista tiene efectos mantenedores y expansivos sobre los precios, en este caso también se corre el riesgo de caer en una espiral, pero de bajada de precios, que agrave la depresión económica inicial. Tiene un efecto negativo muy importante sobre los deudores, por ejemplo, los tenedores de créditos hipotecarios verán cómo su deuda nominal sobre la vivienda se mantiene, mientras ésta pierde valor, el tipo de interés real crece y la amenaza de perder el empleo se afianza.

Recuadro 2.6
Ejemplos de desviaciones de la estabilidad de precios

Deflación
El caso más representativo de un problema grave de deflación ocurrió en Japón en la década de los 90. En este periodo la economía japonesa se estancó como consecuencia del estallido de una burbuja inmobiliaria y financiera sufrida en la década anterior, generando lo que se ha bautizado como "la década perdida". Este ejemplo evidencia la dificultad para recuperar el crecimiento una vez se inicia la espiral deflacionista.
La mayoría de países industrializados pasaron por un periodo más o menos breve de deflación durante la depresión de los años 30.

Estanflación
Describe una situación donde se combinan estancamiento económico y deflación, que normalmente se asocia a rigideces de oferta y desencadena también un elevado paro.
Por ejemplo, durante la crisis petrolífera de los años 70 hubo una fuerte subida del precio del petróleo. Estos shocks de oferta elevaron los costes de producción de muchas empresas, que trasladaron el incremento a los precios finales de los bienes. Esta subida inicial de precios ocasionó una pérdida de poder adquisitivo para los trabajadores, de modo que en países con negociación colectiva o con indexación salarial en los contratos se trató de compensar esta pérdida de salario real subiendo los salarios nominales, y esto ocasionó nuevamente un incremento en los costes (esto se conoce como los efectos de segunda ronda o espiral de precios-salarios). En esta ocasión se volvió a desencadenar una subida de precios, auto-reforzando el proceso inflacionario. Esta fue una situación que afectó a muchos países industrializados y latinoamericanos. Tras los efectos negativos de la subida de precios energéticos, los intentos de reducir la inflación por parte de los gobiernos se basaron en las ideas keynesianas: políticas monetarias y fiscales restrictivas. Como el problema no provenía de la demanda, esto sólo incrementó el desempleo. Dado que Friedman refutó la curva de Phillips en 1968 y que las medidas monetaristas fueron más acertadas para solucionar esta crisis, su corriente de pensamiento ganó prestigio y desbancó las ideas keynesianas que quedaron en un segundo plano.

Hiperinflación
Hace referencia a inflaciones desmesuradas, normalmente con una tasa mensual superior al 50%. Una de las más conocidas es la de la República Alemana de Weimar, producida en parte por el pago de los costes de la Primera Guerra Mundial que le imponía el Tratado de Versalles. Esta situación explica la insistencia alemana, durante la creación de la unión monetaria, en que el BCE fuera independiente. Sin embargo, muchos países han sufrido periodos de hiperinflación en algún momento de su historia. Por ejemplo, los países latinoamericanos (Argentina, Bolivia, Perú, Chile o Brasil) han sido propensos a periodos de inflación que durante la década de 1970 y 1980 han derivado en hiperinflación. Los países que encabezan el ranking de las peores hiperinflaciones son los siguientes:

País	Periodo	Máxima tasa de inflación mensual	Tiempo requerido para duplicar los precios
Hungría	08/1945-07/1946	$4{,}19 \times 10^{16}$%	15,0 horas (<1 día)
Zimbabue	03/2007-11/2008	$7{,}96 \times 10^{10}$%	24,7 horas (1 día)
Yugoslavia	04/1992-01/1994	313.000.000	33,8 horas (1,41 días)
Serbia	04/1992-01/1994	297.000.000	33,8 horas (1,41 días)
Alemania	08/1922-12/1923	29.500	88,8 horas (3,70 días)

FUENTE: Hanke, S. H. y N. E. Krus, (2013), "World Hyperinflations", *The Handbook of Major Events in Economic History*, Randall Parker and Robert Whaples, eds., Routledge Publishing, verano.

Lo mismo ocurre con la deuda y el déficit públicos, que se vuelven relativamente más sustanciales. Cuando además se parte de niveles elevados, éstos se hacen insostenibles y, en caso extremo, pueden llevar al país a la quiebra. Otro problema derivado de la deflación se genera porque la política monetaria expansiva se ve limitada por el umbral inferior del 0% del tipo de interés nominal. Si bien es cierto que se ha planteado como solución rebasar este umbral y fijar tipos de interés nominales negativos, como ha hecho el BCE con la facilidad marginal de depósito fijada en el -0,10%, en junio de 2014. Además, la combinación de la revalorización del dinero efectivo y de los bajos tipos de interés reduce el incentivo a prestar dinero, que puede agravar una situación de trampa de liquidez.

3.2. El objetivo de la estabilidad de precios

Tras el periodo de estanflación de los años 1980, la preocupación por los problemas de desequilibrio y distorsiones que genera la inflación había aumentado de manera generalizada entre los analistas. Por ello, en la mayoría de países el objetivo de la estabilidad de precios ha cobrado mayor peso e incluso en parte ha desviado la atención del desempleo. En diversos países se ha optado por fijar objetivos cuantitativos de la tasa de inflación a medio plazo, que además se suelen hacer públicos. En algunos de estos países los objetivos son revisables periódicamente, como por ejemplo cuando el país sufre inflación y con la fijación de dicha meta se busca frenar o reducir el aumento de los precios (ejemplos: Chile, 15-20% en 1991; Colombia, 10% en el 2000 o Argentina, inferior al 25% en 2014). En otros casos, los objetivos son fijos (en intervalos de tasas de inflación o valores promedios) y compatibles con la estabilidad de precios. El principal objetivo del Banco Central Europeo (BCE) para la zona euro es la estabilidad de precios y el objetivo de medio plazo de inflación se ha establecido en un nivel inferior, pero cercano al 2%. El Banco de Inglaterra y la Reserva Federal (FED) de Estados Unidos (desde 2012) también establecen el objetivo del 2%.

En la actualidad, otro cimiento importante de la estabilidad de precios consiste en, afianzar al objetivo fijado, las expectativas de inflación (a medio/largo plazo) de los agentes económicos. Esto se ha conseguido a medida que incrementaba la confianza general en las autoridades monetarias encargadas de fijarlos (normalmente los bancos centrales de los países). Para ello se han adoptado diversas medidas:

— Establecer una mayor independencia (o total, en el caso del BCE) de los bancos centrales frente a los estados.
— El uso más predominante (o exclusivo como en la zona euro) de la política monetaria para alcanzar el objetivo de estabilidad de precios.
— Paulatino abandono o menor protagonismo de la política fiscal con fines estabilizadores.

Este menor uso de la política fiscal anticíclica se justifica, además, con la creciente influencia del pensamiento neoliberal (monetaristas y nuevos clásicos) de las dos últimas décadas. Por un lado, esos estudios en general consideran que habrá un ajuste económico automático, sin necesidad de intervención pública alguna. Por otro lado, los retardos de la política fiscal y los escasos impactos reales en la economía que le atribuyen, ponen en duda la efectividad de su puesta en marcha. Además, consideran que, incluso si acaba teniendo efectos positivos en el corto plazo, estos son contrarrestados por los efectos negativos futuros esperados a consecuencia del incremento de la deuda pública que suele acarrear una política fiscal expansiva. Siguiendo la misma lógica, durante la presente crisis se consideró que los efectos procíclicos del corto plazo serían más leves que los beneficios futuros de tener unos presupuestos equilibrados. La postura inicial en la eurozona fue de expansión del gasto de corte contracíclico. Pero una vez ese gasto (unido a la contracción de los ingresos) disparó los déficits de algunas economías, se puso en marcha el mecanismo de déficit excesivo y se empezaron a implantar las políticas de austeridad (de manera tajante en los países que recibieron rescates). El uso de políticas procíclicas en la recesión ha sido apoyado y aplaudido por algunos, y criticado por muchos otros. Lo que es innegable es que ha tenido efectos negativos sobre el Estado de Bienestar de las economías que los han implantado.

Otra de las características ideológicas de la recesión presente ha sido repetidamente manifestada por el premio Nobel Paul Krugman. Se trata de una cierta obsesión por la inflación por parte de políticos y analistas económicos que seguían viendo peligros de inflación (e incluso hiperinflación) durante los primeros años de la crisis. Y todo esto, a pesar de los elevados niveles de desempleo, la evidencia de que las perturbaciones provenían de la demanda (no era probable un caso de estanflación) y las bajas tasas de inflación registradas. Esta puede ser una explicación a las ineficiencias asociadas a la gestión de BCE al inicio de la crisis, considerada una de las causas de la doble recesión y de una recuperación más lenta del crecimiento en muchos países de la zona euro. Concretamente, nos referimos a la medida adoptada por el BCE, con Trichet de presidente, de incremento del tipo de interés del 1% al 1,25% en abril y al 1,5% en julio de 2011. En los meses previos la economía europea empezaba a repuntar muy débilmente cuando "la amenaza de la inflación" indujo a las autoridades monetarias a adoptar esta política que, como más tarde se demostró, no fue acertada.

Adicionalmente, a pesar de la estabilidad de precios mantenida durante el periodo de expansión previo a la crisis, la política monetaria llevada a cabo en esos años por la FED y el BCE también ha sido criticada. Mientras no hubo presiones alcistas generalizadas en la economía y se consideraba que la inflación estaba controlada, se mantuvieron tipos de interés muy bajos que contribuyeron a la expansión cíclica. En países donde hubo burbuja inmobiliaria, se ignoró la inflación sectorial y se facilitó la expansión del endeudamiento, ambos fenómenos considerados como causantes parciales de la depresión actual.

Valorando los efectos positivos de la estabilidad de precios, la definición cuantitativa del objetivo de inflación se puede mejorar si se ajusta a la fase del ciclo económico. Una medida consistiría en establecer el límite superior de la inflación en el 4% si el PIB real está por debajo del potencial (aprovechando los efectos positivos estáticos de la inflación sobre la deuda, la riqueza real y el consumo) y, en el 2% para cuando el *output gap* es positivo (para frenar el sobrecalentamiento de la economía).

3.3. Diferentes tipos de inflación, situación de deflación y recomendaciones de política económica

Tal y como hemos apuntado en la teoría de los ciclos económicos, se han hecho diversos análisis sobre el origen y los efectos de los procesos inflacionarios ligados a las fluctuaciones. Estos son más frecuentes, aunque no exclusivos, en las fases de auge. De forma general, podemos hacer la siguiente clasificación de la inflación: de demanda, de costes y estructural.

La inflación de demanda se asocia con presiones alcistas sobre los precios producidos por un incremento autónomo de la demanda agregada. Resumiendo los principales enfoques teóricos sobre la inflación de demanda podemos distinguir los de corte keynesiano y los de tipo monetarista (con su aportación a la versión clásica).

La perspectiva keynesiana considera que el aumento de la demanda agregada se debe a incrementos en los componentes reales de la misma. El origen de dicho incremento puede estar en un cambio en las expectativas sobre el futuro, variaciones en la riqueza (revalorizaciones), innovaciones tecnológicas, ampliación de capacidad productiva, cambio en las previsiones presupuestarias o la mejora de la competitividad del país. De modo que la demanda de dinero se genera para financiar estos incrementos en el consumo, la inversión, el gasto público o la demanda externa. Si existen recursos infrautilizados (la economía no está en situación de pleno empleo) este incremento tiene también efectos reales sobre la producción, además de sobre los precios, al menos a corto plazo. Sin embargo, cuando la oferta agregada se sitúa en el nivel de pleno empleo (consideración de largo plazo) el efecto se trasladará íntegramente a precios, sin incrementos en la producción.

El enfoque monetarista también supone que hay un incremento de la demanda agregada, pero la causa última de la inflación se debe al incremento de la cantidad de dinero, o de su velocidad de circulación, por encima de la renta real. Esta situación se produce cuando los bancos reducen los requisitos de concesión de crédito a los particulares, las empresas o al sector público o cuando el banco central incrementa la liquidez del sistema (reducción del coeficiente de caja, menores tipos de interés y exigencias de garantías en la concesión de créditos bancarios). Se asume que el origen de la inflación es exclusivamente monetario (neutralidad monetaria), ya que con ausencia de dinero, las tensiones inflacionistas no perduran. En el Cuadro 2.3 se recoge un resumen de las principales políticas económicas que se recomiendan en estos casos.

Cuadro 2.3
Recomendaciones de política económica ante la inflación de demanda

PROBLEMA: Inflación de demanda	Recomendaciones de política económica	
	Política fiscal	Política monetaria
Keynesiana	Política discrecional contractiva: - Reducción del gasto. - Reducción de las transferencias públicas. - Incremento de los impuestos.	Política discrecional contractiva: - Aumento del tipo de interés. - Reducción de las facilidades de acceso al crédito.
Monetarista	Políticas estrictas o regladas: - Estabilidad presupuestaria.	Política reglada contractiva: - Estabilidad de precios.

FUENTE: Elaboración propia.

La inflación de costes es ocasionada por el incremento de los precios de los componentes fijos o variables de la producción agregada. Si la elevación de costes es de origen interno podemos hablar de inflación de salarios, inflación de beneficios o incrementos de precios producidos por otros costes productivos o reducciones en la productividad. Por otro lado, si el origen del shock de oferta procede de fuera del país hablaremos de inflación importada (precios de materias primas o vía tipo de cambio).

La inflación de salarios (*wage push* o *wage-drift*) se origina por el aumento autónomo de los costes laborales unitarios (CLU), es decir, no justificado por cambios en la productividad. Los CLU son función directa de los costes laborales e inversa de la productividad aparente del trabajo y de los precios relativos de la empresa (o sector, o país). Por lo tanto, los efectos inflacionarios se le atribuyen al crecimiento autónomo del precio del factor trabajo.

La inflación de beneficios (*profit push* o *mark-up*) surge cuando las empresas tienen capacidad de fijar precios o márgenes, es decir, cuando poseen cierto grado de poder de mercado o de dominio sobre costes financieros o factores escasos (suelo, materias primas, licencias de importación, etc.). Normalmente los beneficios de las empresas son mucho más difíciles de controlar que los salarios. Esto se debe a diversos factores: la progresiva internacionalización propiciada por la globalización, la creciente movilidad de capitales, la contabilidad creativa y que, en general, sólo la propia empresa es quien conoce los costes reales.

La inflación importada, como su propio nombre indica es aquella que se produce por las variaciones de precios externos que importamos cuando llevamos a cabo relaciones comerciales con otros países. Las causas de aumento de los precios en origen puede deberse a modificaciones en el tipo de cambio entre las divisas o en el precio de la energía o de las materias primas importadas, que a su vez, puede tener diversas causas: restricciones intencionadas de la oferta (cártel OPEP), conflictos diplomáticos o bélicos (restricciones de exportación a Rusia), desastres naturales (tsunamis en Asia, que afectaron la producción de algunos componentes computacionales) o especulación y acaparamiento.

Presentamos las principales políticas económicas que se deberían adoptar para solucionar la inflación de costes en el Cuadro 2.4.

En el ejemplo de estanflación, del Recuadro 2.6, hemos explicado la inflación de salarios. Pero, en dicho ejemplo, ésta no es la única causa de inflación, ya que la perturbación inicial se debe a la inflación importada, y el traslado a precios de este incremento en costes puede manifestar también cierta inflación de beneficios. Por lo tanto, los efectos inflacionarios pueden ser acumulativos y no tener un origen único, aunque en algunos análisis, quizás por simplificar, se tiende a imputar la inflación de costes a la falta de flexibilidad del mercado de trabajo y al poder de negociación de los empleados. Además, en la mayoría de los cálculos de la productividad aparente del trabajo se acaba incluyendo una parte de productividad, que escapa al control del propio trabajador, y se debe a otros factores como el capital, las materias primas o productos intermedios, el nivel tecnológico, la gestión empresarial o incluso algunas regulaciones institucionales.

Cuadro 2.4
Recomendaciones de política económica ante la inflación de costes

PROBLEMA: Inflación de costes	Recomendaciones de política económica	
	Políticas de oferta	Políticas de rentas
Salarios	Regular el mercado de trabajo: – Políticas de flexibilización (salarial principalmente). – Fomentar mejoras de productividad. – Reducir las cotizaciones sociales.	– Controlar los incrementos salariales.
Beneficios	Regular el mercado de bienes y servicios: – Incrementar la competencia y vigilar las prácticas anticompetitivas. – Incentivar la inversión en I+D.	– Controlar los márgenes de beneficios. – Estabilizar los precios de factores productivos.
	Políticas de oferta	Política monetaria
Importada	Reestructuración del proceso productivo (para mitigar la dependencia del exterior): – Incentivar la inversión en I+D. – Sustitución de importaciones. – Reducción selectiva del consumo.	– Estabilización del tipo de cambio.

FUENTE: Elaboración propia.

Por último, cuando hay rigideces económicas persistentes que impiden la reducción de la inflación por debajo de cierto umbral hablamos de *inflación estructural* (de largo plazo). En estos casos las causas también pueden ser diversas, pero su carácter es inherente a la configuración económica. Ocurre cuando la competencia interna (país o sector) o externa (apertura) es insuficiente, cuando hay graves deficiencias o falta de infraestructuras (tanto económicas como sociales), instituciones (ineficiencias de la Administración Pública, déficit presupuestarios recurrentes), tejido productivo (inadecuada cualificación de los trabajadores, mercado de capitales poco desarrollado), canales de distribución, etc.

El modelo escandinavo recoge un caso particular de inflación estructural conocida como inflación dual. Existen diferencias de productividad entre el sector industrial y el de servicios y, además, el sector servicios está menos expuesto a la competencia internacional. Se asume que los salarios tienden a igualarse nominalmente y no suelen reflejar las diferencias de productividad, con lo cual esto genera un efecto inflacionario para el país. Esta inflación será mayor cuanto más peso relativo tenga el sector protegido y cuanto mayor sea la brecha de productividad. Este escenario, dado el peso de nuestro sector servicios y la importancia del turismo en el comercio exterior, justifica en gran medida la continua brecha inflacionaria que ha tenido España frente al resto de países de la zona euro. En este caso, las recomendaciones de política económica no pueden basarse sólo en medidas de estabilización coyuntural (ayudan a contener la demanda) y se deben hacer cambios más profundos (reformas estructurales) que eliminen las distorsiones. Por ejemplo, mediante la liberalización de los flujos comerciales con el exterior, promover la competencia real o "virtual" si la liberalización resulta desaconsejable, acometer reconversiones del sistema productivo y promover la eliminación de ineficiencias donde resulte necesario.

Si por el contrario nos encontramos ante un problema de deflación, las políticas adecuadas serían las opuestas a las llevadas a cabo para controlar una inflación de demanda de tipo keynesiano. Por lo tanto, se debería combinar una política monetaria expansiva, que trate de reactivar el crédito, con una política fiscal también expansiva, encaminada a reavivar el consumo y la inversión.

Como ya hemos comentado, desde la adopción de la moneda única (que implica un compromiso de tipo de cambio fijo) y hasta la crisis económica, España ha mantenido un diferencial permanente de precios respecto a la media de la zona euro. La globalización de los mercados, la mayor apertura exterior de las economías y la creciente libertad de movimientos de capitales han repercutido en una competencia creciente a escala mundial. En este contexto, una mayor inflación equivale a una apreciación continua del tipo de cambio efectivo real, que perjudica la competitividad precio y puede tener efectos negativos sobre el crecimiento. La corrección de esta situación y la mejora de la competitividad precio del país se ha realizado mediante la política de devaluación interna, que algunos han calificado como esencialmente una devaluación salarial. Otras medidas, relacionadas con la estabilidad de precios, han ido encaminadas a eliminar los efectos de segunda ronda de la espiral de precios mediante una Ley de desindexación.

Hoy en día, hay un consenso generalizado que señala que la mejor política para combatir la inflación o la deflación se basa en las políticas "preventivas" y en tomar medidas contundentes para mantener la estabilidad de precios. Es decir, evitar que se inicie el proceso retroalimentativo, del cual es mucho más difícil salir y que comporta mayores sacrificios sociales en forma de desempleo y/o recesión.

4. El empleo

4.1. Conceptos básicos

Junto a la estabilidad de precios, el segundo pilar del crecimiento económico y un objetivo relevante del corto plazo es el empleo. Antes de profundizar en el objetivo, en el Gráfico 2.2 y el Recuadro 2.7 establecemos cuales son las principales definiciones que manejaremos en el análisis de la problemática (ejemplificadas en el caso español).

Gráfico 2.2
Clasificación de la población en el mercado de trabajo

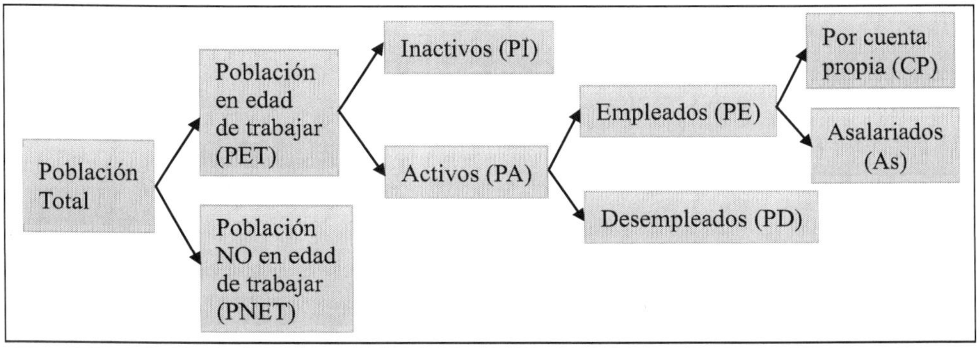

```
                            ┌─ Inactivos (PI)
         ┌─ Población        │                          ┌─ Por cuenta
         │  en edad ─────────┤                          │  propia (CP)
         │  de trabajar      │           ┌─ Empleados (PE) ─┤
Población│  (PET)            │           │              │  Asalariados
Total ───┤                   └─ Activos (PA) ─┤              └─ (As)
         │                               │
         │                               └─ Desempleados (PD)
         └─ Población
            NO en edad
            de trabajar
            (PNET)
```

FUENTE: Elaboración propia.

> **Recuadro 2.7**
> **Datos relativos al mercado de trabajo español**
>
> Los datos relativos al mercado de trabajo en España pueden proceder de datos registrados, es decir, las personas inscritas en las oficinas de ocupación, públicas o privadas. Estos datos son los trabajadores afiliados a la Seguridad Social del Servicio Público de Empleo Estatal y el Paro y Movimiento Laboral registrado del Ministerio de Empleo y Seguridad Social. Otras veces, dichos datos son estimados (obtenidos mediante encuestas sobre una muestra representativa de la población). La más importante es la Encuesta de Población Activa (EPA), del Instituto Nacional de Estadística. También disponemos de la Encuesta de Coyuntura Laboral (ECL), del Ministerio de Trabajo y Seguridad Social y la Encuesta Comunitaria de Fuerzas de Trabajo (ECFT), realizada en colaboración por los institutos estadísticos nacionales y Eurostat.
>
> Los principales índices del mercado de trabajo se pueden elaborar por grupos de edad, por sexo, por sector, por región (comunidad autónoma, país, grupo de países: UE), etc. A continuación presentamos algunos ejemplos de tasas, construidas usando las definiciones del Gráfico 2.2, y que son de uso frecuente en los análisis económicos:
> - *Tasa de Actividad = PA/PET*
> - *Tasa de paro o desocupación = PD/PA*
> - *Tasa de ocupación o empleo = PE/PET*
> - *Tasa de asalariados = As/PE*
> - *Tasa de temporalidad = As con contrato temporal/As*
> - *Tasa de ocupación a tiempo parcial = PE a tiempo parcial/PE*

Además de las tasas e índices que reflejan las características del mercado de trabajo, otra dimensión importante para la definición del objetivo del empleo son las variables flujo (véase Gráfico 2.3). Estas variables tienen la capacidad de arrojar más información sobre cómo funciona el mercado de trabajo, porque permiten observar la rotación del mercado. También son útiles para la definición del desempleo estructural (de larga duración o exceso de oferta), frente al desempleo friccional (por rotación o búsqueda de empleo) y el cíclico o coyuntural (corto plazo, desviaciones de la tasa natural de desempleo por la fase cíclica). Una medida que relaciona ambos objetivos del corto plazo es la NAIRU (por sus siglas en inglés, *Non Accelerating Inflation Rate of Unemployment*) que establece el nivel de desempleo de una economía que puede ser compatible con una inflación baja.

Gráfico 2.3
Flujos de personas del mercado de trabajo

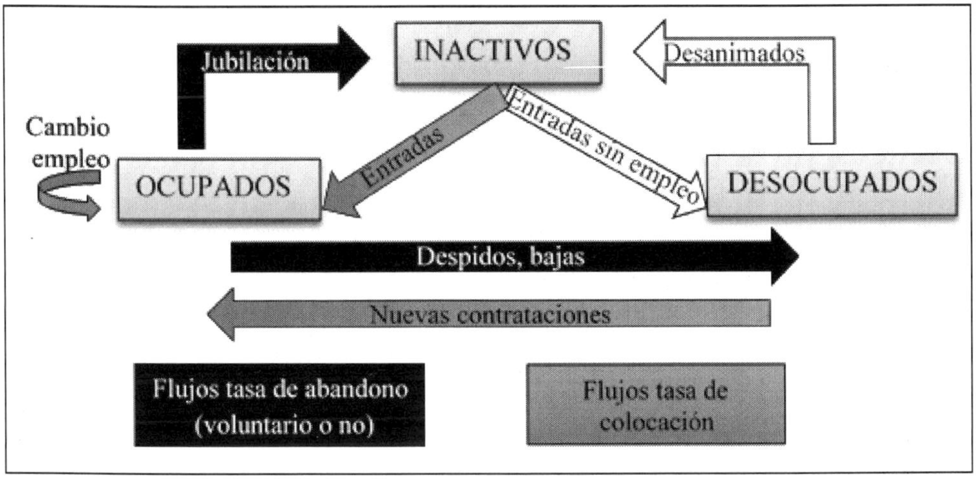

[Diagrama: Jubilación (de OCUPADOS a INACTIVOS); Desanimados (de DESOCUPADOS a INACTIVOS); Cambio empleo (OCUPADOS); Entradas (de DESOCUPADOS a OCUPADOS); Entradas sin empleo (de INACTIVOS a DESOCUPADOS); Despidos, bajas (de OCUPADOS a DESOCUPADOS); Nuevas contrataciones (de DESOCUPADOS a OCUPADOS); Flujos tasa de abandono (voluntario o no); Flujos tasa de colocación]

FUENTE: Elaboración propia.

4.2. El objetivo de empleo

El objetivo del empleo puede enfocarse desde diferentes ángulos, cuantitativa y cualitativamente, esto hace que sea mucho más complejo que el de la estabilidad de precios y tenga una perspectiva multidimensional. Habitualmente, desde el punto de vista cuantitativo, el objetivo persigue que las tasas relativas a actividad y empleo sean elevadas; cualitativamente, además, se persigue que esto se consiga con las mínimas desigualdades (por sexo, geográficas, sectoriales, etc.) y extiende el enfoque sobre la calidad de las condiciones del empleo (contratos, horarios y jornadas, remuneración salarial y en especie, seguridad en el empleo, niveles de protección social, etc.). La alusión pormenorizada a todos los aspectos relevantes sobre el empleo y el desempleo escapa a la extensión de este capítulo, pero los presentamos de manera sintética a continuación:

- *Perspectiva de género:* hombres y mujeres. Suele haber desigualdades de género que afectan negativamente a las mujeres y que se refieren a los problemas de conciliación laboral, "suelos pegajosos", "techos de cristal", etc.
- *Distribución por edades:*
  - Los jóvenes (menores de 25 años): suelen tener problemas con las entradas al mercado de trabajo, producidas en muchos casos en condiciones menos favorables frente a los trabajadores ya empleados o con más experiencia (dualidad del mercado). En España el desempleo entre jóvenes es especialmente elevado, situándose por encima del 53% en 2014.

- Mayores de 55 años: aunque su problema no es la falta de experiencia, sí lo es la proximidad de la edad de jubilación, la posible obsolescencia formativa o excesiva especialización, que reducen también su empleabilidad.
- *Inmigrantes:* los flujos migratorios son relevantes tanto desde la perspectiva demográfica (mano de obra potencial), como social (discriminación y desigualdad). Durante la expansión, España ha sido un receptor neto de inmigrantes y su llegada ha sido beneficiosa para el restablecimiento de la población activa ante la baja tasa de natalidad nacional, pero también ha sido fuente de conflictos. A raíz de la crisis, el alto desempleo y la falta de oportunidades en nuestro país han generado un incremento de flujos emigrantes, especialmente jóvenes con un nivel formativo medio o alto, que deriva en una grave pérdida de capital humano.
- *Nivel educativo/de formación:* los empleos menos cualificados suelen acarrear también peores condiciones laborales, más allá de la remuneración. Algunos estudios empíricos parecen mostrar que, además, son más procíclicos; la destrucción de empleos en crisis les afecta relativamente más. Por otro lado, suelen surgir también problemas relativos a la sobrecualificación de los trabajadores, que representa una infrautilización de recursos.
- *Distribución territorial:* a nivel local, nacional o supranacional. Las disparidades aparecen, fruto del diferente grado de desarrollo de las regiones y de las condiciones laborales del lugar. Podemos pensar en estas diferencias en términos de: zonas rurales vs urbanas, costeras vs interiores, países desarrollados vs. países en vías de desarrollo, etc.
- *Distribución sectorial*: antes de la Primera Revolución Industrial la mayor cantidad de empleo lo generaba la agricultura (el sector primario). Hoy en día, en los países industrializados, el peso del empleo lo soporta en primer lugar el sector servicios y después la industria, dejando menos del 5% a la agricultura. El progreso tecnológico ha tenido una gran incidencia sobre la distribución sectorial del trabajo. Es fuente de conflictos y diferencias entre los sectores que desaparecen y sufren reconversiones, y de nuevas oportunidades y mejoras cualitativas del empleo en otros.
- *Incidencia de la temporalidad:* hace referencia al empleo que tiene una duración determinada. En algunos casos se asocia con precariedad, si el trabajador no está eligiendo dicha opción por preferencias. Desde la perspectiva de la empresa tiene ventajas asociadas a la adaptación de la plantilla a las fluctuaciones en la producción por necesidades estacionales, cíclicas, para proyectos concretos, etc. En España la proporción de la población activa con un empleo temporal volvió a crecer en 2014, alcanzando el 24%.
- *Incidencia de la duración de la jornada laboral:* en ocasiones el contrato a tiempo parcial sirve para compaginar distintas actividades (conciliación

familiar, estudios, etc.), pero igual que la temporalidad, si implica que muchos de los trabajadores de esta modalidad preferirían hacerlo a tiempo completo, es precariedad. Adicionalmente, más allá de las horas globales de la jornada, puede haber también efectos distorsionadores asociados al reparto de esas horas durante la semana y el día.

- *Trabajo por cuenta propia*: engloba a los autónomos o emprendedores. En la fase recesiva del ciclo se ha acusado un incremento de los falsos autónomos, que acaban teniendo unas condiciones que encierran lo peor de cada figura contractual: la "dependencia" del empresario de los asalariados y la falta de coberturas de los autónomos.

- *Economía sumergida*: los periodos de dificultades que atraviesan muchos hogares con la depresión económica incrementan los empleos asociados a la economía informal. Estos escenarios, al estar ubicados al margen de la legalidad, se prestan muchas veces a situaciones de gran inestabilidad, mayor siniestralidad y precariedad, llegando incluso a producirse abusos y explotación.

- *El desempleo y el paro de larga duración*:
  - Los efectos de la desocupación producen costes individuales monetarios (pérdida de ingresos) y no monetarios (descualificación, dependencia, frustración, dificultades sociales); costes macroeconómicos (pérdida de producción potencial, de capital humano y de productividad futura y reducción de los ingresos presupuestarios) y costes sociales generales como lo que hemos mencionado en los demás apartados.
  - Los parados de larga duración suelen sufrir efectos negativos adicionales y más persistentes, porque a medida que pasan más tiempo desempleados, su probabilidad de reinserción se reduce drásticamente. Es una de las causas de la histéresis (dependencia de la tasa natural de desempleo de la evolución reciente del desempleo efectivo). Esta situación se asocia a las fases de depresión del ciclo económico, cuando se destruye mucho empleo. Implica la incapacidad de alcanzar los niveles de desempleo previos al shock, porque hay una pérdida de capital humano irreversible.

En muchos países los efectos de la crisis económica sobre el mercado de trabajo han sido muy graves. España es uno de los países que más ha sufrido, y todavía está sufriendo, este problema. Hemos tenido una enorme destrucción de empleo desde el 2007, concretamente 3,3 millones de puestos de trabajo (un 16% de los que existían hace siete años), y la situación de momento sólo parece estar empezando a estabilizarse. En el Gráfico 2.4, se muestra la evolución de las tasas de actividad y desempleo, que incluyen la fase previa expansiva (2002-2007) y la crisis (2008-2014). En él se ven claramente las diferencias entre sexos, y cómo durante la expansión los incrementos en la tasa de actividad eran compatibles con la reducción del desempleo, mientras durante la crisis las tasas de actividad han permanecido bastante estables a pesar de los fuertes incrementos de paro. En el repunte del último año, la reducción del desempleo se explica en parte por la caída en la tasa de actividad.

Gráfico 2.4
Tasas de actividad y de desempleo anuales para España, periodo 2002-2014

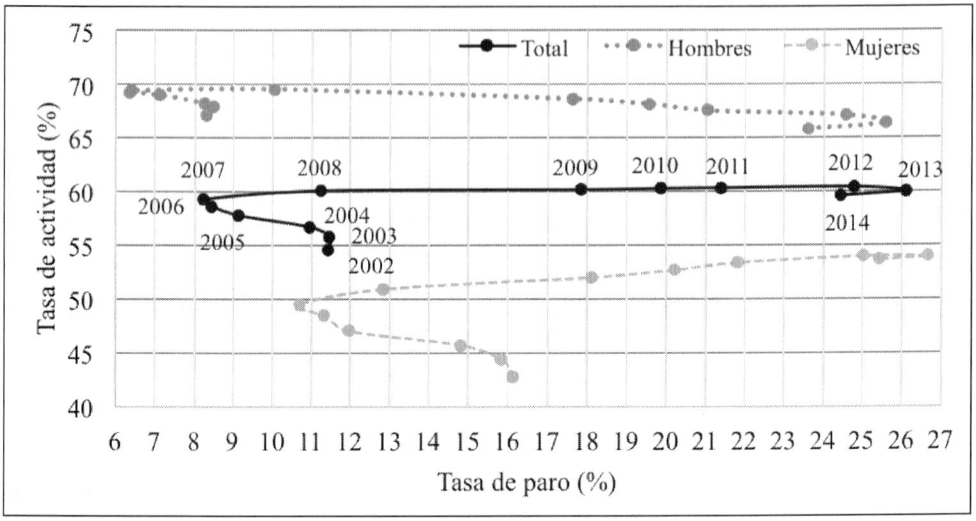

FUENTE: INE.

Además del elevado desempleo, el mercado de trabajo ha experimentado una gran precarización con incrementos de las tasas de temporalidad y de parcialidad, situaciones de trabajadores bajo el umbral de la pobreza, etc. Sin embargo, aunque indudablemente la crisis incrementa la precariedad, no es una característica exclusiva de los periodos recesivos, ya que en las expansiones también se pueden generar, o persisten, los efectos indeseados.

4.3. *El mercado de trabajo: enfoques teóricos y políticas económicas*

En definitiva, los rasgos que mejor califican el mercado de trabajo, tanto en su dimensión cuantitativa como cualitativa, son la complejidad y su interdependencia con otros ámbitos de índole económica, social, política e institucional. En ello radican las dificultades a las que se enfrentan los Estados a la hora de implantar políticas económicas encaminadas a lograr el objetivo del empleo, y dichos instrumentos claramente trascienden el ámbito del mercado de trabajo. En el Gráfico 2.5 se trata de plasmar de forma resumida un conjunto de problemas y sus rasgos fundamentales.

Objetivos de las políticas económicas a corto plazo y medio plazo 75

Gráfico 2.5
Complejidad e interdependencias del mercado de trabajo

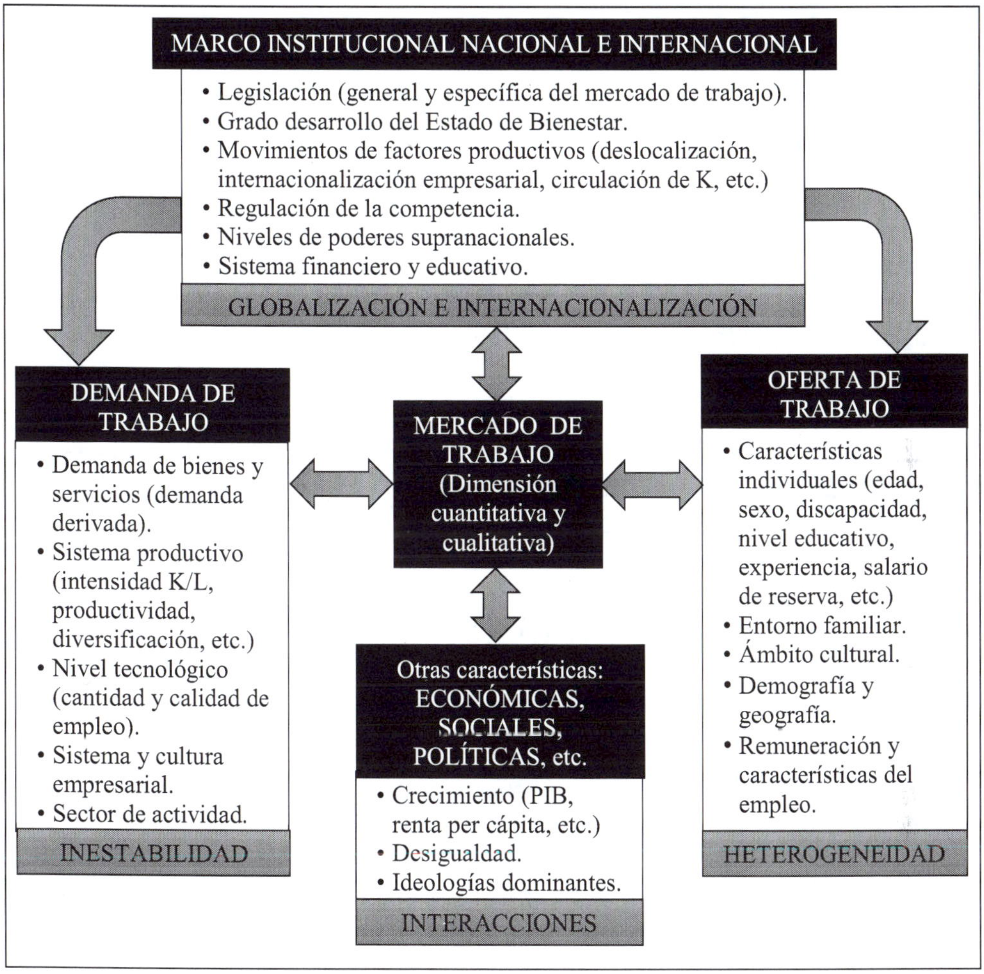

MARCO INSTITUCIONAL NACIONAL E INTERNACIONAL
- Legislación (general y específica del mercado de trabajo).
- Grado desarrollo del Estado de Bienestar.
- Movimientos de factores productivos (deslocalización, internacionalización empresarial, circulación de K, etc.)
- Regulación de la competencia.
- Niveles de poderes supranacionales.
- Sistema financiero y educativo.

GLOBALIZACIÓN E INTERNACIONALIZACIÓN

DEMANDA DE TRABAJO
- Demanda de bienes y servicios (demanda derivada).
- Sistema productivo (intensidad K/L, productividad, diversificación, etc.)
- Nivel tecnológico (cantidad y calidad de empleo).
- Sistema y cultura empresarial.
- Sector de actividad.

INESTABILIDAD

MERCADO DE TRABAJO
(Dimensión cuantitativa y cualitativa)

OFERTA DE TRABAJO
- Características individuales (edad, sexo, discapacidad, nivel educativo, experiencia, salario de reserva, etc.)
- Entorno familiar.
- Ámbito cultural.
- Demografía y geografía.
- Remuneración y características del empleo.

HETEROGENEIDAD

Otras características: **ECONÓMICAS, SOCIALES, POLÍTICAS, etc.**
- Crecimiento (PIB, renta per cápita, etc.)
- Desigualdad.
- Ideologías dominantes.

INTERACCIONES

FUENTE: Elaboración propia.

Como hemos visto en la sección teórica sobre los ciclos económicos los enfoques de aproximación al estudio del mercado de trabajo han sido diversos y han tenido una evolución ligada a los acontecimientos históricos. Los clásicos asumían el vaciado del mercado, por lo que los problemas de desempleo eran transitorios. Ante las consecuencias de la crisis económica de los años 30, los postulados de corte keynesiano (que contemplaban la rigidez a la baja de los salarios) defendieron las intervenciones públicas en la reactivación de la demanda, para reducir el desempleo y acercar la economía hacia el objetivo de pleno empleo. Sin embargo, la crisis de los setenta, igualmente grave, pero originada por problemas de oferta, vuelve inútiles las fórmulas previas. De este modo, las ideas neoclásicas centran de nuevo el enfoque en el control de la oferta monetaria, cuyos efectos se trasladan a precios, sin estimular el empleo y, por lo tanto, agravando el problema. La política fiscal tampoco funciona, ya que el problema no es de demanda. De modo que este contexto coyuntural respalda las recomendaciones de las nuevas teorías. Sin embargo, tras controlar la inflación y remontar la senda de crecimiento, la flexibilidad del mercado de trabajo no acaba de confirmarse en la realidad. Se encuentran argumentos de eficiencia para justificar los incrementos salariales (teoría de los salarios de eficiencia) y se empiezan a vislumbrar esas heterogeneidades del mercado de trabajo que impiden que funcione igual que otros mercados (teoría *insiders-outsiders*, dualidad del mercado de trabajo). De este modo los nuevos clásicos, nuevos keynesianos y post-keynesianos, tratan de buscar el origen de dichas rigideces y proponen soluciones, en base a las mismas. Por el lado liberal, estas soluciones consisten en flexibilizar el mercado de trabajo y de bienes y servicios (aproximación microeconómica), incrementando la capacidad de ajuste de las perturbaciones mediante el mercado. Y, por el lado más heterodoxo, se enfatiza en reducir la incertidumbre económica mediante medidas estabilizadoras, reequilibrar las fuerzas de poder entre los trabajadores y empresarios y aplicar medidas paliativas, para cuando lo demás no funciona.

A continuación, exponemos un breve resumen de las políticas que se pueden aplicar en la consecución del objetivo de empleo (Cuadro 2.5); el uso de unas u otras, o de una combinación específica dependerá de la naturaleza del desempleo (estructural, cíclico, friccional) y de las realidades del mercado de trabajo relacionadas con lo expuesto en el Gráfico 2.5.

Cuadro 2.5
Recomendaciones de política económica ante el objetivo de empleo

Recomendaciones de política económica	Ejemplos

Políticas del mercado de trabajo	– Flexibilización (cuantitativa, cualitativa, salarial y funcional) y desregulación del mercado de trabajo. (Predomina en el enfoque neoliberal)
	– Mejor conexión de la oferta y demanda de trabajo.
	– Políticas activas:
	  • Formación de los parados (ocupacional) y de los empleados (continua), mejora de la "empleabilidad".
	  • Ayudas a la contratación (subvenciones, bonificaciones), a la inserción (colectivos desfavorecidos) y al autoempleo.
	– Políticas pasivas de empleo (medidas compensatorias de protección social).

Políticas estructurales generales	– Políticas de competencia (mercado bienes y servicios). – Políticas sectoriales: industrial, energética, etc. – Mejora tecnológica e inversión en I+D. – Diversificación de la economía (desempleo estacional).
Políticas coyunturales (Enfoque keynesiano)	– Política fiscal expansiva (efectos contracíclicos del multiplicador). – Poca efectividad de la política monetaria por la trampa de la liquidez.
Otras políticas	– Políticas de rentas. – Política de inmigración.

FUENTE: Elaboración propia.

4.4. El objetivo de empleo en la Unión Europea

El objetivo cuantitativo de empleo vigente para la Unión Europea fue establecido en la estrategia para el crecimiento y el empleo "Europa 2020" en 2010. Asimismo, los objetivos específicos de los Estados miembros fueron instaurados en sus programas nacionales de reforma, en abril de 2011. Dicho objetivo se fija en un 75% de tasa de empleo para las personas entre 20 y 64 años, frente a la tasa del 70% de empleo (para las personas entre 15 y 64 años) de la estrategia anterior (Estrategia de Lisboa). Conjuntamente, en la estrategia 2020 se abordan objetivos de inversión en I+D (3% del PIB), control del cambio climático y sostenibilidad energética, mejoras en los niveles educativos y reducciones en el número de personas en riesgo de exclusión social o situación de pobreza. Para España, los objetivos específicos son los siguientes:

- El objetivo de empleo es un punto inferior 74%, sin embargo, es un objetivo que sigue siendo ambicioso teniendo en cuenta la mayor incidencia de la crisis sobre el mercado de trabajo español.
- El objetivo de inversión en I+D es el mismo, pero a este respecto se han hecho muy pocos progresos. En los últimos años la inversión española en I+D se ha mantenido sistemáticamente por debajo de la media europea. Concretamente, según datos de Eurostat, en la UE-28 en 2013 se invirtió de media un 2,02% de PIB, mientras que en España la cifra sólo fue del 1,24%.
- La tasa de abandono escolar debería reducirse, al menos hasta el 15% (objetivo cinco puntos porcentuales superior al de la UE) y la de personas con enseñanza superior incrementarse hasta el 44% (objetivo cuatro puntos porcentuales superior al de la UE).
- Por último, las personas en peligro de exclusión deberían reducirse entre 1,4 y 1,5 millones de personas, que representa un 7,5% del total de personas para toda la UE.

Resulta evidente que la consecución de todos estos objetivos podría derivar en efectos directos e indirectos positivos en el mercado de trabajo, sin embargo, aquí nos centraremos en resumir aquellas medidas que se ciñan más específicamente al objetivo del empleo. Las principales oportunidades para la creación de empleo se asocian a la economía ecológica (especialmente en la construcción); la sanidad, debido al envejecimiento de la población, y a las TIC (Tecnologías de la Información y Comunicación), que se asocian a empleos de alta cualificación.

Las recomendaciones generales que se realizan a los Estados consisten en estímulos para el incremento de la actividad (conciliación y retraso en la jubilación); la reducción del desempleo tanto estructural (políticas activas) como juvenil (incidencia sobre la enseñanza y reformas) y el fomento de sistemas de flexibilización salarial (ajuste de la remuneración a la productividad) y creación de empleo (subvenciones a las nuevas contrataciones). Dichas recomendaciones tuvieron una mayor incidencia en la regulación del mercado laboral (imperativa para los países rescatados: Irlanda, Grecia y Portugal), encaminadas a incrementar la flexiseguridad e insistiendo en la reducción del elevado desempleo juvenil (garantía juvenil).

Recientemente, mayo de 2015, la Comisión realizó algunas sugerencias y críticas relativas al Programa Nacional de Reformas de España. Resumimos aquellas que afectan al mercado de trabajo:

- Con objeto de crear empleo y seguir mejorando la competitividad del país, se debe fomentar, tanto el ajuste de los salarios para compensar la reducida productividad en algunos sectores (agravada por el desempleo de larga duración y la segmentación del mercado de trabajo), como la movilidad regional.
- Se atribuyen avances limitados en:
  - La modernización de los servicios públicos de empleo y su calidad y eficacia en el asesoramiento para la búsqueda de empleo (básica en la reducción del paro juvenil).
  - La corrección de las disparidades regionales.
  - La mejora de la eficacia del sistema de protección social y los servicios asistenciales.
  - El aumento de la adaptación de la educación y formación profesionales a las necesidades del mercado de trabajo.
- Se debe alcanzar un entorno empresarial más propicio a la innovación y creación de empleo, mediante reformas estructurales que fomenten la innovación y capacidad exportadora y que eliminen las deficiencias del sistema de investigación e innovación y los obstáculos al crecimiento de las PYMES.

En el último año, 2014, se han empezado a vislumbrar datos de mejora del mercado de trabajo en la eurozona, con la creación de un millón de empleos y un ligero descenso de la tasa de paro (situada en un 11,6% en IVT2014). Sin embargo, a pesar de este dato positivo, se ha seguido destruyendo empleo no cualificado (para algunos grupos de edad), ha seguido incrementándose el desempleo de larga duración y se ha registrado un mayor desánimo entre la población joven.

El término "euroesclerosis" se acuñó en los años ochenta para describir las rigideces del mercado de trabajo europeo en contraposición a los mercados estadounidenses más flexibles y con mayores tasas de productividad. Con ello se hacía referencia a las indemnizaciones por despido, la influencia de los sindicatos, las generosas prestaciones de desempleo y los salarios mínimos elevados. En la situación actual, esta ideología ha vuelto a proliferar. Algunos analistas han achacado la gravedad de los problemas de desempleo, generados a raíz de la crisis (especialmente en las economías periféricas), a los niveles de Estado de Bienestar de las economías europeas. Para remediar dichas rigideces, se ha popularizado el término de "flexiseguridad" para fomentar las desregulaciones del mercado de trabajo. En el caso de España, fruto de ello fueron las Reformas Laborales de 2010 y 2012, que sí flexibilizan, pero se olvidan del pilar de la seguridad. De hecho, sus detractores encuentran que la desregulación contemplada sólo comporta precariedad, pero no soluciona el problema principal de la débil demanda interna, cuyas causas son tanto las reducciones de las rentas de las familias (en parte por el propio desempleo), como las distorsiones asociadas a la incertidumbre que comporta la crisis económica.

Una vez analizados los objetivos de estabilidad de precios y de empleo en la Unión Europea, lo que se observa es una cierta asimetría, tanto en la concreción estricta de los objetivos, como en la instrumentación para poder lograrlos. El objetivo de estabilidad de precios está mucho más enfocado al corto plazo, mientras que el del empleo se ha fijado a diez años vista (estrategia 2020, establecida en 2010). Asimismo, para la consecución de la estabilidad de precios, por un lado, se ha designado una institución independiente, el BCE, cuyo principal cometido es que dicho objetivo se cumpla. Por otro lado, se ha supeditado el uso de la política monetaria a la estabilidad de precios, de forma prioritaria frente a los demás objetivos coyunturales. De modo que se puede decir que se le ha asignado un instrumento de política económica muy importante. Sin embargo, el objetivo del empleo queda mucho más disociado, casi relegado a que la intervención se limite a actuar sobre el resto de la economía y sea el propio mercado el que responda creando empleo. Tampoco hay ningún organismo independiente y propio encargado de vigilar su cumplimiento, ni ningún instrumento que priorice el empleo frente a otras metas. La complejidad que hemos asumido que va unida al objetivo de empleo, no debería ser una excusa para no tomar medidas para lograrlo y situarlo al mismo nivel de importancia que está la estabilidad de precios.

5. La interacción de los objetivos de estabilidad de precios y del empleo

El marco teórico que relaciona los objetivos de precios y empleo lo encontramos en la curva de Phillips, que representa una relación inversa, no lineal, entre la tasa de desempleo y la tasa de inflación[1]. Dicha relación fue una regularidad empírica en

---

[1] Phillips, 1958, establece la correlación negativa entre la inflación de salarios y el desempleo; Solow y Samuelson, 1960, acuñan el término y generalizan los resultados; a finales de los años sesenta Friedman y Phelps reformulan la relación, introduciendo las expectativas adaptativas.

muchas economías, antes de la crisis de los años setenta. Tras la crisis, la correlación desapareció y la curva de Phillips fue reformulada para reflejar una correlación negativa a corto plazo, pero neutralidad en el largo plazo. Esto implica que se asume la neutralidad monetaria y que la curva en el largo plazo es en realidad una recta cuya posición la determina la NAIRU y la producción potencial.

Por otro lado, la Ley de Okun (1983) describe una relación entre la variación de la tasa de desempleo y el crecimiento de la producción. Esta relación también es inversa, pero sólo se empieza a reducir el desempleo a partir de un determinado umbral de crecimiento mínimo. La tasa normal de crecimiento es aquella necesaria para mantener la tasa de desempleo constante, es decir, es la que representa dicho umbral. Normalmente, esta tasa había sido siempre superior al 2% para la economía española. Sin embargo, el enorme paro causado por la crisis económica vigente, con la consecuente desocupación e infrautilización de recursos, parece haber reducido la tasa normal de crecimiento por debajo del 1%. Dicho de otra manera, la fluctuación cíclica nos ha situado tan por debajo del PIB potencial, que a pesar de la reducción del desempleo estos incrementos no se están reflejando en aumentos de los precios generales.

Otras explicaciones a este fenómeno de crecimiento sin inflación:

- *Las rigideces nominales a la baja de los salarios*. Su efecto habría moderado el ajuste vía precios, durante los primeros años de recesión. Esto ha permitido que en los primeros trimestres de la recuperación no se hayan producido incrementos salariales generalizados.
- *Un aplanamiento de la curva de Phillips:* la inflación es menos sensible a las desviaciones cíclicas del PIB real. Este cambio a su vez, se debe a dos fenómenos:
  - La política monetaria reglada y no discrecional, que habría tenido un efecto positivo en el anclaje de las expectativas de inflación. De este modo, las variaciones de corto plazo del nivel general de precios recibirían una menor respuesta por parte de los agentes económicos.
  - El efecto de la globalización sobre los precios, que reduce la vinculación entre la evolución de los precios y la situación cíclica doméstica. Se incrementa el efecto sustitución internacional y esto hace que, para mantener la competitividad, los precios permanezcan más estables.

Por último, recalcar que una gestión ineficiente de la crisis puede tener efectos negativos duraderos en el crecimiento de la zona euro, así como alterar las interrelaciones entre los objetivos. En el Cuadro 2.6, se recogen las principales particularidades de la situación actual, una realidad que es cada vez más compleja. Estas características no pueden ignorarse, ni en la definición de los objetivos coyunturales, ni en la elección de los instrumentos anticíclicos adecuados.

Cuadro 2.6
Características del contexto actual

Rasgos que delimitan e influencian la evolución del ciclo y los objetivos de la estabilidad de precios y el empleo:
- *Globalización:* mayor universalización de los fenómenos, que alcanza también a las economías emergentes.
- *Internacionalización e interconexión:* diluyen la efectividad de las políticas estabilizadoras nacionales y propagan y contagian las perturbaciones.
- *Rápido avance tecnológico y descubrimientos de innovaciones* (TICs, biotecnología, nanotecnología): determinan la velocidad de los cambios, con repercusiones en diversos ámbitos (productivo, social y cultural, político).
- *Cambios en el sistema financiero:* desregulación, movimientos de capitales e innovaciones de los mercados de capitales y financieros, que incrementan las interdependencias de las economías. Generación de burbujas y propagación de shocks.
- *Dificultades de coordinación y de acuerdos supranacionales:* manifestadas en la inoperatividad de las reuniones y cumbres internacionales (por ejemplo: del G-7 o las cumbres climáticas).
- *Predominio ideológico del fundamentalismo de mercado (auto-regulación):* influencia de la ortodoxia en la generalización de la desregulación.

Problemas específicos de la eurozona, arquitectura deficiente de la Unión Monetaria:
- *Insuficiente integración monetaria*: se han realizado avances recientes en la unificación bancaria, pero aún no se puede garantizar la eliminación de los riesgos sistémicos.
- *Carencia de una unión fiscal*: políticas nacionales poco integradas.
- *La asimetría de la regla del Pacto de Estabilidad y Crecimiento:* el establecimiento de una regla que limita el déficit público, elimina el mecanismo del estabilizador automático. Durante una recesión, cuando los ingresos presupuestarios disminuyen, dicha regla fuerza al gobierno a llevar a cabo políticas fiscales restrictivas agravando aún más la recesión. La ausencia de una regla para el periodo alcista, reduce aún más el margen de maniobra.
- *Fluctuaciones cíclicas:* si son asimétricas dificultan la coordinación de la política estabilizadora y, cuando se coordinan, acrecientan los problemas de contagio.

FUENTE: Elaboración propia.

6. Conclusiones finales

Los recientes acontecimientos económicos y sociales, resultado de una profunda recesión, son motivo suficiente para recuperar las teorías de los ciclos económicos y usarlos como punto de partida para la construcción de las políticas económicas estabilizadoras. Igualmente, su mejor comprensión ayudará en la fijación realista y equilibrada de los objetivos de estabilidad de precios y empleo.

Ideológicamente las teorías ortodoxas y heterodoxas que resumen la palestra del ideario de política económica existente parecen muy antagónicas, y de momento, no han conseguido converger hacia una postura intermedia o común. Sin embargo, tanto unas como otras han tenido éxito en las recomendaciones dadas en algún momento de nuestra historia reciente y una vez la crisis actual ha desmentido que las fluctuaciones sean cosa del pasado, hay que revisarlas. Las depresiones ponen de manifiesto que los equilibrios, que alcanza la economía cuando se encadenan varios shocks negativos potentes, no son los deseables para los agentes económicos, ni para la sociedad. En estos casos las instituciones públicas son el principal actor con capacidad de provocar una ruptura en la tendencia bajista, acelerar los cambios hacia equilibrios macroeconómicos más cercanos a los objetivos de precios y empleo y generalizarlos a toda la economía. Sin embargo, las decisiones de política económica coyunturales, sobre todo las presupuestarias, nunca son neutrales y a veces también pueden ser parte del problema. De este modo, la discusión no debería ser tanto si el Estado debe intervenir o no, sino cuándo es el momento adecuado para intervenir y cómo usar los instrumentos disponibles. Además, como hemos recalcado en la sección previa, actualmente hay muchos fenómenos que dificultan la eficacia y eficiencia de la toma de decisiones a nivel nacional y ponen límites a los instrumentos estabilizadores. Seguramente una postura razonable consistiría en garantizar el equilibrio en la intervención, combinando reglas y discrecionalidad y llevando a cabo políticas estabilizadoras tanto en las fases recesivas del ciclo, como en las de auge:

- Evitar que la política monetaria suponga un obstáculo al crecimiento, pero análogamente, evitar que favorezca o permita la especulación y la formación de burbujas bursátiles, financieras, inmobiliarias, etc.
- La política fiscal cuantitativamente debe tratar de controlar el gasto para que sea compatible con la estabilidad presupuestaria a medio plazo. Pero, adicionalmente, debe analizar los impactos cualitativos de su política de gastos e ingresos tratando de reducir al máximo las distorsiones e ineficiencias no deseadas.
- Por último, las políticas de rentas y estructurales deben complementar a las políticas estabilizadoras tratando que la regulación o desregulación sirva para eliminar ineficiencias sin generar grandes costes de otra índole.

En definitiva, se trata de analizar en cada fase del ciclo el tipo de equilibrio en el que nos encontramos y si es un equilibrio deseable desde el punto de vista del crecimiento económico potencial, las dimensiones de equidad y de justicia, así como, su sostenibilidad a largo plazo. Todas estas cuestiones relativas a los instrumentos se abordan con más profundidad en los siguientes capítulos del libro.

Orientación bibliográfica

Unas recopilaciones interesantes sobre los diferentes enfoques del estudio de los ciclos económicos las encontramos en el documento "Ciclos y crisis en economía" de Fernández Arufe, J. E. y M. García Crespo (en la obra colectiva de 2009, *Pensar como un Economista. Homenaje al Profesor Andrés Fernández Díaz*, Ed. Delta, Madrid, págs. 409-440.) y en los documentos de Bernard, L., Gevorkyan, A. V., Palley, T. I., y W. Semmler (2014), "Time Scales and Mechanisms of Economic Cycles: a Review of Theories of Long Waves", *Review of Keynesian Economics*, (1), 87-107 y de

Avella, M. y L. Fergusson (2003), "El ciclo económico, enfoques e ilustraciones. Los ciclos económicos de Estados Unidos y Colombia", *Borradores de Economía*, 284, 1-78. La teoría general se puede completar con los replanteamientos (de orientación más metodológica) de Fernández Díaz, A. (Dir.) (1999) *Fundamentos y papel actual de la política económica*, Ed. Pirámide cap. 6-9 y el estudio sobre los ciclos políticos se puede ampliar en el documento de Muñoz, J. R. E. (2006), "Ciclos político económicos: teoría y evidencia empírica", *Revista Temas de Coyuntura*, 54.

Respecto a la estabilidad de precios y empleo, unas buenas recapitulaciones de las políticas coyunturales las hallamos en Antuñano Maruri, I. y A. Sánchez Andrés (Coord.), (2009) *Política Económica. Elaboración y Políticas Coyunturales*, Ed. Tirant lo Blanch, Valencia, cap. 7 y 8; Cuadrado, J. R. (Dir.) (2010) *Política Económica: elaboración, objetivos e instrumentos*, caps. 6 y 7 y Fernández, A, Parejo, J. A. y Rodríguez, L. (2006): *Política Económica*, McGraw-Hill, Madrid, cap. 6.

Es interesante la contribución de Espina, A. (2004), "Sobre estabilidad de precios, deflación y trampas de liquidez en el G-3", *Boletín Elcano* (37), 55. Además, una perspectiva actual sobre la estabilidad de precios se puede obtener en los Informes mensuales de "la Caixa" Research, concretamente, es pertinente el n. 387 (2015), en http://www.lacaixaresearch.com/.

Los artículos de Fernández-Huerga, E. (2010), "La Teoría de la Segmentación del Mercado de Trabajo: Enfoques, Situación Actual y Perspectivas de Futuro" *Investigación Económica* vol. LXIX, julio-septiembre y de Monteagudo, I. C., Martínez, M. S. C., y I. P. García (2011), "Diferentes Desarrollos del Mercado de Trabajo", *Información Comercial Española, ICE: Revista de Economía*, (858), 89-102, hacen una revisión de los distintos enfoques que explican las rigideces y segmentación del mercado de trabajo para profundizar en su análisis.

Algunos estudios recientes e interesantes sobre el mercado de trabajo español se encuentran en Dolado, J. J. y F. Felgueroso (2010), "Propuesta para la reactivación laboral en España", *Libro electrónico* (http://www.crisis09.es/PDF/Propuesta_reactivacion_laboral.pdf); en Bilbao, J. y C. Ochando (2013), "Teorías y evidencias sobre el funcionamiento del mercado de trabajo en España 1995-2010", *Información Comercial Española* nº 872, mayo-junio y en Torrejón, M. (2014): "La reforma laboral de 2012. Análisis de su contenido y de los resultados de su aplicación" en Sánchez, A. y Tomás Carpi, J. A. (Dirs.) (2014), *Crisis y política económica en España. Un análisis de la política económica actual*, Thomson Reuters Aranzadi. Y, por último, una mirada a la evolución de los indicadores económicos, de ambos objetivos coyunturales, se encuentra en los Boletines del Banco de España, y sobre el empleo en la *"Estrategia 2020"* de la Comisión Europea en: http://ec.europa.eu/europe2020/index_en.htm.

Capítulo 3
Política fiscal y presupuestaria (I). Ingresos y gastos públicos

ISIDRO ANTUÑANO MARURI
VÍCTOR FUENTES PRÓSPER
Universidad de Valencia

1. Introducción

En el presente capítulo se trata la política fiscal y presupuestaria desde el punto de vista del nivel, la composición y el control de los ingresos y gastos de las Administraciones Públicas, dejando para el capítulo siguiente las consecuencias de esta política en cuanto al saldo presupuestario anual y la gestión de la deuda pública.

Por política fiscal se entiende generalmente en España la política respecto de los ingresos públicos, aunque en los países anglosajones este concepto se usa de modo habitual para referirse al conjunto de la política pública de ingresos y gastos. Como primera aproximación a los ingresos y gastos del Estado en España a lo largo de la crisis económica, el Gráfico 3.1 muestra la intensidad de la caída de los ingresos en 2008 y 2009, la aguda subida de los pagos presupuestarios especialmente en 2009, y el consecuente aumento acelerado del déficit de caja, que en los años siguientes se va reduciendo tanto por la fuerte caída de los pagos en 2010-2011 y su contención en años posteriores como por el crecimiento de los ingresos, en particular desde 2012.

Gráfico 3.1
Saldo de Caja del Estado en España
(Cifras acumuladas en mm euros de los doce meses anteriores)

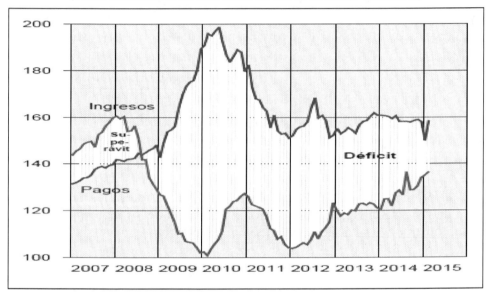

FUENTE: Ministerio de Economía.

Para analizar de manera precisa los ingresos y gastos públicos hay que tener en cuenta que el sector público español (como el de la mayoría de los países desarrollados) está integrado por dos grupos diferentes de instituciones. El grupo de las Administraciones Públicas está compuesto por la Administración Central (formada a su vez por el Estado, la Seguridad Social, los Organismos Autónomos Administrativos, y otros Entes de menor peso económico), y las Administraciones Territoriales (que comprenden las Comunidades Autónomas y las Corporaciones Locales). El grupo del Sector Público Empresarial está integrado por las empresas públicas de ámbito estatal o territorial, ya sean de carácter financiero, industrial o comercial. La política presupuestaria se refiere fundamentalmente al grupo de las Administraciones Públicas, y no al sector público empresarial, que recibe de las Administraciones Públicas transferencias presupuestarias y otros recursos, pero dispone de autonomía financiera.

La actuación presupuestaria de las Administraciones Públicas supone la movilización de recursos financieros que son captados en su mayor parte de forma coactiva a través de impuestos y cotizaciones sociales sobre hogares y empresas, y que se destinan a cubrir diversas actuaciones de los poderes públicos, desde la producción, provisión o financiación de bienes y servicios públicos, a la realización de transferencias de recursos al sector privado o a otras instituciones públicas, persiguiendo alcanzar determinados objetivos de interés general.

En los países desarrollados, el sector público experimentó un enorme desarrollo desde finales del siglo XIX, y asimismo lo hizo la hacienda pública. En la época de la denominada *teoría clásica del Presupuesto*, éste era mínimo (alrededor del 10% del PIB) y debía encontrarse siempre en equilibrio, respondiendo en buena medida a la visión del Estado que tenía la *escuela liberal*, más centrada en las llamadas *funciones regalistas* (orden público, justicia, defensa, relaciones internacionales) que en las *funciones sociales* (salud, educación, desempleo, etc.). Gradualmente, sin embargo, el Presupuesto adquirió un papel más beligerante de acuerdo con las nuevas funciones que se le fueron asignando al sector público a partir de la Gran Depresión de los años treinta, el surgimiento y difusión de las *teorías keynesianas*, las consecuencias económicas y sociales de la segunda guerra mundial, y las políticas socialdemócratas de la posguerra. Así, desde los años treinta del siglo pasado y hasta mediados de los setenta se desplegaría, por una parte, la *función de estabilización* de la economía, basada en el funcionamiento de los *estabilizadores automáticos* de los ingresos y los gastos públicos (Gráfico 3.2), la consecución de superávit presupuestario en condiciones de pleno empleo, y el *fine tuning* o manejo adecuado de la coyuntura económica (crecimiento económico con equilibrio interno y externo) con medidas coordinadas de política fiscal y monetaria; y por otra parte, también, se iría construyendo el Estado de Bienestar moderno, desarrollando sus *funciones asignativa y redistributiva*.

Gráfico 3.2
Los estabilizadores fiscales automáticos

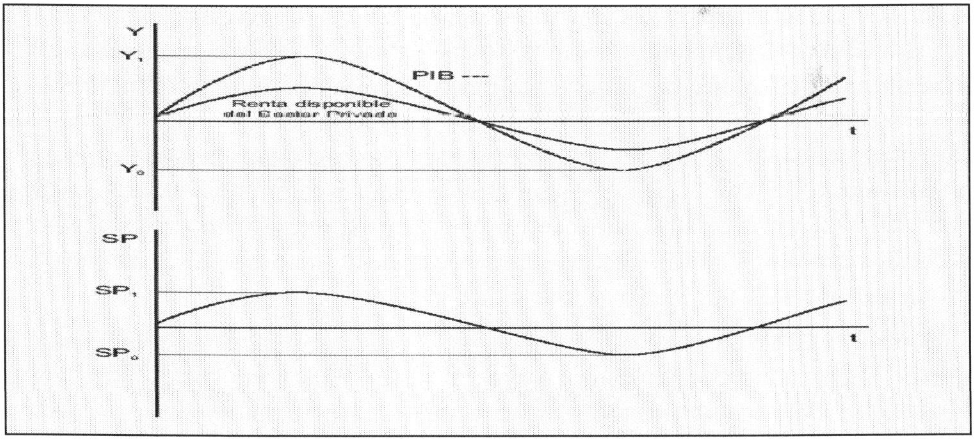

FUENTE: *Presupuestos Generales del Estado para 2009*. Libro Amarillo.

Las *crisis fiscales del Estado* en los años setenta y ochenta del siglo pasado y en la década actual más reciente han obligado a que los Gobiernos den prioridad a la sostenibilidad de las finanzas públicas, mediante procesos de *consolidación presupuestaria*. Consiste ésta en un conjunto de medidas que, combinando aumentos estructurales de ingresos públicos y/o recortes o desaceleraciones de los gastos públicos menos esenciales, aseguren el equilibrio presupuestario a largo plazo. Las corrientes de pensamiento más liberales propugnan una consolidación presupuestaria lo más inmediata posible y basada ante todo en el control del gasto público, mientras que las corrientes más sociales proponen un proceso de reequilibrio más lento, basado en el aumento de la presión fiscal sobre las rentas más altas y una efectiva política contra la evasión fiscal.

Desde un enfoque macroeconómico, destaca en la política presupuestaria el papel que juega el *multiplicador keynesiano del gasto público* sobre el volumen de actividad económica de un país en el caso de una economía cerrada, suponiendo que no se incremente la presión fiscal ni se modifique el nivel de los tipos de interés. El multiplicador keynesiano del gasto público es la principal justificación económica para que el Estado sustituya temporalmente al sector privado como motor de la economía, cuando existen recursos ociosos abundantes y una crisis profunda de las expectativas empresariales. En el momento en que se toma en cuenta cómo se financia un aumento del gasto público, sin embargo, el análisis de la actuación económica pública se hace más complejo; si el gasto se financia vía aumento de ingresos tributarios puede afectar negativamente a la renta disponible de los consumidores y por ello a su consumo y a la actividad económica general, mientras que si se financia vía recurso al endeudamiento puede afectar al tipo de interés, al volumen de crédito a la inversión privada y a la actividad económica en su conjunto.

En economías abiertas, los efectos de la política presupuestaria son varios: vía la elasticidad de la demanda de importaciones respecto a la renta, puede afectar a la Balanza de Pagos por cuenta corriente; vía entrada de capitales extranjeros para financiar el aumento del gasto público, puede afectar al equilibrio del mercado de divisas y con ello al tipo de cambio de la moneda nacional. En ambos casos con los correspondientes efectos sobre el sistema monetario-financiero y sus posibles interacciones con la política monetaria, más aun si existen libre circulación de capitales y tipos de cambio flexibles, como sucede actualmente en los países más desarrollados.

Desde un enfoque microeconómico, la política presupuestaria incide tanto sobre el sector empresarial como sobre las economías domésticas. Respecto al primero, las modificaciones en los ingresos públicos (principalmente en las distintas figuras del sistema tributario) inciden sobre el volumen de autofinanciación, sobre la elección de técnicas productivas (como la elección por las empresas de su ratio capital/trabajo), sobre la localización física de la actividad económica, sobre el grado de concentración empresarial, sobre su competitividad vía costes, etc. Respecto de las economías domésticas, las modificaciones impositivas inciden sobre las decisiones de consumo, ahorro e inversión, tanto por las variaciones que inducen en la renta disponible personal o familiar, como por los efectos derivados de la fiscalidad que recae sobre diversos bienes y servicios.

2. Política de ingresos públicos

2.1. *Características generales*

La política de ingresos públicos es el conjunto de decisiones relativas a los recursos económicos puestos a disposición de las administraciones públicas, adoptadas por las autoridades correspondientes en un contexto económico y social concreto. Tales decisiones se refieren a la estimación ex ante del volumen de ingresos públicos, totales y en relación al PIB que se desea conseguir; cómo se pretende influir mediante los ingresos públicos en el conjunto de la actividad económica y en las decisiones de los distintos agentes económicos y sociales; qué composición de ingresos por figuras tributarias y no tributarias se elige; cómo se distribuyen los ingresos entre las distintas administraciones públicas; cómo se va a afrontar la gestión administrativa de cada componente de los ingresos públicos y se va a combatir el fraude fiscal; etc. La política de ingresos públicos se contempla en el estado de ingresos del presupuesto, que fija las previsiones estimadas de los derechos económicos a liquidar durante el ejercicio y el recurso al endeudamiento que se autorice para hacer frente a los gastos.

El nivel deseado de ingresos públicos está directamente relacionado con el nivel de gasto público planeado y con las previsiones en relación al saldo presupuestario. Los *ingresos tributarios* se exigen por las Administraciones Públicas de modo coactivo, para lo cual es preciso que una ley les otorgue este carácter. La carga tributaria se reparte entre los impuestos directos (IRPF, Impuesto de Sociedades, Impuesto del Patrimonio, etc.); los impuestos indirectos (IVA, aranceles, etc.); y los precios y tasas públicas. Los *ingresos no tributarios* dependen de la capacidad del sector público a la hora de obtener transferencias corrientes y de capital de terceros, en particular de otras Administraciones Públicas como por ejemplo la Unión Europea; de su capacidad de rentabilizar su patrimonio (rentas de la propiedad y la empresa); de su deseo de liquidar o no sus activos reales y financieros, en todo o en parte; y de su recurso al endeudamiento.

La distribución de los ingresos tributarios entre impuestos directos e indirectos es un componente esencial de la política fiscal. La defensa de la presión fiscal directa se apoya en consideraciones como la necesaria equidad entre los ciudadanos, la progresividad mayor de la imposición directa respecto de la indirecta, la necesaria suficiencia financiera pública que asegure un adecuado nivel de prestaciones públicas, etc. Por el contrario, la preferencia por la fiscalidad indirecta se apoya en el menor rechazo ciudadano respecto de la misma, la conveniencia de reducir la presión fiscal directa para facilitar el consumo y la inversión privada, o la dificultad de mantener niveles elevados de presión fiscal directa en un marco europeo e internacional de creciente liberalización de los movimientos de capital.

En el caso de la UE es sabido que existen veintiocho sistemas fiscales nacionales diferentes (con sus "costes" para el mercado único interior), y que la competencia sobre los mismos es de cada país, de modo que cualquier norma comunitaria sobre este ámbito exige unanimidad. Por ejemplo, el principal impuesto indirecto, el IVA, es un "recurso comunitario" que financia el presupuesto de la UE, lo aplican todos los países miembros, pero solo tiene armonizada su base imponible, existiendo unos acuerdos "flexibles" en cuanto a los tipos de gravamen. Por la misma razón cabe entender las dificultades que encuentra la propuesta de Directiva del Impuesto sobre Transacciones Financieras a escala de la UE.

2.2. Ingresos públicos y presión fiscal

Para facilitar las comparaciones entre países, obviando aspectos como la existencia de distintas monedas, de niveles diferentes de precios, etc., suele utilizarse el indicador de Ingresos totales de las Administraciones Públicas/PIB (que se presenta en el Cuadro 3.1 para algunos países seleccionados, incluyendo como referencia los datos correspondientes a la media de la OCDE y a la Eurozona).

Cuadro 3.1
Ingresos totales de las Administraciones Públicas
(% del PIB nominal)

	1997	2007	2009	2013	2014 (e)	2015 (p)	2016 (p)
Alemania	45,1	43,0	44,4	44,4	44,3	44,3	44,3
España	37,7	40,9	34,8	37,5	37,9	37,9	37,9
Estados Unidos	33,9	33,4	30,3	33,2	33,4	33,5	33,5
Eurozona (media)	45,9	44,7	44,4	46,6	46,5	46,4	46,3
OCDE (media)	38,0	37,4	36,0	37,7	37,6	37,6	37,4

(e): Estimación. (p): Previsión.
FUENTE: OCDE *(Statistics: Fiscal Balance and Public Debt).*

El ratio citado se sitúa para el conjunto de la OCDE en un 37,7% en 2013, con una previsión ligeramente inferior para 2016, manteniéndose en los últimos veinte años una variabilidad moderada tanto en la OCDE en su conjunto como en la eurozona. Como es lógico, sin embargo, este ratio muestra una variabilidad mayor a lo largo del tiempo en distintos países individuales, reflejando en cada caso el impacto de la coyuntura económica de cada país sobre sus ingresos públicos, y el impacto de las políticas gubernamentales sobre tales ingresos. En particular se aprecia que los ingresos públicos cayeron con fuerza entre 2007 y 2009 en algunos países, como consecuencia de la intensidad de la crisis financiera y económica.

La primera decisión de política económica a adoptar respecto de los ingresos públicos es, obviamente, la de establecer un objetivo del ratio Ingresos públicos totales/PIB suficiente para financiar los objetivos de gasto público y hacer frente al servicio de la deuda, sin bloquear los procesos de decisión de los sectores privados de la economía. Distintos países muestran muy diferentes valores de este ratio, obedeciendo a factores tales como las preferencias políticas de sus votantes en el medio y largo plazo, la eficacia de su sistema tributario, la mayor o menor facilidad de sus gobiernos para financiarse y refinanciarse en los mercados internacionales, etc.

Los países que optan por ratios más elevados de ingresos públicos confían en que ello les permitirá financiar un mayor gasto en bienes y servicios públicos, corrigiendo así en mayor medida los fallos del mercado en la asignación de ciertos bienes y servicios; les facilitará llevar a cabo una redistribución más intensa de la renta en beneficio de los grupos sociales más necesitados y de la cohesión social del país en su conjunto; les ayudará a llevar a cabo con mayor eficacia una política pública anticíclica que reduzca la excesiva inestabilidad económica generada por la propia dinámica de los mercados privados; y estarán en condiciones de hacer frente al servicio de la deuda pública(básicamente, los intereses devengados y la amortización del principal) con más grados de libertad. Sin embargo, dichos países pueden enfrentarse a una mayor tendencia a la elusión y la defraudación fiscal, a una mayor movilidad internacional de sus sujetos fiscales, y a una mayor competencia de otros países con menor presión fiscal.

Los economistas más críticos con un nivel elevado de presión fiscal argumentan que un mayor peso relativo del sector público en el PIB puede agravar los llamados fallos del Gobierno y de la Administración, tales como los errores en el análisis de la coyuntura económica, la planificación presupuestaria voluntarista, la existencia de una burocracia pública en ocasiones poco eficiente, etc.; y que todo ello puede conducir a niveles excesivos de déficit público, e incubar así desequilibrios capaces de frenar el crecimiento económico en el largo plazo. Ahora bien, también cabe señalar que un nivel de presión fiscal sensiblemente reducido puede conducir a la insuficiencia financiera de las Administraciones Públicas afectadas, y a recortes significativos en los niveles de gasto en bienes y servicios sociales o bien en infraestructuras productivas básicas.

En España se utiliza una única clasificación presupuestaria de los ingresos públicos, que es de naturaleza económica y distingue *ingresos no financieros*, es decir sin coste económico, *e ingresos financieros*, que sí tienen un coste económico asociado. Los ingresos no financieros corresponden en España a los capítulos I a VII del estado de ingresos, de los cuales los capítulos I, II y III corresponden a impuestos directos, impuestos indirectos, y tasas y precios públicos, respectivamente; mientras que los Capítulos IV, V, VI y VII corresponden al resto de ingresos no financieros (transferencias corrientes recibidas; ingresos patrimoniales; enajenación de inversiones reales; y transferencias de capital recibidas). Los ingresos financieros se contabilizan en el capítulo VIII, variación de activos financieros (cuando la Administración pública de que se trate vende títulos de su propia cartera) y en el capítulo IX, variación de pasivos financieros (cuando la Administración Pública emite deuda o se financia mediante créditos bancarios).

Se supone que los ingresos públicos no financieros son en conjunto más permanentes y por lo tanto más predecibles, por lo que resultan más adecuados para soportar establemente las políticas de gasto que los gobiernos plantean a la sociedad. Además, los ingresos públicos financieros tienen el coste añadido del servicio de la deuda.

El nivel de presión fiscal de un país se mide habitualmente por el cociente entre los ingresos por impuestos directos e indirectos (capítulos I y II de ingresos) y el PIB. Para el conjunto de la OCDE (Organización para la Cooperación y el Desarrollo Económico, creada en 1961 y compuesta en 2015 por 34 países, la mayoría de ellos desarrollados), la presión fiscal media no ponderada fue en 2013 del 34,1% del PIB (Cuadro 3.2). Este nivel medio es compatible con la existencia de distintos niveles de presión fiscal en los diferentes países. Así, en ese mismo año 2013, los países escandinavos, Austria, Bélgica, Italia y Francia presentaban un nivel de presión fiscal superior al 40%, mostrando de este modo un mayor peso del sector público en la economía y una disposición a financiar un volumen mayor de gasto público. Por el otro lado, en otro grupo de países tales Estados Unidos, Suiza y Japón, la presión fiscal es más reducida y tiene más peso el sector privado. Por encima de la media de la OCDE, pero sin llegar a los niveles más elevados de presión fiscal, se encuentran países como Alemania (36,4%) y Holanda; mientras que países como España (32,1), Canadá y Reino Unido se situaban por debajo de la media de la OCDE pero a distancia no excesiva de esa media.

Cuadro 3.2
Presión fiscal comparada de España y la OCDE
(% del PIB)

Años	España	OCDE (media no ponderada)	Diferencial España-OCDE
1965	14,3	24,8	-10,5
1975	18,0	28,6	-10,6
1985	26,8	31,7	-4,9
1995	31,3	33,6	-2,3
2000	33,4	34,3	-0,9
2007	36,4	34,2	+2,2
2013	32,6	34,1	-1,5

FUENTE: OCDE, *Revenue Statistics* 2014.

Los niveles actuales de presión fiscal son en gran medida consecuencia de las decisiones de política fiscal de cada país tomadas en el pasado y de la evolución en el tiempo de su actividad económica. Para el caso de España, por ejemplo, se observa que entre 1975 y 2007 la política fiscal fue capaz de ir reduciendo progresivamente el diferencial fiscal con el conjunto de la OCDE, llegando incluso a superar la media de ésta justo en vísperas del estallido de la gran crisis económica actual; tras el inicio de ésta en 2008, ese diferencial volvió rápidamente a ser negativo.

En el corto y medio plazo, la presión fiscal no es un dato inmutable, aunque conviene saber que tampoco es tan flexible como a veces se pueda desear. Así, entre los años 2007 y 2013, los mayores aumentos en la presión fiscal se produjeron en la OCDE en Turquía (un aumento de 5,2 puntos del PIB), y en un grupo de países en los que la presión fiscal de cada uno de ellos subió alrededor de dos puntos (Alemania, Austria, Bélgica, Finlandia, Francia, Grecia, Méjico, Portugal). Por el contrario, la mayor caída de la presión fiscal en ese período se produjo en Israel y en España (un descenso de 4,2 y 3,8 puntos, respectivamente), seguidos por caídas de unos dos puntos en países como Canadá, Chile, Noruega, o Suecia.

Además de la presión fiscal, las Administraciones Públicas disponen de otros ingresos no financieros, derivados de las tasas y precios públicos, las transferencias corrientes o de capital recibidas, las rentas de la propiedad pública, y la venta de activos reales públicos. En conjunto, aportan normalmente unos cuatro o cinco puntos sobre el PIB, aunque pueden darse ingresos públicos no fiscales más elevados en algunas circunstancias: cuando un país menos desarrollado entra en la Unión Europea y recibe de ella durante años un importante flujo de transferencias; si el país dispone de rentas procedentes, por ejemplo, de las explotaciones petrolíferas de su propiedad, o de fondos financieros soberanos; si se vende suelo o patrimonio inmobiliario público, etc.

2.3. La distribución de la presión fiscal

Un mismo nivel de presión fiscal puede alcanzarse por medio de tributos distintos, y por tanto con un impacto socioeconómico diferente. El Cuadro 3.3 presenta una síntesis de la clasificación de los ingresos fiscales utilizada por la OCDE, ingresos que cada país define con arreglo a sus propios objetivos y compromisos.

En 2012, las cuatro figuras tributarias con mayor peso en los ingresos fiscales de los países de la OCDE (Cuadro 3.4) son las cotizaciones a la Seguridad Social (26%), el impuesto sobre la renta (25%), y los impuestos generales y especiales sobre el consumo (20% y 11%, respectivamente). Tomando en consideración los últimos treinta años, se observa que los cambios más importantes en la distribución de la carga fiscal en la OCDE, por grandes figuras tributarias, son los siguientes:

a) Un descenso medio de unos cinco puntos en el peso relativo del impuesto sobre la renta, que cabe atribuir principalmente a la reducción de la presión fiscal sobre las rentas del capital (intereses, plusvalías, dividendos, etc.).

b) Un aumento medio de unos cuatro puntos en la presión fiscal de las cuotas a la Seguridad Social, elevación soportada en mayor medida por las cuotas de los trabajadores que por las cuotas de las empresas.

c) Una estabilización en la presión fiscal indirecta, aunque con un notable cambio en su distribución interna, pues crece la imposición general sobre el consumo en detrimento de la imposición específica sobre el mismo.

d) La ausencia de cambios significativos en conjunto en las demás figuras impositivas (destacando un tanto la tendencia ascendente de la imposición sobre sociedades en los años anteriores al inicio de la crisis económica actual, tendencia que se va revirtiendo en años más recientes).

Cuadro 3.3
Clasificación de los impuestos por la OCDE
(Principales grupos e impuestos)

GRUPOS	IMPUESTOS
1. Impuestos sobre rentas, beneficios y ganancias de capital	Sobre las personas físicas.
	Sobre sociedades.
2. Contribuciones a la Seguridad Social	De trabajadores por cuenta ajena.
	De empleadores.
	De autónomos o no empleados.
3. Impuestos sobre nóminas y plantillas	Retenciones fiscales a cuenta
4. Impuestos sobre el capital	Sobre la propiedad inmobiliaria.
	Sobre el patrimonio neto.
	Sobre sucesiones, herencias y donaciones.
	Sobre transacciones financieras y de capital.
5. Impuestos sobre bienes y servicios	Generales: sobre el valor añadido; sobre las ventas; otros.
	Específicos: impuestos especiales; rentas de monopolios fiscales; derechos aduaneros y de importación; etc.
	Sobre el uso de ciertos bienes, o sobre los permisos para realizar ciertas actividades (ej. impuesto de circulación).
6. Otros impuestos	Pagados por actividades comerciales
	Resto

FUENTE: OCDE, *Revenue Statistics 1965-2013*.

Cuadro 3.4
Estructuras fiscales en la OCDE
(Medias no ponderadas)

	1985	1995	2005	2012
Impuesto sobre la renta de las personas físicas	30	26	24	25
Impuesto de Sociedades	8	8	10	9
Cuotas de la Seguridad Social	22	25	25	26
(Cuotas de Trabajadores)	(7)	(9)	(9)	(10)
(Cuotas de Empresas)	(13)	(14)	(14)	(15)
Impuestos sobre el capital	5	5	6	5
Impuestos generales sobre el consumo	16	19	20	20
Impuestos especiales sobre el consumo	16	13	11	11
Otros impuestos	3	4	4	4
Total	100	100	100	100

FUENTE: OCDE, *Revenue Statistics 2014.*

Los datos citados de la OCDE y su evolución temporal se refieren al conjunto de países de la citada organización, en la que a los países occidentales desarrollados más conocidos se ha ido añadiendo en los últimos años otros como Chile, Corea del Sur, México y Turquía, con niveles fiscales y estructuras impositivas mucho menos desarrollados. Por lo tanto, el nivel y la composición de la presión fiscal de cada país debe analizarse separadamente para comprobar hasta qué punto mantiene o no las mismas tendencias que la OCDE en su conjunto.

2.4. *La descentralización de los ingresos públicos*

La OCDE distingue tres tipos de países desde el punto de vista de la distribución de sus ingresos fiscales (Cuadro 3.5). En los estados federales (entre ellos Estados Unidos, Alemania o Bélgica), y en el único estado regional considerado (España), tales ingresos se desglosan entre los correspondientes al gobierno central, a los gobiernos estatales o regionales, a los gobiernos locales, y a la seguridad social. En los estados unitarios (entre ellos Francia, Italia, Japón y Reino Unido), no existe asignación de ingresos fiscales a los gobiernos regionales. En todos los casos, se atribuye también un pequeño porcentaje de los ingresos totales al nivel supranacional (menos del uno por ciento de los ingresos de cada país informante).

La distribución de los ingresos públicos por niveles de gobierno tiene gran importancia no solo como reflejo del modelo sociopolítico que caracteriza a cada país, sino también en lo que se refiere al cumplimiento de los principios de equidad y eficiencia de la actuación pública en los diversos territorios considerados. Los modelos de ingresos públicos con un peso importante de los niveles de gobierno regionales y locales tienen a su favor la mayor proximidad entre Administración y administrados, la reducción de enfrentamientos innecesarios entre el gobierno central y los gobiernos sub-centrales por el acceso a la financiación, la mejor adaptación de las políticas públicas a las necesidades y características socioeconómicas de los distintos territorios, etc.

Cuadro 3.5
Ingresos fiscales por niveles de gobierno de los países de la OCDE. 2012
(En porcentaje)

	Nivel supra-nacional	Gobierno Central	Gobiernos estatales o regionales	Gobiernos locales	Seguridad Social	Total
Estados federales (media)	0,1	54,5	16,5	7,6	21,3	100
(Alemania)	0,4	31,5	21,6	8,2	38,3	100
(España)	0,4	22,3	32,2	9,9	35,1	100
Estados unitarios (media)	0,4	62,9	-	12,0	24,8	100

FUENTE: OCDE, *Revenue Statistics 2014*.

Ello no impide que en cualquier nivel de gobierno de un país descentralizado pueda producirse una gestión de la autonomía financiera de forma ineficiente, o desde una perspectiva sesgada o unilateral. Por todo ello, una adecuada distribución de la presión fiscal por niveles de gobierno debe ir acompañada a su vez de una clara separación de competencias sobre los gastos públicos correspondientes a cada una de ellas; de un procedimiento comúnmente acordado para la adopción de decisiones que afecten a todos los niveles de gobierno; de fondos suficientes de solidaridad interterritorial, y de mecanismos de control y de intervención de las administraciones que incumplan sus obligaciones.

2.5. *La instrumentación de la política fiscal*

Los ingresos de las Administraciones Públicas se adaptan a los períodos de expansión y de crisis económica de una manera formalmente similar, aunque con resultados prácticos no siempre parecidos. En las fases de expansión económica general así como en el período cercano a las elecciones generales (Recuadro 3.1), suele recurrirse por los Gobiernos a la suavización de la presión fiscal, en particular de la tributación directa (deflactando bases imponibles; disminuyendo tipos impositivos; y aumentando los llamados *gastos fiscales*, es decir, las reducciones de la carga tributaria efectiva justificadas por objetivos parciales, tales como el apoyo a las familias más extensas, a la inversión empresarial, al gasto en I+D, etc.). En estas etapas, la reducción del fraude fiscal suele limitarse a las actividades rutinarias de control. El efecto final de todas estas medidas sobre la reducción de los ingresos públicos se consigue con relativa sencillez, facilitado por la puesta en práctica casi inmediata de menores retenciones a cuenta, que se regularizarán en ejercicios posteriores.

Recuadro 3.1
Principales medidas de la reforma fiscal española 2015-2016. (Extractos)

"En el año 2015 entrará en vigor la reforma tributaria llevada a cabo por el Gobierno que incluye la modificación de los principales impuestos que definen el sistema tributario español y cuyo objetivo fundamental es impulsar el crecimiento económico y la creación de empleo, así como configurar un sistema tributario equitativo con una rebaja de impuestos más significativa para contribuyentes con menores recursos y con beneficios sociales para los colectivos más vulnerables".

"La situación de la economía española parece encontrarse en un momento oportuno para abordar la reforma fiscal, puesto que las cuentas públicas se encuentran ya razonablemente saneadas y en una senda tendente al equilibrio, después de un importante esfuerzo en la reducción del déficit público. No obstante, es necesario realizarla en dos fases, 2015 y 2016, para hacerla perfectamente compatible con el permanente objetivo de consolidación fiscal y nuestros compromisos europeos. El coste fiscal ex ante de la reforma se estima en 9.000 M€ para IRPF y Sociedades, entre 2015 y 2016 (0,9 por ciento del PIB), si bien, tras tener en cuenta los efectos significativos de segunda vuelta que generan mayores ingresos tributarios derivados del crecimiento del consumo y el empleo, el coste ex post asciende a 6.900 M€ (0,6 por ciento del PIB), que es el impacto final previsto en el Programa de Estabilidad. La rebaja fiscal generará un aumento del PIB de 0,55 por ciento acumulado en 2015 y 2016 respecto al escenario macroeconómico de referencia sin reformas".

"Esta reforma está llamada a hacer frente, desde la perspectiva fiscal, a los retos derivados de la situación económica actual, por lo que, con ella, se pretende disminuir la carga tributaria de la imposición directa, aumentando la renta disponible en manos de las familias, fomentando el ahorro y la inversión y mejorando la competitividad de la empresa española. Por el contrario, se ha decidido no aumentar la imposición indirecta, salvo las modificaciones legales derivadas de la necesidad de adaptar la normativa interna a la jurisprudencia del Tribunal de Justicia de la Unión Europea, como es el caso del incremento de los tipos de IVA aplicables a los productos sanitarios o la supresión de la exención de los servicios prestados por los fedatarios públicos en conexión con las operaciones financieras exentas o no sujetas a dicho impuesto".

FUENTE: *Presupuestos Generales del Estado para 2015. Libro Amarillo.*

La referencia que en el Recuadro 3.1 se realiza al sistema tributario equitativo viene obligada por la Constitución Española, que en su artículo 31.1 establece que "todos contribuirán al sostenimiento de las gastos públicos de acuerdo con su capacidad económica, mediante un sistema tributario justo, inspirado en los principios de igualdad y progresividad, que en ningún caso tendrá alcance confiscatorio".

En las etapas de crisis económica, las políticas públicas tratan en ocasiones de recuperar los ingresos perdidos con motivo de la caída de las bases imponibles, recurriendo a elevaciones de los tipos de gravamen(sobre todo en la imposición indirecta), reducciones de los gastos fiscales citados antes, la intensificación de las medidas contra el fraude fiscal, e incluso consiguiendo ingresos extraordinarios derivados de amnistías fiscales más o menos encubiertas (regularizaciones extraordinarias de ingresos no declarados al fisco, afloramiento legal de plusvalías facilitada por una carga fiscal más reducida, etc.).

La OCDE trata en los últimos años, por encargo del G20, de conseguir un amplio acuerdo internacional que evite la erosión de las bases fiscales nacionales y la desviación internacional de los beneficios de las empreses multinacionales. Para ello, ha establecido un Plan de Actuación con quince puntos, que se resume en el Cuadro 3.6.

Cuadro 3.6
Plan de Actuación de la OCDE para evitar la erosión de las bases fiscales nacionales y la desviación internacional de los beneficios de las empresas

ACCIONES	DESCRIPCIÓN
1.	Abordar los retos fiscales de la economía digital
2.	Neutralizar los efectos de los acuerdos fiscales híbridos y desequilibrados.
3.	Reforzar las reglas de las Empresas Controladas desde el extranjero.
4.	Limitar la erosión de las bases fiscales imponibles vía deducciones de intereses y otros pagos financieros.
5.	Aumentar la efectividad contra las prácticas fiscales perniciosas, teniendo en cuenta tanto su transparencia como su fondo.
6.	Prevenir la interpretación abusiva de los Tratados.
7.	Prevenir que se socave artificialmente el status de Establecimiento Permanente.
8, 9 y 10	Asegurar que los precios de transferencia practicados están en línea con la creación de valor subyacente (en intangibles, capital riesgo, y otras transacciones de alto riesgo).
11.	Establecer metodologías para recoger y analizar los datos sobre la BEPS, y las acciones necesarias para conseguirlo.
12.	Requerir a los contribuyentes la adecuada transparencia de sus políticas fiscales planificadas y agresivas.
13.	Reexaminar la documentación de los precios de transferencia.
14.	Hacer más efectivos los mecanismo de resolución de controversias
15.	Desarrollar un instrumento fiscal multilateral.

FUENTE: OECD, julio 2013: *Action Plan on Base Erosion and Profit Shifting*, BEPS.

En una perspectiva de largo plazo, y en términos estructurales, se aprecia que la elevación del ratio Ingresos públicos/PIB asociada al desarrollo del keynesianismo y del Estado del bienestar parece haber alcanzado ya un cierto techo en la media de los países occidentales. Si bien existen argumentos que apuntan a la necesidad objetiva de una mayor presión fiscal media para atender determinadas necesidades sociales en aumento (pensiones, dependencia, sanidad, etc.), no parece existir en el conjunto de la OCDE ni de la UE un impulso sociopolítico potente para ello. Más bien, por el contrario, se asiste cada vez más a una creciente competencia fiscal a la baja entre países, regiones, etc., en lugar de una mayor coordinación fiscal que evite la competencia desleal en este campo. Si esta tendencia actual continúa imponiéndose en el lado de los ingresos públicos, la financiación estable de las citadas necesidades sociales en aumento solo podría provenir de la reducción en un monto equivalente de los gastos públicos menos prioritarios, o de una reactivación económica general, sostenida en el tiempo, en la que hoy por hoy resulta aventurado confiar.

3. Política de gastos públicos

3.1. Introducción

La política de gastos públicos supone, para toda Administración Pública que se considere, un proceso de toma de decisiones sobre los tres siguientes aspectos básicos: a) la fijación del nivel de gasto que se pretende alcanzar en un determinado ejercicio o período, tanto en valor monetario como en relación a ciertas variables relevantes (Producto Interior Bruto, población, etc.); b) la composición interna deseada del gasto público, estableciendo las prioridades que correspondan y tratando de modificar de este modo, generalmente de manera gradual, la composición inicial de partida; y c) la adecuada presupuestación, ejecución y control del gasto público, que permita agilizar los procesos de decisión y gestión, asegurar el cumplimiento de las directrices establecidas, proteger los recursos públicos y asegurar la necesaria transparencia en la actuación de las Administraciones Públicas. La cuantificación financiera de la política de gastos públicos se establece en el estado presupuestario de gastos, en el que se consignan los créditos o asignaciones en unidades monetarias que se destinan al cumplimiento de los compromisos y fines previstos en el plan económico del presupuesto, concretados en los correspondientes programas de gasto.

3.2. Nivel del gasto público, y su evolución en el tiempo

La determinación del nivel de gasto público que se pretende alcanzar depende de distintas variables, tales como las siguientes: el nivel histórico alcanzado en períodos anteriores; los compromisos de gastos adquiridos para ejercicios futuros; la mayor o menor disponibilidad prevista de ingresos públicos, en función de las expectativas sobre la evolución del PIB, sobre transferencias exteriores, etc.; los niveles de saldo presupuestario y de deuda pública que se pretenda mantener; la aplicación por cada Gobierno de un modelo ideológico más intervencionista o más liberalizador; las decisiones en materia de gasto público que se hayan podido pactar mediante acuerdos internacionales o normas nacionales vinculantes, etc.

Los niveles de gasto público respecto del PIB que corresponden a determinados países de la Unión Europea, la Eurozona y otros países como Suecia y Estados Unidos se presentan en el Cuadro 3.7, en el que se destacan tres ejercicios específicos: 2007, año previo al desencadenamiento de la crisis económica reciente; 2009, año en el que la mayoría de países alcanzan su ratio más elevado de gasto/PIB, como consecuencia de la crisis económica; y 2013, año en que se aprecia que los países antes citados, que han mantenido distintas estrategias de política económica frente a la crisis, presentan resultados bastante diferentes. Los datos para 2014, 2015 y 2016 son estimaciones y previsiones, según los casos. El Gráfico 3.3 ilustra la evolución del ratio Gasto público/PIB para el conjunto de la zona euro, entre 2007 y 2015.

Cuadro 3.7
Gasto público total de las Administraciones Públicas
(% del PIB)

	2007	2009	2013	2014 (e)	2015 (p)	2016 (p)
Alemania	42,7	47,4	44,3	44,1	44,4	44,1
España	38,9	45,6	44,3	43,4	42,3	41,2
Francia	52,2	56,8	57,1	57,3	56,8	56,3
Grecia	46,8	54,0	59,2	47,5	46,7	45,8
Italia	46,8	51,1	50,5	51,1	51,0	50,2
Suecia	49,7	53,1	53,3	54,6	54,4	53,7
Reino Unido	42,9	49,7	45,4	43,9	42,6	41,1
Eurozona (media)	45,3	50,6	49,5	49,1	48,8	48,1
Estados Unidos	37,1	43,1	38,9	38,4	37,8	37,5

(e): estimación; (p): previsión.
FUENTE: Eurostat.

El gasto público medio en la Eurozona se sitúa en 2013 cerca del 50% del PIB; algunos países comunitarios superan esa media, bien como consecuencia de una preferencia social revelada (casos de Francia y Suecia), o bien por la especial gravedad de la crisis económica y social que sufren, como Grecia, entre 2009 y 2013. España continuaba en 2013 varios puntos por debajo de la citada media europea, aunque con un nivel similar al de Alemania.

Entre 2007 y 2009, la intensa e imprevista crisis económica produjo en la Eurozona una elevación de más de cinco puntos en el nivel de gasto público medio por país. Entre 2009 y 2013, solo dos países de los considerados en el Cuadro 3.7 (Alemania y Reino Unido) consiguieron rebajar de modo sensible su ratio gasto público/PIB; mientras que la mayoría de los demás países presentaban recortes poco intensos. Para el período 2014-2016, las previsiones efectuadas en 2015 son en todos los casos de un moderado descenso del ratio gasto público/PIB.

Gráfico 3.3
Evolución del ratio Gasto Público de las AAPP/PIB
(Conjunto de la zona euro. %)

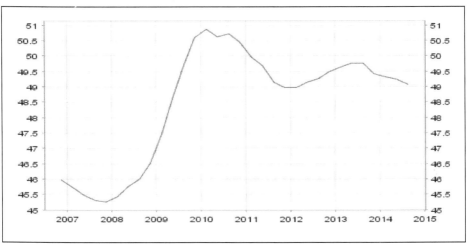

Fuente: Banco Central Europeo.

No existen, hoy por hoy, restricciones sobre el nivel de gasto público que cada Administración Pública nacional decida fijar como resultado de Acuerdos o Tratados internacionales; y ello es así tanto en los países de la OCDE como en la Unión Europea y la Eurozona, aunque con una excepción: la de los países que han tenido en ejercicios muy recientes un saldo presupuestario negativo que no han conseguido financiar de modo autónomo y sostenible, por lo que han tenido que solicitar ayuda externa para hacerlo (e incluso en estos casos, cada Gobierno nacional puede escoger, en teoría, la combinación entre el aumento de la presión fiscal y el recorte del gasto público que desee aplicar para solucionar sus problemas financieros).

Por otra parte, la coordinación de las políticas de gasto público entre los países de la Unión Europea tiene un carácter muy limitado, y se circunscribe al estímulo de ciertos gastos (infraestructuras de transportes, de comunicaciones, en materia medioambiental, de I+D, etc.) que presentan fuertes externalidades positivas para el conjunto de la Unión Europea. Esta escasa coordinación del gasto público tiene su explicación en el hecho de que las llamadas "reglas fiscales" se aplican en la Unión Europea prácticamente de manera exclusiva al control del déficit público y de la deuda pública, no a las decisiones sobre los niveles y estructura de los ingresos y gastos públicos, que se consideran actualmente como parte intrínseca de la soberanía económica nacional.

Existe, pues, un cierto margen nacional a la hora de determinar el nivel de gasto público que se desea mantener, si bien este margen no es ilimitado. Las opciones de política económica que deseen aumentar el peso del sector público en el PIB deberán asegurarse de que cuentan para ello con una financiación suficiente y estable, preferiblemente interna, pues en caso contrario se verán sujetas a graves riesgos como el aumento del déficit y de la deuda pública, la aparición de procesos inflacionistas potencialmente graves, o la fuerte reducción de su crédito internacional.

Por su parte, las opciones que proponen rebajar estructuralmente el peso público en la economía deberán tener en cuenta las restricciones negativas que ello puede conllevar: menores externalidades positivas para el conjunto de la sociedad, consecuencia de los recortes en los gastos en educación, en sanidad pública o en infraestructuras productivas del transporte, las comunicaciones o el medioambiente; reducción de la cohesión y aumento de la crispación social; incluso agravamiento posterior del déficit público y la deuda pública si se produce una reducción de los ingresos públicos proporcionalmente más intensa que la de los gastos públicos.

Al respecto, en el Informe de Evaluación de la Independent Evaluation Office del Fondo Monetario Internacional, publicado en diciembre de 2013, se afirmaba que "el FMI fue oportuno e influyente en 2008-2009 al preconizar el estímulo fiscal coordinado a nivel mundial, pero se apresuró al recomendar una reorientación hacia la consolidación presupuestaria en algunas de las principales economías avanzadas".

3.3. Cambios en la composición del gasto público

Los créditos presupuestarios de gastos son las asignaciones de recursos públicos a fines concretos, y se presentan con arreglo a varios criterios complementarios entre sí, destacando en particular: a) la distribución orgánica; b) la distribución económica; c) la distribución funcional; y d) distribución territorial. La política económica de cada gobierno establece el perfil deseado de cada una de tales distribuciones; aunque la transición de un perfil a otro no puede ser instantánea, sino que debe tener en cuenta la restricción impuesta por los compromisos de gastos futuros, en particular en materia de gastos de personal, gastos en pensiones, gastos derivados de la deuda pública viva, etc.

La *clasificación orgánica* del gasto público responde a la pregunta de *quién gasta*, distribuyendo los créditos presupuestarios entre los grandes centros gestores de los mismos, diferenciados como secciones en los Presupuestos Generales del Estado en España. Existen 28 secciones en los presupuestos para 2015, de las cuales seis corresponden a los altos Órganos del Estado, y suman apenas un 0,2% del gasto total; trece secciones corresponden a los distintos Ministerios existentes en el ejercicio, y una a gastos compartidos entre distintos Ministerios; dos secciones reflejan respectivamente los gastos estatales en deuda pública y en clases pasivas (pensiones del personal funcionario); existiendo además otras seis secciones cuya finalidad es reflejar el gasto público estatal relacionado con la Unión Europea, las Comunidades Autónomas, las Corporaciones Locales, la Seguridad Social y el Fondo de Contingencia (siendo éste una reserva financiera para gastos no discrecionales y no previstos en los presupuestos, que se nutre anualmente con un 2% del total de gastos estatales).

La estructura orgánica del gasto público varía cada cierto tiempo en función de las reestructuraciones ministeriales derivadas de la formación de nuevos gobiernos o de las modificaciones en las competencias propias de cada ministerio. La Ley del Gobierno en España, (actualmente Ley 50/1997, de 27 de noviembre) y sus eventuales modificaciones regulan el papel de la presidencia y las vicepresidencias del mismo, el número de ministerios, su creación, refundición o supresión, los cambios en la asignación de competencias entre ministerios, etc.; mientras que los cambios en los *reglamentos orgánicos y de funcionamiento* de cada ministerio modifican, cuando se estima oportuno, la distribución interna de responsabilidades en cada uno de ellos. De igual manera sucede en la Unión Europea, cuando modifica cada cierto tiempo las competencias que la Comisión atribuye a cada Comisaría concreta; o a escala de Comunidades Autónomas y del sector público local. Los cambios en la distribución orgánica del gasto público resultan así a veces más difíciles de interpretar que el resto de cambios que se consideran a continuación.

La *clasificación económica* del gasto público (Cuadro 3.8) responde a la pregunta de *en qué se gasta*, desglosando los créditos presupuestarios en distintos capítulos que se agrupan en dos grandes categorías de gasto: gastos no financieros (corrientes, y de capital), que se caracterizan por proporcionar a la ciudadanía bienes, servicios y rentas; y gastos financieros (por variación de activos y pasivos financieros), que reflejan el recurso al endeudamiento neto de las Administraciones Públicas.

Los gastos corrientes se consumen en el ejercicio al que se imputan, y se componen de los siguientes ítems: gastos de personal; gastos corrientes en bienes y servicios; gastos financieros (intereses, comisiones y otros gastos de gestión de la deuda; no deben confundirse con los gastos por variación de activos y pasivos financieros, que luego se comentarán); y transferencias corrientes. Los gastos de capital, por su parte, se caracterizan por aumentar la capacidad productiva en ejercicios siguientes, ya sea de la propia Administración de que se trate (gasto en inversiones reales), ya sea de las personas o entidades receptoras de transferencias de capital. Por convención, en España se contabiliza asimismo como gasto de capital la financiación presupuestaria del Fondo de Contingencia anteriormente citado.

Cuadro 3.8
Clasificación económica de los gastos públicos en España
(Presupuestos Generales del Estado, consolidados. Millones de euros)

Capítulos	2007	2009	2013	2014(*)	2015 (p)
Gastos de personal	29.266	33.073	33.295	21.304	21.598
Gastos corrientes en bienes y servicios	7.880	8.538	7.179	7.619	7.869
Gastos financieros	15.993	17.474	38.660	36.662	35.560
Transferencias corrientes	191.408	217.321	213.271	231.126	231.583
Operaciones corrientes	*244.546*	*276.406*	*292.405*	*296.711*	*296.611*
Fondo de Contingencia	3.028	3.251	2.595	2.666	2.595
Inversiones reales	13.331	13.683	5.247	4.728	4.959
Transferencias de capital	9.291	11.074	8.270	9.986	11.345
Operaciones de capital	*22.622*	*24.757*	*13.517*	*14.714*	*16.304*
OPERACIONES NO FINANCIERAS	**270.197**	**304.414**	**308.518**	**314.091**	**315.510**
Activos financieros	20.994	45.799	36.928	40.535	32.333
Pasivos financieros	33.772	34.307	62.588	68.605	92.233
Operaciones financieras	*54.767*	*80.106*	*99.516*	*109.140*	*124.566*
TOTAL PRESUPUESTO	**324.964**	**384.520**	**408.034**	**423.231**	**440.076**

(*)En transferencias corrientes se recogen desde 2014 créditos para pensiones de clases pasivas que hasta 2013 se computaban como gastos de personal, lo que debe tenerse en cuenta a efectos comparativos. (p): Previsión.
FUENTE: Ministerio de Hacienda.

Los gastos financieros se subdividen en gastos en variación de activos financieros (por ejemplo, los necesarios para comprar títulos de otras entidades públicas o privadas), y gasto en variación de pasivos financieros (típicamente, los destinados a amortizar parte de la deuda pública preexistente).

El saldo entre ingresos corrientes y gastos corrientes constituye el ahorro corriente de una determinada Administración Pública; de modo que un mayor nivel de ahorro corriente permitirá abordar mayores gastos de capital, y lo contrario sucederá cuando el ahorro corriente disminuya o desaparezca. El saldo de las operaciones no financieras de ingresos y de gastos, tanto corrientes como de capital, constituye la *capacidad o necesidad de financiación* de una administración frente a todos los demás agentes económicos nacionales e internacionales. El saldo de las operaciones de ingresos y gastos por variación de activos y pasivos financieros (en definitiva, el saldo financiero neto) es la correspondiente contrapartida de la capacidad o necesidad de financiación de las Administraciones Públicas.

La *clasificación funcional* del gasto público responde a la pregunta de *para qué se gasta*, asignando los créditos presupuestarios en función de los objetivos a los que se dirige la acción de gobierno. La OCDE utiliza en sus estadísticas las diez agrupaciones funcionales siguientes: 1, servicios públicos generales; 2, defensa; 3, seguridad y orden público; 4, asuntos económicos; 5, protección medioambiental; 6, vivienda y equipamientos comunitarios; 7, salud; 8, ocio, cultura y religión; 9, educación; y 10, protección social (Cuadro 3.9).

Cuadro 3.9
Gasto público de las AAPP, por países y funciones. 2011
(en porcentaje)

PAÍSES	AGRUPACIONES FUNCIONALES										
	1	2	3	4	5	6	7	8	9	10	Total
Alemania	13,6	2,4	3,5	7,8	1,5	1,2	15,5	1,8	9,4	43,3	100,0
España	12,5	2,3	4,8	11,6	2,1	1,3	14,1	3,3	10,5	37,4	100,0
Francia	11,5	3,2	3,1	6,3	1,9	3,4	14,7	2,5	10,8	42,6	100,0
Italia	17,3	3,0	4,0	7,1	1,8	1,4	14,7	1,1	8,5	41,0	100,0
Reino Unido	11,6	5,1	5,3	5,3	2,0	1,8	16,5	2,1	13,4	36,8	100,0
Suecia	14,4	2,9	2,7	8,2	0,7	1,5	13,7	2,2	13,3	40,5	100,0
Japón	11,0	2,2	3,1	9,8	2,9	1,8	17,3	0,8	8,4	42,7	100,0
EEUU	12,4	11,7	5,5	9,4	0,0	2,1	21,4	0,7	15,5	21,3	100,0
OECD	13,6	3,6	3,9	10,5	1,6	1,6	14,5	2,7	12,5	35,6	100,0

FUENTE: OECD National Accounts Statistics.

En España, los Presupuestos Generales del Estado clasifican en cinco grandes áreas funcionales (Cuadro 3.10) los datos de las veintisiete políticas concretas de gasto existentes en 2015, que tienen un peso absoluto y relativo muy desigual. El *área de Servicios públicos básicos* incluye las políticas de seguridad ciudadana e instituciones penitenciarias, defensa, justicia y política exterior. El *área de Actuaciones de protección y promoción social* incluye, de manera destacada, las políticas de pensiones, de desempleo, y otras como el fomento del empleo o la gestión y administración de la seguridad social. El *área de Producción de bienes públicos de carácter preferente* engloba los gastos en sanidad, educación y cultura (de poco peso relativo en los presupuestos generales de la administración central, por tratarse de gastos transferidos en su mayor parte a las Comunidades Autónomas). El *área de Actuaciones de carácter económico* se nutre principalmente de los gastos estatales en agricultura, industria, servicios en general, transporte e infraestructuras. Por último, el *área de Actuaciones de carácter general* agrega, principalmente, los gastos estatales de transferencias a otras administraciones públicas, los gastos por intereses de la deuda pública, y los gastos de los servicios administrativos generales. Téngase en cuenta que en esta distribución por áreas funcionales no se ha considerado el gasto en amortizaciones de la deuda (capítulo IX), por su carácter transversal.

Cuadro 3.10
Presupuestos Generales del Estado, Gastos Cap. I-VIII
Presupuestos iniciales, consolidados. Distribución por áreas de gasto. (%)

	2007	2009	2012	2015 (p)
Servicios públicos básicos	6,7	6,6	5,7	4,7
Actuaciones de protección y promoción social	47,9	50,1	54,0	51,9
Producción de bienes públicos de carácter preferente	2,7	2,7	2,3	2,0
Actuaciones de carácter económico	12,5	11,8	8,7	8,7
Actuaciones de carácter general	30,3	28,8	29,3	32,7
Total	100	100	100	100

(p): Previsión.
FUENTE: Ministerio de Hacienda y de Administraciones Públicas.

Se comprueba así que la crisis económica ha conllevado en España un aumento relativo del gasto público del Estado en actuaciones de protección social y promoción social, en detrimento de las demás áreas de gasto. A medida que la crisis económica empieza a ceder, el peso relativo de las actuaciones de protección y promoción social disminuye, produciéndose en cambio un aumento relativo del gasto en actuaciones de carácter general, en particular de los gastos por intereses de la deuda pública.

Por su parte, *la clasificación territorial* del gasto público refleja su distribución entre la administración central, las regiones o administraciones similares, y las entidades locales. Ha de tenerse en cuenta que existen gastos públicos comunes a varias administraciones públicas, que solo son imputables a un espacio económico concreto mediante algún tipo de supuesto simplificador; así como gastos públicos efectuados en cada momento en determinados territorios pero que solo resultan efectivos cuando se culmina la inversión de que se trate (por ejemplo, el gasto en una línea ferroviaria que se va ejecutando a lo largo de varios años hasta conectar entre sí varias CCAA).

Los datos de la OCDE (*Government at a Glance, 2013*) muestran que en 2011 un 46% del gasto total de las Administraciones Públicas correspondía como media a los gobiernos centrales; un 32% correspondía a los niveles subcentrales de gobierno (estados o regiones, y entidades locales); y el restante 22% era competencia de las instituciones de la seguridad social. Sin embargo, el nivel de descentralización del gasto público varía mucho por países; así, en Irlanda el gobierno central ejecutaba en ese año un 76,4% del gasto público total; mientras que en Alemania y Suiza al gobierno central correspondía apenas un 20% del total.

En general, los niveles subcentrales de gobierno muestran un mayor peso relativo en los gastos públicos de enseñanza, protección medioambiental, vivienda y equipamientos comunitarios, y ocio, cultura y religión, ámbitos en los que se produce un vínculo más inmediato y tangible entre las instituciones descentralizadas y la ciudadanía a la que sirven. Además, la OCDE muestra que a medida que aumenta la descentralización del gasto público aumenta también la descentralización de los ingresos, estableciéndose así una tendencia hacia una mayor responsabilidad económica de las distintas administraciones. La OCDE ha mostrado asimismo que la crisis ha provocado una mayor presión fiscal sobre los presupuestos de las administraciones territoriales (*sub-nationals*): sus gastos corrientes crecen más aprisa que sus ingresos, y se reduce su volumen de inversión pública. En paralelo, el acceso al mercado de capitales se ha deteriorado para dichas administraciones desde el año 2007, agravando así su situación financiera.

3.4. Impacto de la crisis sobre la política de gastos públicos

El peso relativo del gasto del Estado en pensiones, prestaciones por desempleo y servicio de la deuda, los principales componentes de los estabilizadores automáticos del gasto, aumenta en España en 12,5 puntos entre 2007 y 2015 (Cuadro 3.11). El beneficio directo de este aumento relativo recae obviamente sobre los perceptores de las pensiones y las prestaciones de desempleo, así como de los tenedores de la deuda. En cambio, la reducción relativa del peso agregado de las demás políticas de gasto, y en particular de las actuaciones de carácter económico, supone una menor atención relativa a las políticas públicas de renovación y ampliación del aparato productivo, y a las políticas de servicios públicos básicos.

Cuadro 3.11
Políticas de gasto en pensiones, desempleo y servicio de la deuda.
Presupuestos Generales del Estado, iniciales, consolidados. % del gasto, Cap. I-VIII

Política	2007	2009	2012	2015
A. Pensiones	31,4	32,2	37,1	37,9
B. Desempleo	5,0	5,9	9,2	7,3
C. Servicio de la deuda pública	6,5	5,2	9,3	10,2
D. *Suma de A, B y C*	42,9	43,3	55,6	55,4
E. *Resto de políticas*	57,1	56,6	44,3	44,5

FUENTE: Ministerio de Hacienda y de Administraciones Públicas.

Además de la creciente concentración del gasto público en las políticas citadas, la evidencia muestra que el gasto de personal (de administración general, de educación, de sanidad, de defensa, de orden público, etc.) es notablemente inelástico a corto y medio plazo, por la elevada intensidad en trabajo de tales servicios y por la especial protección legal de los funcionarios públicos, que trata de evitar una excesiva dependencia discrecional de los mismos respecto de los responsables políticos de cada momento. A corto plazo, sin embargo cabe considerar alternativas distintas referidas a políticas sobre: niveles de los sueldos y salarios del sector (mayor o menor diferencial respecto de la inflación prevista; congelaciones salariales en los momentos de mayor dificultad presupuestaria; etc.); la cobertura o no de las vacantes de personal; la práctica o no de reclasificaciones del personal; la amplitud y características de las ofertas de empleo público, etc.

De igual manera, el gasto público global en educación y sanidad crece sistemáticamente por razones concretas muy variadas, como por ejemplo la extensión del período medio de escolarización, el aumento del volumen de la población atendida, o el mayor gasto sanitario asociado al envejecimiento medio de la población. Las distintas políticas alternativas referidas al gasto público en estos sectores suelen diferenciarse por la mayor o menor disponibilidad a financiar desde el sector público algunos componentes de estos gastos, o por preferir en mayor o menor medida la producción propia de estos servicios por el sector público o bien su provisión concertada con las entidades privadas.

Por su parte, el gasto público en capital se distribuye entre una amplia variedad de infraestructuras y de equipamientos sociales. Entre las infraestructuras, destacan las relativas a transporte, comunicaciones, ciclo del agua, etc. Entre los equipamientos sociales, destacan los relacionados con centros hospitalarios, centros educativos, instalaciones de servicios sociales, etc. Con el fin de conseguir una provisión mínima homogénea entre países y territorios de ciertas infraestructuras y equipamientos, existen mecanismos de coordinación y financiación a escala europea (como el Fondo de Cohesión, el Fondo de Desarrollo Regional o el Fondo Social Europeo), y a escala nacional (como los Fondos de Compensación Interterritorial). Tales fondos se enfrentan a necesidades de gasto que alcanzan un volumen elevado y disponen de recursos limitados; razón por la cual suelen negociarse planes a medio y largo plazo que establecen prioridades de gasto y compromisos de cofinanciación entre las Administraciones implicadas.

En materia de gasto público de capital, las alternativas son muy diversas: preferencia por el transporte y las comunicaciones, o por la vivienda; preferencia por el ciclo del agua o por el equipamiento militar; y así sucesivamente. Como es lógico, la discrecionalidad de los gobernantes no es total, pues éstos se hallan condicionados por las decisiones pasadas, los acuerdos con las Comunidades Autónomas, los compromisos internacionales de cofinanciación, etc.

La opinión pública suele revelar una preferencia ampliamente extendida por la limitación del crecimiento del gasto corriente en favor del aumento de los gastos de capital. Esta preferencia se basa en que el gasto de capital aumenta la capacidad productiva en ejercicios futuros, y por tanto la riqueza social acumulada, además de que resulta más visible para la ciudadanía y es bienvenido por las empresas privadas contratistas que en definitiva van a ejecutar una parte elevada de este gasto.

Sin embargo, los gastos de capital necesitan para ser operativos de un volumen adicional de gasto corriente (personal y bienes y servicios), además del gasto posterior en mantenimiento de las inversiones materiales y en su amortización. Es por ello que en los períodos de déficit público elevado, una parte de la reducción del gasto público, orientada a reducir tal déficit, se concentra en intensas reducciones de las inversiones reales, justo cuando más necesarias pueden ser tales inversiones para mantener la demanda agregada y asegurar un crecimiento económico sostenible a largo plazo. Tal y como puede deducirse de los datos del Cuadro 3.8, el peso relativo de las operaciones de capital en los Presupuestos Generales del Estado ha descendido en España de manera intensa: si en 2007 era un 7% del presupuesto total (un 8,4% sobre las operaciones no financieras), en 2015 se prevé que sea un 3,7% respecto del presupuesto total (5,2% de las operaciones no financieras).

En cuanto a lograr una adecuada previsión del gasto público, deben tenerse en cuenta aspectos como los costes futuros de la deuda pública, la tendencia estructural a la elevación del gasto tanto sanitario como en materia de dependencia, la previsión financiera de los gastos futuros de las pensiones de los empleados públicos, etc. A estos gastos futuros, que habitualmente no se provisionan o se provisionan deficientemente porque no afectan al presupuesto de manera inmediata, se les suele denominar *pasivos implícitos del sector público*, y su tendencia al crecimiento reclama cambios en las políticas actuales de ingresos y gastos que proporcionen margen suficiente para su cobertura.

En todo caso, los cambios en el gasto público han de hacerse en el caso español respetando lo establecido en el artículo 31.2 de la Constitución que establece que "el gasto público realizará una asignación equitativa de los recursos públicos y su programación y ejecución responderán a los criterios de eficiencia y economía".

4. Presupuestación, gestión y control de los ingresos y gastos públicos

4.1. *Características generales de los presupuestos*

Los presupuestos de las Administraciones Públicas son unos documentos que recogen el conjunto de gastos que pretenden realizar tales instituciones durante un periodo determinado (generalmente un año) y la previsión de los ingresos que servirán para su financiación. Se trata, pues, de una previsión de gastos e ingresos: los primeros suponen el volumen máximo de obligaciones económicas que el legislativo autoriza a contraer al ejecutivo, mientras que los segundos sólo son una previsión estimada de los derechos a reconocer y liquidar en el ejercicio.

Desde el punto de vista contable, el presupuesto ha de estar equilibrado, pues la suma de los ingresos corrientes, de capital y financieros ha de ser necesariamente igual a la suma de los gastos corrientes, de capital y financieros. Sin embargo, desde el punto de vista económico, el presupuesto puede presentar un desequilibrio: si los gastos no financieros de una administración pública (en realidad, de cualquier agente económico) superan a sus ingresos no financieros, tendrá necesidad de financiarse mediante el endeudamiento, mientras que si sucede lo contrario, tal administración pública tendrá capacidad de financiar a su vez a otros agentes económicos.

El ritmo de la actividad económica en su conjunto, a través de las distintas fases del ciclo económico, se refleja en la evolución de las cifras presupuestarias por muy diversas vías, aunque no siempre de una forma sincrónica. Por ejemplo, los ingresos públicos procedentes de la recaudación del Impuesto sobre el Valor Añadido dependen de la evolución del consumo, y el nivel de gasto público aumenta automáticamente en las fases recesivas del ciclo (elevándose las transferencias a las economías domésticas ante un incremento del paro). La existencia de *lags temporales* (ya que la recaudación se realiza en gran medida en función de rentas generadas con anterioridad) y una mayor rigidez de ajuste del gasto en el sector público explican ese fenómeno de asincronía.

El periodo de vigencia de los presupuestos es generalmente anual, pero también es habitual en muchos países que tales presupuestos vengan enmarcados en programas orientativos a medio plazo (plurianuales, como por ejemplo el Marco Financiero Plurianual de la Unión Europea 2014-2020, en vigor), o bien que algunos componentes relevantes del gasto público en inversión (el gasto en infraestructuras, por ejemplo) se aprueben bajo la forma de planes o programas específicos que cubren un periodo de varios años, de modo que en cada presupuesto anual se especifique la ejecución de una parte de los mismos.

4.2. *Las fases presupuestarias*

La *fase de elaboración* del presupuesto corresponde al poder ejecutivo, que necesita disponer para ello de un *escenario macroeconómico* solvente, que parta del conocimiento de la evolución reciente de la economía nacional, la proyecte hacia el inmediato futuro en base a hipótesis razonables sobre el comportamiento de las principales variables macroeconómicas, y tenga adecuadamente en cuenta las perspectivas económicas internacionales (como por ejemplo las Orientaciones Generales de Política Económica, a nivel comunitario).

En el caso español, la normativa básica en materia presupuestaria se contempla en la Constitución, la Ley General Presupuestaria, la Ley de Estabilidad Presupuestaria (que obliga a todas las Administraciones Públicas españolas a liquidar su presupuesto en equilibrio o con superávit, o a presentar en caso contrario un plan de saneamiento), las respectivas Leyes Presupuestarias y de Finanzas Públicas de cada Comunidad Autónoma, y la Ley Reguladora de las Haciendas Locales.

Por su parte, el Plan General de Contabilidad Pública y sus desarrollos constituye el marco al que debe atenerse la contabilización de la gestión pública.

Habitualmente es el *Tesoro*, servicio administrativo responsable de la liquidez de la Hacienda Pública, el que efectúa una estimación de los ingresos que previsiblemente se recaudarán para cada una de las figuras tributarias y demás ingresos. Las estimaciones de ingresos deben de estar bien fundamentadas, pues de lo contrario puede producirse una acumulación de derechos incobrables que ponga en peligro tanto el equilibrio presupuestario como la gestión de la liquidez de las administraciones públicas.

La elaboración del presupuesto inicial del estado de gastos corresponde a las unidades orgánicas responsables de tales gastos. Estas unidades, en un primer momento, incorporan en los distintos capítulos de gasto aquellas partidas que suponen un *gasto comprometido* (compromisos plurianuales en marcha, gastos del personal consolidado, subvenciones permanentes con base legal, etc.). En una segunda etapa, y de acuerdo con las estimaciones de ingresos y los objetivos de saldo presupuestario agregado, cabe ampliar las dotaciones de gasto de los distintos centros de gestión, según los objetivos prioritarios establecidos.

Con el fin de conseguir el mayor nivel posible de eficiencia asignativa y evitar un exceso de discrecionalidad, la elaboración de los presupuestos tiene a su disposición distintas técnicas de análisis presupuestario, tales como el análisis coste-beneficio (ACB), el presupuesto por programas (PPP), el presupuesto base cero, etc. El análisis coste-beneficio trata de cuantificar en términos monetarios la totalidad de los costes y beneficios que se derivan, tanto directa como indirectamente, de los proyectos de gasto, permitiendo así una ordenación de los mismos en función de su rentabilidad social neta. El presupuesto por programas desagrega sucesivamente los objetivos generales de la acción pública hasta definir una serie de programas de actuación, entendidos como conjuntos organizados de medios para conseguir objetivos específicos. Por su parte, el presupuesto base cero trata de valorar y priorizar cada proyecto de gastos en función de su utilidad en el ejercicio actual, como si se comenzara de nuevo a actuar, con el fin de detectar las partidas o actividades que han quedado obsoletas o que son improductivas, y evitando así la tendencia al mero incrementalismo presupuestario de unos ejercicios para otros.

La *fase de aprobación* de los presupuestos de ingresos y gastos consiste en el debate por parte de los representantes de la soberanía popular de la propuesta presentada por el poder ejecutivo en forma de Proyecto de Ley. La discusión parlamentaria puede referirse al proyecto de ley en su conjunto (enmiendas a la totalidad, que rechazan sus principios o presentan un texto completo alternativo), al contenido en sí del texto articulado presupuestario, al grado de aceptación que merezca el escenario macroeconómico diseñado, las prioridades en las políticas de gasto, el volumen global del presupuesto, las prioridades de la política fiscal, la forma de financiar el posible endeudamiento público, etc. Se reflejarán así en el debate los distintos proyectos alternativos que las fuerzas políticas presentes tengan ante la situación socioeconómica del país.

Habitualmente el debate parlamentario incorpora sólo modificaciones parciales al proyecto de presupuesto inicial, pues un rechazo global al mismo supone un voto de censura político al Ejecutivo, que podrá presentar un nuevo presupuesto, limitarse a gestionar la prórroga de los presupuestos del ejercicio, o dimitir para que surja un nuevo Gobierno capaz de lograr la aprobación de sus presupuestos. En la Unión Europea existe un procedimiento especial para la aprobación del presupuesto, por la particular división de competencias entre sus instituciones.

La *fase de ejecución* del presupuesto es su aplicación en la práctica, y es competencia de las unidades o centros de gestión que se especifican en cada caso. En principio, los créditos para gastos incorporados en cada capítulo presupuestario se destinarán a los fines previstos en el mismo y en la cuantía máxima establecida en la ley de presupuestos. Ahora bien, en muchos casos, las necesidades de ajuste coyuntural, la urgencia de ciertos gastos inaplazables, el logro de mayores ingresos sobre los previstos inicialmente, etc., llevan a modificar los créditos iniciales consignados por ley, por medio de distintas vías legalmente previstas: créditos extraordinarios, suplementos de crédito, transferencias o redistribución de créditos entre distintos programas, etc.

La liquidación del presupuesto ejecutado consiste en la presentación sistemática de los ingresos y gastos, cobros y pagos, emisiones de deuda, etc., realizados efectivamente por una determinada Administración. La contabilización de las operaciones económicas públicas da lugar a tres tipos de presentaciones: la *contabilidad presupuestaria*, cuyo objetivo es básicamente mostrar la concordancia entre la gestión realizada y los objetivos financieros establecidos en la Ley de presupuestos; la *contabilidad patrimonial*, que, a similitud de las cuentas del sector privado, pretende reflejar la actuación pública mediante un balance de situación y una cuenta de pérdidas y ganancias; y la *contabilidad nacional*, que consolida las cuentas de las diferentes administraciones públicas respecto del resto de sectores económicos, de acuerdo con unos criterios internacionales establecidos.

Por último, la *fase de control* de la ejecución presupuestaria es la comprobación del cumplimiento efectivo de las decisiones adoptadas, el análisis de las diferencias entre tales decisiones y la realidad, y la adopción o no de medidas correctoras, en su caso. Esto se lleva a cabo mediante los sistemas de control interno y de control externo. El control interno es el establecido por la propia Administración gestora, a través de procesos administrativos y mecanismos de auditoría interna y de control de la legalidad (en España ello es competencia de la Intervención General correspondiente). El control externo se realiza a través de órganos ajenos al propio Ejecutivo, en dos niveles: a) mediante los Tribunales de Cuentas, que vigilan la legalidad en la ejecución presupuestaria, velan por la regularidad contable y analizan el nivel de cumplimiento y eficiencia del gasto en el logro de sus objetivos; b) mediante el propio Parlamento, que vigila la gestión del gobierno y juzga políticamente la labor del Ejecutivo, en particular en cuanto al grado de cumplimiento de los compromisos presupuestarios.

En la fase de control interno suele primar el *control de legalidad* (comprobando que la ejecución presupuestaria se ha sometido en todos sus pasos a la normativa legal vigente) y el *control de eficacia* (comprobando el porcentaje de créditos presupuestarios comprometidos o contraídos respecto al total disponible), en detrimento del *control de eficiencia*, que analiza el nivel de cumplimiento de los objetivos previstos en relación a los gastos efectuados. En parte, ello se debe a las dificultades objetivas derivadas de la no cuantificación de algunos objetivos, o de la dificultad de disponer de indicadores sobre dicha eficiencia; pero una buena presupuestación por programas y un esfuerzo por elaborar criterios objetivos de eficiencia son imprescindibles.

El control externo regular se lleva a cabo por instituciones como el Tribunal de Cuentas de la Unión Europea, el Tribunal de Cuentas de España, y los Tribunales, Sindicaturas o instituciones similares que ejercen su competencia en el ámbito regional y local. Todas ellas proporcionan, a través de sus informes de fiscalización, un conjunto de opiniones fundadas sobre las cuentas y la gestión económica públicas que se someten a su consideración, detectando las principales insuficiencias, debilidades de control, e ilegalidades cometidas, en su caso. Tales informes son publicados oficialmente y remitidos a los Parlamentos respectivos, responsables de evaluar políticamente la labor del gobierno y la Administración. Como consecuencia de todo ello, los Tribunales de Cuentas pueden ser muy útiles en la prevención de deficiencias, alertando sobre ellas a los gestores directos, estimulando el apropiado funcionamiento del sistema de control interno de las instituciones fiscalizadas, y detectando indicios de actividades cuyo enjuiciamiento corresponda a los Tribunales de Justicia.

Sin embargo, a pesar de la labor de los órganos de control interno y externo de las Administraciones Públicas, de las fuerzas de seguridad, de los jueces, de los medios de comunicación, etc., periódicamente surgen distintos episodios de corrupción y malversación de recursos públicos que alarman, con toda razón, a la opinión pública. En estas situaciones, suele generalizarse la demanda de instituciones adicionales de control (tales como oficinas anti-fraude, fiscalías especializadas, auditorías adicionales específicas, etc.) así como la ampliación de las figuras delictivas relacionadas con la gestión pública irregular, y el endurecimiento de sus penas. Distintas maneras, en definitiva, de aumentar las exigencias éticas en la elaboración, gestión y control de los presupuestos de ingresos y gastos públicos.

Orientación bibliográfica

Entre los manuales españoles de Política Económica, se recomienda la consulta de los capítulos de política fiscal y presupuestaria de los siguientes libros: J.R. Cuadrado (Director) (2010): *Política económica: elaboración, objetivos e instrumentos,* McGraw Hill, Madrid; A. Fernández, J.A. Parejo y L. Rodríguez (2010): *Política económica,* McGraw Hill, Madrid; y L. Gámir (Director), J. Casares y C. Velasco (Coordinadores) (2013): *Política Económica de España,* 9ª edición, Alianza Editorial S.A., Madrid. Los principales datos de las políticas estatales de ingresos y gastos públicos en España pueden obtenerse anualmente on line en el *Libro Amarillo* del Ministerio de Hacienda.

La política presupuestaria comunitaria se analiza en R. Barberán: "La Hacienda pública de la Unión Europea", capítulo 3 del libro coordinado por J. Mª Jordán Galduf (2013) *Economía de la Unión Europea,* Cívitas, Madrid. La coordinación de las políticas presupuestarias de los países de la UEM se analiza en M. Camarero y C. R. Tamarit (2013): "Las políticas macroeconómicas en la UEM", capítulo 9 del libro anterior. Algunos documentos de especial interés son los siguientes: Comunicación de la Comisión al Parlamento Europeo y al Consejo, COM(2012)351 final, de 27 de junio de 2012, sobre formas concretas de reforzar la lucha contra el fraude fiscal y la evasión fiscal; y Comunicación de la Comisión al Parlamento Europeo y al Consejo, COM(2015)136 final, de 18 de marzo de 2015, sobre la trasparencia fiscal para luchar contra la evasión y la elusión fiscales.

Para una visión internacional de los principales datos de política fiscal y presupuestaria, se recomienda acceder a la página correspondiente de la web de la OCDE. Una publicación de especial interés de esta organización es OCDE (2013): *Government at a Glance,* disponible on line. Pueden consultarse asimismo las webs de instituciones como Transparency International (www.transparency.org), y el Open Budgets Portal, del Banco Mundial (http://wbi.worldbank.org/boost. Por último, una referencia crítica muy recomendable es la de Oxfamintermon (2014): *Tanto tienes, ¿tanto pagas? Fiscalidad justa para una sociedad más equitativa.* Informe nº 35, mayo.

Capítulo 4
Política fiscal y presupuestaria (II). Déficit público y deuda pública

JORGE UXÓ GONZÁLEZ
FERNANDO BERMEJO PATÓN
Universidad de Castilla-La Mancha

"There is work to do; there are men to do it. Why not bring them together?"
J.M. Keynes, 1929

1. Introducción

En el capítulo anterior se ha explicado que los gobiernos toman sus decisiones sobre los gastos y los ingresos públicos atendiendo a objetivos muy distintos, que afectan tanto al lado de la oferta como al lado de la demanda de la economía. En este tema vamos a centrar la atención en la función estabilizadora de la política fiscal: la variación de los gastos e ingresos públicos con el fin de influir en la demanda agregada y asegurar que el PIB se mantiene lo más próximo posible a un nivel que las autoridades fijan como objetivo.

Esta utilización de la política fiscal no está exenta de controversia. En gran medida, la posición que los distintos economistas tienen sobre la utilización de la política fiscal tiene mucho que ver con su mayor o menor confianza en la capacidad autorreguladora de la economía de mercado.

Los economistas keynesianos consideran que la demanda privada, y especialmente la demanda de inversión, tiene un comportamiento inestable, y que esto provoca que la economía se encuentre frecuentemente con un nivel de producción insuficiente para evitar el desempleo. En estos casos, las variaciones de precios y salarios no actúan con suficiente eficacia como para asegurar que la demanda agregada se ajuste a la renta de pleno empleo, y se necesita una actuación decidida de las autoridades a través de la política fiscal. La cita de J.M. Keynes con la que iniciamos este capítulo representa bien este punto de vista: habiendo trabajadores disponibles que pueden producir bienes y servicios socialmente deseables, el gobierno debería hacer uso de la política fiscal para evitar que esta producción no se realizase por falta de demanda, aunque esto suponga incurrir en déficits públicos. Esta visión de la política fiscal ha recibido el nombre de "finanzas públicas funcionales", y el núcleo de este tema trata precisamente de ver hasta qué punto puede llevarse a cabo un planteamiento de este tipo.

Los economistas neoclásicos tienen una visión diferente sobre el funcionamiento de la economía. En esencia, consideran que ésta tiene un "centro de gravedad" determinado por los recursos disponibles y por el funcionamiento de los mercados (el lado de la oferta). Si la producción es baja o el desempleo elevado, la razón se encuentra más bien en que algunas rigideces impiden que los precios y salarios actúen con la suficiente flexibilidad. No puede existir una situación permanente de falta de demanda agregada, y por tanto el papel de la política fiscal es mucho menor, limitado a situaciones puntuales y poco duraderas de escasez de demanda. Los gobiernos deben llevar a cabo algunas funciones importantes, pero asegurando, salvo estas breves excepciones, el equilibrio presupuestario. Estas serían las "finanzas públicas clásicas" o "equilibradas".

Una de las razones por la que muchas veces se insiste en la necesidad de garantizar el equilibrio presupuestario del estado es porque el déficit se traduce en un aumento de la deuda pública. Por ello, en este tema analizaremos también esta relación entre déficit y deuda, cuándo podemos decir que la deuda pública es sostenible, y en qué casos un nivel elevado de deuda puede representar una restricción para la utilización estabilizadora del presupuesto.

Finalmente, abordaremos la cuestión de la eficacia en la aplicación de la política fiscal. Repasaremos algunos argumentos que ponen en duda su capacidad para influir en la demanda agregada, pero concluiremos que la evidencia empírica muestra que los cambios en los gastos e ingresos públicos sí pueden influir en la evolución de la economía, tanto en un sentido expansivo como en un sentido contractivo.

2. La política fiscal y el control de la demanda agregada: objetivos e instrumentos

Nuestro interés en este tema se centra en la posible utilización de la política fiscal como un instrumento para influir en la demanda agregada y, así, lograr que la renta se sitúe en aquel nivel que las autoridades fijen como objetivo. Por tanto, debemos comenzar por dar respuesta a tres cuestiones iniciales: cuál es ese nivel de renta que podemos considerar como "objetivo" de las autoridades; cuál es el papel de la demanda agregada en la determinación de la renta que efectivamente se alcanza; y cuáles son los "instrumentos" de los que dispone la política fiscal para influir en la demanda agregada.

Razonando en el corto plazo en el que actúan las políticas coyunturales de las que se ocupa este manual, el nivel máximo de producción que puede alcanzar teóricamente la economía está limitado por los recursos disponibles —población activa y capital instalado— y la tecnología. Esta sería la producción de pleno empleo de los recursos. Sin embargo, la situación normal en las economías reales es que haya algún porcentaje de trabajadores desempleados y que el grado de utilización de la capacidad productiva no sea el máximo posible técnicamente. Esto implica que la demanda agregada es la restricción más importante que determina cuántos bienes y servicios se producen. Si las empresas produjeran más de lo que se demanda en el mercado, estarían acumulando existencias que no podrían vender y acabarían por reducir su producción.

Esta idea se conoce como el "principio de la demanda efectiva". De una manera sencilla, diríamos que las empresas producen lo que esperan vender, y en función de esto contratan a los trabajadores que son necesarios y modifican el grado en que utilizan la capacidad productiva instalada. Aunque haya trabajadores desempleados, las empresas no los contratarán si creen que no podrán vender la nueva producción. Aplicando este principio, podríamos decir que el objetivo de la política fiscal (junto a la política monetaria) sería asegurar que hubiese demanda agregada suficiente para alcanzar la producción de pleno empleo.

Sin embargo, también es posible que antes de alcanzar este nivel de pleno empleo aparezcan otros desequilibrios macroeconómicos que las autoridades quieren evitar, como tasas de inflación elevadas o desequilibrios de la balanza de pagos. Este nivel máximo de producción que puede alcanzarse de forma sostenible en un periodo determinado, sin incurrir en desequilibrios macroeconómicos, se denomina habitualmente "renta potencial". En el resto del capítulo supondremos que el objetivo de las autoridades al aplicar la política fiscal es asegurar que la demanda agregada sea la adecuada para que la economía se encuentre lo más próxima posible a la renta potencial. Este nivel de renta, insistimos, no se corresponde necesariamente con el pleno empleo, y no debe interpretarse como una situación "óptima", por lo que las autoridades deberían utilizar además otros instrumentos de política económica (por ejemplo, la política de rentas, que se aborda en otro capítulo del libro) para elevarla y aproximarla lo más posible al pleno empleo.

Para ver cómo puede llevar a cabo la política fiscal esta función partimos de la ecuación (1), que nos indica que la renta que alcanza la economía (Y) es igual a la suma de todos los componentes de la demanda agregada planeada (DA). Éstos son el consumo final de las familias (C), la inversión de las empresas (I), el gasto del gobierno en consumo final e inversión (G) y las exportaciones de bienes y servicios (X) menos las importaciones (M):

$$Y = DA = C + I + G + X - M \qquad (1)$$

En esta ecuación la causalidad va desde el lado derecho de la igualdad (la demanda) hacia el izquierdo (la producción). Y la política fiscal puede utilizarse para influir en la demanda agregada y que la renta sea igual al objetivo a través de dos vías:

- Modificando el consumo y la inversión pública. En España, este componente del gasto supuso en 2013 cerca del 22% de toda la demanda agregada. Si la renta se sitúa en un periodo por debajo del nivel que el gobierno considera adecuado, puede impulsar la demanda incrementando G. Esto sería una política fiscal expansiva. Por el contrario, si la demanda agregada toma en un momento determinado un valor demasiado alto y esto provoca inflación o déficit exterior, una reducción de G la reduciría, por lo que en este caso hablamos de una política fiscal restrictiva.

- Modificando los impuestos (T) o las transferencias a hogares y empresas (Tf, que incluyen por ejemplo pensiones, becas, prestaciones sociales monetarias, subvenciones). En este caso, una política fiscal expansiva consiste en una reducción de los impuestos o un aumento de las transferencias al sector privado, ya que esto incrementa su renta disponible, y por tanto su gasto. Por el contrario, la subida de impuestos y la reducción de las transferencias tienen un impacto restrictivo sobre la demanda agregada.

Los distintos componentes de la demanda agregada pueden experimentar fluctuaciones a lo largo del tiempo, lo que da lugar al ciclo económico. Podemos ver esto en el Gráfico 4.1, que representa la evolución del PIB real en España desde 1985 a 2014. La producción sigue una tendencia creciente a medio plazo (representada por la línea de puntos, que podríamos tomar aproximadamente como el crecimiento potencial), pero lo hace con fluctuaciones cíclicas. Se alternan fases en las que el PIB se sitúa por encima de la tendencia y otras en las que se sitúa por debajo. Incluso, podemos observar también algunos periodos de recesión en los que la tasa de crecimiento es negativa (1993, y el periodo 2009-2013). La diferencia porcentual entre el PIB efectivamente registrado y el PIB porcentual se llama "*output gap*" (o brecha de la producción). El objetivo de la política de estabilización es, precisamente, minimizar estas fluctuaciones de la economía, actuando de forma anticíclica y reduciendo esta brecha: con medidas expansivas cuando la demanda es menor que el potencial (lo que aumenta el desempleo), y reduciendo el gasto y las transferencias o aumentando los impuestos si la demanda crece por encima de la renta potencial (lo que puede provocar inflación o déficit de la balanza de pagos).

Gráfico 4.1
PIB de España a precios constantes de 2010 (miles de millones de €)

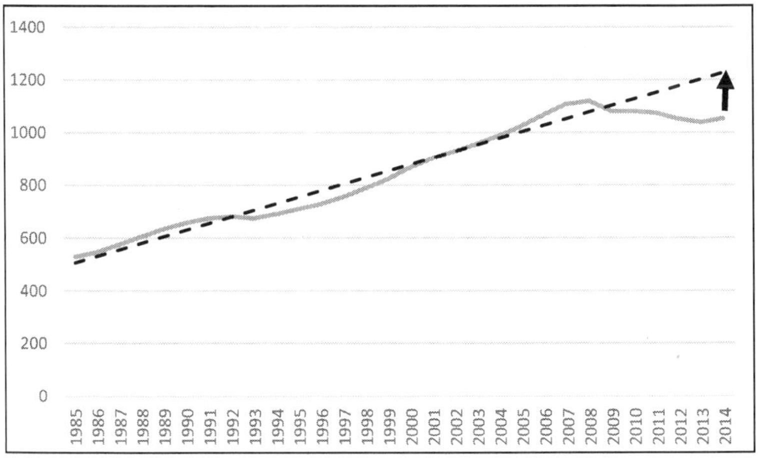

FUENTE: AMECO.

Por ejemplo, supongamos que el consumo de los hogares es igual a 60, la inversión de las empresas es igual a 15 y las transacciones comerciales están equilibradas. Además, sabemos que el gasto del gobierno en consumo e inversión es igual a 20, y que realiza transferencias al sector privado por valor de 15. Para financiar estos gastos recauda impuestos por valor de 35, con lo que el presupuesto está equilibrado. La suma de todos los componentes de la demanda agregada sería igual a 95, y ese sería también el valor del PIB del periodo. Si en esta economía la producción potencial fuese igual a 100, se estaría registrando una falta de demanda (un output gap negativo) equivalente al 5% del PIB potencial. Para evitarlo, el gobierno podría aumentar el gasto público (↑G) o reducir los impuestos y aumentar las transferencias (↓T-↑Tf). En cualquiera de las dos opciones, el resultado sería un incremento del déficit público, necesario para compensar la falta de demanda privada y que la economía pudiera alcanzar su renta potencial.

3. Estabilizadores automáticos y medidas discrecionales

Esta función estabilizadora o anticíclica que hemos atribuido a la política fiscal puede producirse a través de dos vías: los estabilizadores automáticos o algunas medidas discrecionales adoptadas por las autoridades.

Los "*estabilizadores automáticos*" son diversos mecanismos a través de los que un cambio en la renta afecta "automáticamente" a los gastos y a los ingresos, modificando el saldo presupuestario, sin que el gobierno adopte ninguna decisión específica. Además, esta modificación se produce siempre en sentido anticíclico.

Por ejemplo, imaginemos que la economía se encuentra inicialmente en su renta potencial y que tiene lugar una caída en la inversión, por lo que la demanda agregada disminuye. Como consecuencia de ello, algunos trabajadores perderán su empleo y sus ingresos, y aquellos que mantengan su puesto de trabajo pueden verse obligados a aceptar salarios más bajos. Todo ello provocará una caída del consumo, y una nueva reducción de la demanda agregada (lo que se conoce como efecto multiplicador). Sin embargo, estas familias también deberán pagar menos impuestos, que dependen de sus ingresos. Al mismo tiempo, los trabajadores que ahora están parados empezarán a cobrar del estado la prestación de desempleo, por lo que su renta disponible se reducirá menos. Ambos efectos —la reducción de impuestos y el aumento de las transferencias— aseguran una cierta "estabilización automática" de la renta, porque permite a los trabajadores reducir menos su consumo.

Para ver esta capacidad estabilizadora del presupuesto público, incluso sin que el gobierno adopte ninguna decisión específica, podemos utilizar un modelo sencillo en el que especificamos los factores de los que dependen los distintos componentes de la DA.

El consumo final de las familias depende fundamentalmente de la renta disponible de los hogares (Y^d), que es la que tienen después de pagar sus impuestos (T) y de añadir las transferencias que reciben del sector público (Tf). Los hogares pueden destinar esa renta a la adquisición de bienes de consumo o al ahorro. El porcentaje de cada unidad adicional de renta que se destina al consumo es la propensión marginal a consumir (c). Además, el consumo tiene una parte autónoma (C_0), en el sentido de que no depende directamente de la renta del periodo, sino de otros factores (por ejemplo, la riqueza neta, que es el valor de los activos acumulados menos las deudas contraídas). Por tanto:

$$C = C_0 + cY^d \qquad (2)$$

$$Y^d = Y - (T - T_f) \qquad (3)$$

Respecto a la inversión, depende en primer lugar de las expectativas empresariales sobre la evolución futura de los beneficios y de la demanda (a la que se acomoda la capacidad productiva mediante las inversiones actuales). Estas expectativas las recogemos en el término I_0. También depende, en segundo lugar, del tipo de interés real (r), cuyo impacto sobre la inversión se mide por el parámetro b:

$$I = I_0 - br \qquad (4)$$

Finalmente, las exportaciones netas (XN) tienen un componente autónomo (X_0, que aumenta, por ejemplo, si crece la renta del resto del mundo) y también se ven afectadas por las variaciones del tipo de cambio real (e) y de la renta del país. En el primer caso, un aumento del tipo de cambio real (apreciación) supone una pérdida de competitividad-precio. En el segundo caso, un aumento de la renta nacional da lugar a un mayor gasto, y una parte de esa mayor demanda se dirige hacia productos importados. Este porcentaje se mide por la propensión marginal a importar, que llamamos m:

$$XN = X_0 - x\varepsilon - mY \tag{5}$$

Sustituyendo las expresiones (2), (3), (4) y (5) en (1) llegamos a la siguiente expresión de la renta de equilibrio:

$$Y = DA = C_0 + c[Y - (T - Tf)] + I_0 - br + G + X_0 - x\varepsilon - mY \tag{6}$$

$$Y = \frac{1}{1-c+m}(C_0 - c(T - Tf) + I_0 - br + G + X_0 - x\varepsilon) \tag{6b}$$

El cociente que aparece en el miembro de la derecha de la ecuación (6b) es el multiplicador, antes de tener en cuenta los estabilizadores automáticos y suponiendo que tanto el tipo de interés como el tipo de cambio real se mantienen constantes. Mide cuánto se modifica la renta por cada cambio en una unidad en el resto de las variables que determinan la demanda agregada. Por ejemplo, si la propensión a consumir es 0,8 y la propensión a importar es 0,3, el multiplicador vale 2. Si en nuestro ejemplo anterior la inversión se redujese en 100 unidades, la renta se reduciría en 200.

Para medir la actuación de los estabilizadores automáticos tenemos que considerar que tanto los impuestos como las transferencias dependen de la renta. Para simplificar, supondremos que los impuestos son completamente proporcionales a la renta, y que hay una parte de las transferencias que no dependen de la renta (por ejemplo, las pensiones) y otra que depende negativamente de la renta (por ejemplo, las prestaciones por desempleo). Por tanto, los impuestos netos de transferencias son:

$$T - Tf = tY - (Tf_0 - tfY)$$

$$T - Tf = (t + tf)Y - Tf_0 \tag{7}$$

Tf_0 son las transferencias que no dependen de la renta, y t y tf miden, respectivamente, cuánto cambian los impuestos y las transferencias al variar la renta. Por cada unidad en la que la renta se reduce, los impuestos netos de transferencias se reducen en (t+tf) unidades, y esto tiene un efecto estabilizador sobre la renta disponible y el consumo. Por tanto, la expresión de la renta de equilibrio quedaría así:

$$Y = C_0 + c(Y - (t + tf)Y + Tf_0) + I_0 - br + G + X_0 - x\varepsilon - mY$$

$$Y = \frac{1}{1-c(1-(t+tf))+m}(C_0 + cTf_0 + I_0 + G - br + X_0 - x\varepsilon) \qquad (6c)$$

Como vemos, ahora el multiplicador es más pequeño, al incluir el efecto estabilizador que se deriva de la bajada de impuestos y del aumento de las transferencias que tendría lugar al caer la inversión. Por ejemplo, si (t+tf) fuese igual a 0,4, el multiplicador valdría 1,22 en vez de 2, y la caída en la renta sería de 122 en vez de 200. Estos mecanismos habrían eliminado el 39% del efecto inicial de la caída en la demanda. Respecto al déficit público, éste se habría incrementado en 0,4x122=48,8 unidades.

Además de esta variación automática de los ingresos y las transferencias, los gobiernos también pueden decidir de forma voluntaria un cambio en el valor del gasto público, en los impuestos o en las transferencias. A diferencia de los estabilizadores automáticos, estos cambios discrecionales requieren que las autoridades implementen deliberadamente algunas medidas. En el ejemplo que estamos analizando, el gobierno podría aprobar un plan de expansión del gasto público para tratar de completar la estabilización automática que ya se ha producido, de forma que la renta no variase. Esto fue lo que ocurrió por ejemplo al inicio de la Gran Recesión, como se explica en el Recuadro 4.1.

En la ecuación (6c) es fácil comprobar que, para que esto ocurra, el aumento del gasto público que se necesita para contrarrestar la caída en la inversión privada es también de 100 unidades —sólo así el término entre paréntesis del segundo miembro se mantiene constante—. Igualmente, el saldo presupuestario (SP) se reduciría (o el déficit público aumentaría) en 100 unidades:

$$SP = T - Tf - G = (t + tf)Y - Tf_0 - G \qquad (7)$$

Como la renta se mantiene constante —se ha eliminado por completo el efecto de la caída de la inversión privada— el déficit aumenta en este caso lo mismo que el aumento necesario del gasto público.

En este caso, el gobierno ha apoyado con sus decisiones discrecionales la actuación de los estabilizadores automáticos, pero esto no siempre es así. Por ejemplo, el gobierno podría encontrarse con dificultades para financiar el déficit público que se deriva de la caída inicial de la renta, y verse obligado a subir los impuestos o bajar el gasto público. Evidentemente, esto tendría un efecto restrictivo sobre la demanda agregada que se sumaría a la caída inicial de la inversión, por lo que la política fiscal estaría siendo procíclica, y no anticíclica. Igualmente, en las fases expansivas del ciclo se produce una subida en los impuestos y una reducción de las transferencias que aumenta el saldo presupuestario, lo que tiende a amortiguar el ciclo. Sin embargo, el gobierno podría utilizar los ingresos extraordinarios para financiar nuevos programas de gasto (política fiscal expansiva) manteniendo constante el déficit público. Nuevamente, esto sería procíclico, ya que mantendría la renta por encima de su valor potencial.

Recuadro 4.1
Planes de estímulo fiscal durante la Gran Recesión

La crisis financiera internacional que se inició en Estados Unidos en el verano de 2007 se trasladó rápidamente a otras economías desarrolladas, y en 2009 se produjo una importante caída del PIB, por lo que este periodo se conoce como la Gran Recesión. Como consecuencia, la renta se situó por debajo del potencial y el output gap se hizo negativo (Cuadro 1). Frente a ello, las autoridades recomendaron la utilización de políticas fiscales expansivas.

Cuadro 1
Los efectos sobre el PIB de la Gran Recesión

	Zona euro		España		EE.UU.	
	PIB (% ctº)	Output Gap	PIB (% ctº)	Output Gap	PIB (% ctº)	Output Gap
2007	3.1	2.7	3.8	3.2	1.8	1.9
2008	0.5	1.8	1.1	1.3	-0.3	0.2
2009	-4.5	-3.4	-3.6	-3.4	-2.8	-3.3

FUENTE: AMECO.

La Unión Europea aprobó a finales de 2008 el Plan Europeo de Recuperación Económica, que incluía medidas de estímulo fiscal, adicional a la actuación de los estabilizadores automáticos, por un valor de 200 mil millones de euros (un 1,5% del PIB europeo) en 2009. La parte fundamental del programa (1,2% del PIB) debía corresponder a los gobiernos nacionales. Como se ve en el Cuadro 2, el impulso fiscal finalmente aplicado varió mucho entre países, en función por ejemplo del nivel previo del déficit y la deuda pública. España fue uno de los países en los que estos planes de impulso fiscal fueron más ambiciosos, y en 2009 las medidas discrecionales de aumento de gasto o reducción de impuestos llegaron hasta 24.800 millones de euros, el 2,3% del PIB (Cuadro 3). Si nos fijamos en el conjunto de países integrantes del G20, el estímulo fiscal total supuso un 1,5% del PIB de todos los países, y además de España los países más activos fueron Arabia Saudí (3,3%), Australia (2,1%), China (2,0%) y Estados Unidos (2%).

Cuadro 2
Estímulo fiscal discreccional (2009, %PIB)

PAÍS	Estímulo fiscal
Bélgica	0.4
Alemania	1.4
Irlanda	0.5
Grecia	0.0
España	2.3
Francia	1.0
Italia	0.0
Luxemburgo	1.2
Holanda	0.9
Austria	1.8
Portugal	0.9
Finlandia	1.7
UEM	1.1

Fuente: Comisión Europea

Cuadro 3
Medidas de estímulo fiscal adoptadas en España, 2009

TIPO DE MEDIDA	Impacto Fiscal Estimado en 2009	
	Mill. €	% del PIB
Medidas sobre los Ingresos (1)	**-13894**	**-1.30%**
IRPF	-6000	-0.56%
Impuesto sobre Patrimonio	-1800	-0.17%
Compradores de vivienda habitual	-146	-0.01%
Impuestos especiales	2000	0.19%
Contribuciones Sociales	-248	-0.02%
Adelanto devoluciones	-7700	-0.72%
Medidas sobre los Gastos (2)	**10942**	**1.02%**
Transferencias a familias	1872	0.17%
Transferencias a empresas	800	0.07%
Consumo Publico	-1500	-0.14%
Inversión Publica	9770	0.91%
Total	**24836**	**2.32%**

(1) Un signo negativo significa una reducción de recaudación. (2) Un signo positivo significa un aumento de gasto. Fuente: J. Uxó, J. Salinas y J. Paúl (2010): "Análisis y valoración de las medidas discrecionales de estímulo fiscal aplicadas en España en 2009", Presupuesto y Gasto Público 59/2010: 55-52.

4. Indicadores para medir la orientación de la política fiscal

Cuando estudiamos la política fiscal que está aplicando un gobierno queremos saber fundamentalmente si tiene un carácter expansivo o contractivo, es decir, si contribuye a un incremento de la demanda agregada o a su reducción. Esto se denomina "orientación de la política fiscal", y puede medirse utilizando distintos indicadores.

4.1. El saldo presupuestario y su variación

En principio, podríamos utilizar el saldo presupuestario para medir la contribución neta que está haciendo la política fiscal a la demanda interna de bienes y servicios. Como ya hemos explicado más arriba, el saldo presupuestario es la diferencia entre los impuestos y la suma de las transferencias y el gasto público.

Por un lado, los impuestos implican una disminución de la renta disponible del sector privado, y esto tendrá un efecto contractivo sobre el gasto. Por el contrario, las transferencias al sector privado aumentan su capacidad de gasto, y el consumo y la inversión del gobierno realizan una contribución directa a la demanda agregada. Entonces, un superávit presupuestario podría interpretarse como una reducción de la demanda agregada, mientras que un déficit tendría un efecto expansivo.

El problema de esta interpretación es que analiza el impacto de la política fiscal sobre la demanda agregada en comparación con una situación hipotética en la que hubiese equilibrio presupuestario. En este sentido, es obvio que cualquier déficit es más expansivo que el equilibrio presupuestario, y cualquier superávit más contractivo. Sin embargo, la situación de partida en el momento en el que las autoridades toman sus decisiones sobre los impuestos y los gastos no tiene por qué ser esa. Por ejemplo, supongamos que la demanda agregada es igual a 100 y que el saldo presupuestario es igual a -10 (un déficit del 10%). En esta situación, si el resto de determinantes de la demanda no varía, pero se produce un cambio de gobierno y las autoridades toman medidas para contraer el gasto o aumentar los impuestos y el déficit se reduce hasta -7, la demanda agregada tomará un valor inferior a 100. ¿Calificaríamos la nueva política fiscal que está aplicando este gobierno como expansiva, porque hay déficit, o restrictiva, porque la demanda agregada se reduce como consecuencia de su aplicación?

La mayoría de analistas y organismos internacionales utilizan como indicador de la orientación de la política fiscal la variación del saldo presupuestario más bien que su nivel, y dirían que el nuevo gobierno ha adoptado una orientación restrictiva de su política fiscal. Con este criterio, la orientación de la política fiscal es neutral cuando el saldo presupuestario no se modifica, expansiva cuando el saldo presupuestario se reduce, y contractiva cuando el saldo presupuestario aumenta. Es decir, no se toma como punto de referencia el equilibrio presupuestario, sino el saldo presupuestario del periodo anterior.

Un problema al que se enfrenta este criterio, sin embargo, es el del multiplicador del presupuesto equilibrado, o Teorema de Haavelmo: un aumento del gasto público y de los impuestos en la misma cuantía tiene un efecto neto expansivo sobre la demanda agregada, aunque el déficit se mantenga constante. La explicación es sencilla. Si el gobierno aumenta el consumo público o la inversión pública, se producirá un aumento inicial de la demanda interna exactamente por la misma cuantía. En cambio, cuando el gobierno aumenta los impuestos, se produce una reducción de la renta disponible del sector privado, que se traslada en parte a una menor demanda de consumo, y en parte a un menor ahorro. La cuantía en que el consumo final se reduce depende de la propensión a consumir, que en cualquier caso es menor que uno. Formalmente, lo que podríamos decir es que el multiplicador de los impuestos es menor que el multiplicador de los gastos, y que por tanto el multiplicador del presupuesto equilibrado es positivo.

Para verlo, podemos partir de la expresión (6b) de la renta de equilibrio, y considerar que como consecuencia de las medidas adoptadas por las autoridades se produce un aumento en los ingresos igual al gasto público. Si las transferencias y el resto de variables exógenas que aparecen en la ecuación no cambian, el incremento de la renta sería igual a lo siguiente:

$$Y = \frac{1}{1-c+m}(C_0 - c(T - Tf) + I_0 - br + G + X_0 - x\varepsilon)$$

$$\Delta Y = \frac{1}{1-c+m}(-c\Delta T + \Delta G) \qquad (6b)$$

Y como $\Delta T = \Delta G$, obtenemos que el multiplicador del presupuesto equilibrado es positivo:

$$\frac{\Delta Y}{\Delta G} = \frac{1-c}{1-c+m} > 0$$

4.2. La variación del saldo primario ajustado cíclicamente

Otra cuestión importante es que, si queremos analizar y valorar la orientación de la política presupuestaria aplicada por el gobierno, tenemos que distinguir qué parte del cambio en el saldo presupuestario obedece a decisiones adoptadas de forma deliberada por las autoridades, y qué parte obedece a otros factores que influyen también en los gastos e ingresos del estado, pero sobre los que el gobierno no tiene capacidad de decisión. Fundamentalmente, esto se refiere a la influencia de los estabilizadores automáticos y al pago de los intereses asociados a la deuda emitida en el pasado:

- *Cambios en el saldo presupuestario derivados del cambio en el ciclo económico.* Supongamos que la economía se encuentra inicialmente en su renta potencial, que es 100, y que el déficit público es igual a 3. Si se produjese una caída en la demanda, disminuirían los ingresos y aumentarían las transferencias, con lo que el déficit público aumentaría de forma automática, sin que el gobierno hubiese modificado su política fiscal. Por tanto, la variación del saldo presupuestario no sería en este caso una medida adecuada de las decisiones adoptadas por las autoridades. Para evitar este problema, vamos a introducir dos conceptos nuevos:
  - El saldo ajustado cíclicamente (SAJ) es el saldo presupuestario que la economía registraría si la renta coincidiese con el PIB potencial. Los cambios en este saldo recogen los efectos de las medidas discrecionales de política fiscal (suponiendo que el PIB potencial es constante).
  - El componente cíclico del presupuesto (CC) es el efecto que tiene sobre el presupuesto un cambio en la renta, y mide la actuación de los estabilizadores automáticos.

Podemos entender mejor estos conceptos y su utilización práctica con la ayuda del ejemplo que ilustramos en los Gráficos 4. 2 y 4. 3, y recordando que la ecuación (7) expresaba el saldo presupuestario en función de la renta. Igualando la renta al PIB potencial, obtenemos el saldo presupuestario ajustado cíclicamente:

$$SP = (t + tf)Y - Tf_0 - G \qquad (7)$$

$$SAJ = (t + tf)Y^{POT} - Tf_0 - G \qquad (8)$$

La recta del Gráfico 4.2 representa la ecuación (7). Supongamos que (t+tf) es igual a 0,5, que (Tf$_0$+G) es igual a 53 y que el PIB potencial es 100. Si el PIB fuese igual al potencial, el saldo presupuestario sería igual a -3, y éste sería el SAJ (punto A). En cambio, si se produjese una caída en la demanda y el PIB se redujese hasta 95, el déficit público aumentaría automáticamente hasta -5. La economía se desplazaría a lo largo de la recta del saldo presupuestario, hasta el punto B del gráfico. Este aumento del déficit se deriva del cambio en la posición cíclica de la economía y a la actuación de los estabilizadores automáticos, y por eso se denomina componente cíclico.

Gráfico 4.2
Saldo presupuestario y ciclo económico

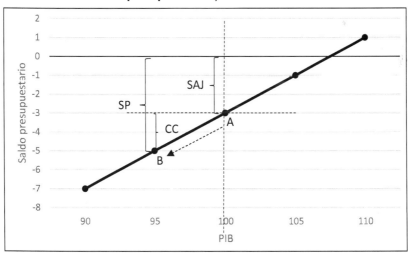

El componente cíclico del presupuesto se puede obtener restando la expresión (8) a la expresión (7) del saldo presupuestario:

$$SP = (t + tf)Y - Tf_0 - G \tag{7}$$

$$SAJ = (t + tf)Y^{POT} - Tf_0 - G \tag{8}$$

$$CC = (t + tf)(Y - Y^{POT}) \tag{9}$$

El problema que tienen estos indicadores es que los datos del presupuesto no permiten separar directamente el componente cíclico y las medidas discrecionales. Por ello, la forma habitual de proceder es estimar con ayuda de procedimientos econométricos cuál es el efecto de los cambios en la renta sobre el saldo presupuestario, o "sensibilidad cíclica del presupuesto" (en nuestra ecuación, esto equivaldría a t+tf, y la Comisión Europea estima que su valor medio para los países de la UE se sitúa en torno a 0,5). A continuación se estima el PIB potencial, y multiplicando la diferencia entre el PIB real y el potencial por esta sensibilidad cíclica obtendríamos el CC del presupuesto. Por último, los cambios en el saldo presupuestario que no se explican por el CC se reflejarían en un cambio en el SAJ, y se atribuyen a la aplicación de medidas discrecionales del gobierno (de nuevo, suponiendo que la renta potencial es constante).

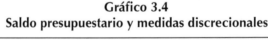

Gráfico 3.4
Saldo presupuestario y medidas discrecionales

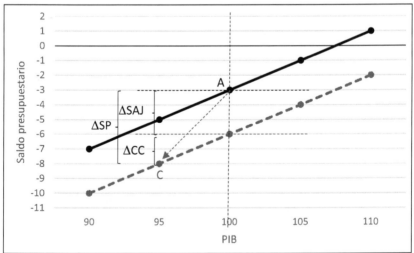

Por ejemplo, en el Gráfico 3.4 la economía se encuentra inicialmente en el punto A, con un déficit de -3 y un PIB igual al potencial. Posteriormente, la economía se desplaza al punto C, donde observamos que el déficit aumenta hasta -8, y queremos descomponerlo en el efecto de los estabilizadores automáticos y de las medidas discrecionales del gobierno. Para ello, vemos primero que la renta se ha reducido en 5 unidades respecto al PIB potencial, y al multiplicarlo por una sensibilidad cíclica de 0,5 obtenemos que el aumento cíclico del déficit es de -2,5. Finalmente, el aumento del déficit que queda por explicar es el cambio en el SAJ, que en este caso es igual a -2,5. Estas medidas discrecionales se reflejan en un desplazamiento hacia debajo de la recta que representa la ecuación (7) del saldo presupuestario.

- *El pago por intereses de la deuda pública y el saldo primario.* Otra parte del saldo presupuestario que tampoco depende de las decisiones actuales del gobierno es la que corresponde al pago de los intereses (PI) de la deuda pública emitida en los años anteriores. Si descontamos estos gastos, obtenemos el saldo presupuestario primario (SPP), que es sobre el que realmente pueden tomar decisiones las autoridades:

$$SPP = SP + PI \qquad (10)$$

A su vez, el pago por intereses que hay que satisfacer en el periodo actual es igual al producto del stock de deuda acumulado hasta el periodo anterior (B_{t-1}) por el tipo de interés al que se emitió esa deuda (i):

$$PI = iB_{t-1} \qquad (11)$$

Tomando en consideración los efectos del ciclo sobre el presupuesto y descontando el pago por intereses llegamos al saldo primario ajustado cíclicamente, que es la parte del presupuesto sobre la que las autoridades tienen capacidad para influir discrecionalmente. Por ello, la *"variación del saldo primario ajustado cíclicamente"* es el indicador que se utiliza más frecuentemente para medir la orientación de la política fiscal de un gobierno. Esta medida también se conoce con el nombre de *"impulso fiscal"*, ya que recoge el cambio en la demanda agregada que cabe atribuir por completo a las decisiones discrecionales de política fiscal:

$$SP = SAJ + CC$$

$$SP = (SPAJ - PI) + CC$$

$$\Delta SP = \Delta SPAJ - \Delta PI + \Delta CC \qquad (12)$$

4.3. Políticas fiscales procíclicas y anticíclicas

La actuación estabilizadora de la política fiscal requiere que el output gap y el saldo presupuestario varíen en dirección contraria. Si la economía se encuentra en su PIB potencial y la demanda se reduce (output gap negativo) lo que se requiere de la política fiscal es que contribuya a la recuperación de la demanda, a través de un aumento en el déficit público, o una reducción del superávit.

El indicador de impulso fiscal que hemos explicado en este apartado nos permite saber si las medidas discrecionales adoptadas por las autoridades refuerzan la actuación de los estabilizadores automáticos o si, por el contrario, los neutralizan total o parcialmente. Por tanto, podemos distinguir entre:

- Políticas fiscales anticíclicas. Son aquellas en las que las decisiones deliberadas de las autoridades reducen las fluctuaciones del PIB. Ocurren cuando el saldo primario ajustado cíclicamente varía en sentido contrario al cambio en el output gap.
- Políticas fiscales procíclicas. Son aquellas en las que las decisiones deliberadas de las autoridades amplifican las fluctuaciones del PIB. Ocurren cuando el saldo primario ajustado cíclicamente varía en el mismo sentido que el output gap.

Las políticas de estímulo fiscal que se aplicaron en 2009 cuando se inició la Gran Recesión (Recuadro 4.1) son un ejemplo de políticas anticíclicas. Sin embargo, desde 2010 se produjo un giro en las políticas presupuestarias aplicadas en muchos países europeos, que pasaron a ser procíclicas, como se aprecia en el Recuadro 4.2.

> **Recuadro 4.2**
> **La orientación de la política fiscal en algunos países europeos (2011-2013)**
>
> En el Recuadro 4.1 vimos que los países europeos acordaron aplicar una política de estímulo fiscal en 2009. Sin embargo, el signo de la política fiscal se modificó sustancialmente a partir de la aparición de la crisis de deuda pública que se inició en algunos países de la zona euro en 2010, y la mayoría de los países europeos aplicaron políticas restrictivas a pesar de que aún se encontraban con un nivel de renta muy inferior al potencial.
>
> Esta orientación restrictiva de la política fiscal la podemos apreciar en el Cuadro 1. La primera columna recoge, para cinco países, la diferencia entre el saldo presupuestario en 2013 y el que había en 2010. Vemos que mejoró en todos ellos excepto en Grecia. Sin embargo, esto no significa que la política fiscal aplicada en este país fuera expansiva. Al contrario, si observamos la segunda columna, veremos que el cambio en el saldo primario ajustado cíclicamente, que indica que el impulso fiscal discrecional, fue negativo: contribuyó a reducir la demanda agregada.
>
> También es interesante observar el caso de España, que es el país en el que la política fiscal discrecional fue más restrictiva durante estos años. A pesar de ello, la reducción del déficit público que se produjo fue muy similar a la observada en Francia, y muy inferior a la reducción del saldo primario ajustado cíclicamente. Esto se debe a que en este periodo España estaba registrando una tasa de crecimiento negativa y un fuerte empeoramiento del output gap, que ya era negativo en 2010. Como consecuencia, los estabilizadores automáticos provocaron un aumento del déficit público equivalente a casi dos puntos porcentuales. Y también aumentó el peso de los intereses de la deuda.
>
> Esta política fiscal puede calificarse como procíclica, especialmente en Grecia, España e Italia. En estos tres países, el output gap era negativo en 2010 y además la situación empeoró durante estos años (la tasa de crecimiento fue negativa y aumentó la distancia entre el PIB y el PIB potencial). Sin embargo, los gobiernos contribuyeron con sus políticas presupuestarias a la contracción de la demanda (impulso fiscal negativo).
>
> **Cuadro 1**
> **Cambios en las variables fiscales entre 2013 y 2010**
>
> | | ΔSP | ΔSPAJ | ΔPI | ΔCC | ΔOG | Cº PIB (2011-2013) |
> |---|---|---|---|---|---|---|
> | Alemania | 4.2 | 3.6 | -0.5 | 0.2 | 0.3 | 1.4 |
> | Grecia | -1.2 | 1.3 | -1.9 | -4.4 | -9.1 | -6.4 |
> | España | 2.6 | 5.8 | 1.4 | -1.8 | -3.4 | -1.3 |
> | Francia | 2.7 | 2.8 | -0.1 | -0.2 | -0.4 | 0.9 |
> | Italia | 1.3 | 3.1 | 0.6 | -1.2 | -2.2 | -1.3 |
>
> SP: saldo presupuestario público. SPAJ: saldo primario ajustado cíclicamente. PI: pago por intereses de la deuda pública. CC: componente cíclico. OG: output gap. Todas estas variables se expresan como porcentaje del PIB potencial. Un signo positivo implica que aumenta el superávit presupuestario o que se reduce el déficit.
> FUENTE: AMECO

5. La eficacia de la política fiscal

Hasta ahora venimos sosteniendo que si la economía registra una situación de falta de demanda, el gobierno puede compensarlo con una política fiscal más expansiva. Esta fue una de las principales aportaciones de la teoría económica keynesiana e inspiró las políticas económicas desarrolladas desde la Segunda Guerra Mundial hasta los años 80 del siglo XX. Sin embargo, algunas corrientes teóricas menos favorables a la intervención del estado en la economía, y que depositan más confianza en la capacidad autorreguladora del mercado, se muestran contrarias a este tipo de políticas fiscales.

Fundamentalmente, esta posición crítica respecto al papel que puede desempeñar la política fiscal se fundamenta en razones de orden práctico y político, por un lado, y en razones de orden teórico, por otro.

Entre las primeras encontraríamos, por ejemplo, que las medidas discrecionales de política fiscal están sujetas a amplios retardos, ya que la puesta en marcha de nuevos programas de gastos o la modificación de los impuestos pueden requerir complejos procesos legislativos y administrativos. En la medida en que las perturbaciones que experimente una economía tengan un carácter transitorio, podría ocurrir que la aplicación de estas medidas fuese efectiva demasiado tarde, e incluso cuando la situación cíclica hubiese cambiado. Obviamente, esta posibilidad es menos relevante si la economía se enfrenta a una caída de la demanda significativamente importante y prolongada, como es el caso de la Gran Recesión iniciada en 2007.

Un segundo argumento sostiene que los programas de gasto que se ponen en marcha para paliar los periodos de bajo crecimiento son difícilmente reversibles después, cuando la situación mejora. Esto se debe a costes políticos asociados a las reducciones del gasto público y a la capacidad de presión de los grupos beneficiados. La consecuencia sería un sesgo hacia un peso creciente del gasto público en el PIB y, como veremos más adelante, una deuda pública creciente.

Desde un punto de vista más teórico, algunos economistas sostienen también que la política fiscal es ineficaz, en el sentido de que los aumentos de gasto público tienen un efecto muy reducido, o incluso nulo, sobre la demanda agregada. Fundamentalmente, esta postura se apoya en dos argumentos principales:

– El efecto expulsión, según el cual el aumento del gasto público se hace a costa de un desplazamiento de la demanda privada, y especialmente la inversión. En un sentido trivial, esto sería cierto si todos los recursos estuvieran siendo empleados: el trabajo que se utilizase para producir los bienes demandados por el gobierno se detraería necesariamente de la producción de bienes demandados por el sector privado. Sin embargo, como la política fiscal expansiva se aplica precisamente cuando la producción es inferior a la potencial por falta de demanda, hay recursos ociosos que podrían ser utilizados sin necesidad de desviarlos de otros usos productivos. Un segundo mecanismo por el que podría producirse el desplazamiento de la demanda privada sería el aumento de los tipos de interés como consecuencia del mayor déficit público. Básicamente, la idea en este caso es que para pagar los nuevos gastos públicos el estado debe emitir títulos de deuda. Esto supondría un aumento de la oferta de bonos en los mercados financieros, por lo que sería necesario pagar una rentabilidad mayor por ellos, tanto para el sector público como para el sector privado. La subida en el tipo de interés contraería la demanda privada. Frente a este planteamiento, los economistas keynesianos señalan que no es seguro que el tipo de interés vaya a aumentar, ya que ésta es una variable sobre la que el banco central puede actuar de forma muy directa, como ha mostrado la actuación del BCE en los mercados secundarios de deuda de la zona euro desde 2012. Por tanto, la subida del tipo de interés no se debería tanto a la propia política fiscal, sino a las decisiones de política monetaria.

- La equivalencia ricardiana y las expectativas de los agentes. De acuerdo con esta hipótesis, los déficits actuales financiados con emisión de deuda deberían ser cubiertos con aumentos de impuestos más adelante, para hacer frente al servicio de la deuda. Por ello, se argumenta, si los agentes prevén estos mayores impuestos futuros aumentarán su tasa de ahorro, neutralizando de esta forma el efecto expansivo del déficit público. Simétricamente, cuando los gobiernos anuncian planes creíbles de reducción del déficit, los agentes cambian sus expectativas y prevén menores impuestos futuros, por lo que aumentan el consumo; e incluso podrían aumentar la inversión si antes de aplicar los planes de reducción del déficit se registraba un clima de inestabilidad de las finanzas públicas y posteriormente aumentan su "confianza". En la literatura, esto suele denominarse como "efectos no keynesianos" de la reducción del déficit, y sus partidarios consideran que compensarían los efectos contractivos iniciales que tienen las reducciones del gasto público. No obstante, la hipótesis de equivalencia ricardiana exige que se cumplan algunos supuestos teóricos muy estrictos que difícilmente se verifican en la realidad (por ejemplo, que no haya agentes con restricciones de liquidez, que formen expectativas racionales y que decidan sus planes de gasto en el mismo horizonte temporal que el gobierno).

Para resolver este debate teórico entre los economistas keynesianos partidarios de la política fiscal y los economistas neoclásicos que niegan su eficacia podemos revisar qué dice la evidencia empírica en relación con el valor de los multiplicadores fiscales, que como ya hemos indicado miden cuánto varía el PIB cuando varían el gasto público o los ingresos.

Para que un aumento del gasto público sea eficaz basta con que el multiplicador sea positivo, pero si el efecto expulsión es reducido y la equivalencia ricardiana poco relevante tomará de hecho valores por encima de uno. Por ejemplo, la construcción de una carretera no sólo aumentará la demanda de las empresas constructoras que la llevarán a cabo, sino que al menos una parte las rentas que se generan (los salarios de los trabajadores y los beneficios de los propietarios de las empresas) se gastará en bienes de consumo, multiplicando el incremento de la demanda. Por otra parte, esto aumentará el incentivo de las empresas para ampliar su capacidad productiva, lo que se traducirá también en un aumento de la inversión (este segundo mecanismo se conoce como acelerador). En cambio, el multiplicador sería inferior a uno si el efecto expulsión fuese importante, o incluso podría acercarse a cero si se cumpliesen los supuestos de la teoría de la equivalencia ricardiana.

La estimación del valor de los multiplicadores en la práctica ha demostrado ser una tarea difícil, porque los efectos sobre el PIB de un cambio en la política fiscal se producen con retardos y durante un periodo de tiempo variable, porque dependen de los cambios que se produzcan simultáneamente en otras variables (por ejemplo, la política monetaria, como hemos dicho antes), y porque pueden variar según la fase del ciclo en que se produzcan (en un momento de crisis con muchos recursos ociosos o cerca del pleno empleo de los recursos). Por eso, podemos encontrar en la literatura valores diferentes del multiplicadores en países distintos, en momentos del tiempo diferentes o, incluso, según la metodología que se utilice.

No obstante, Martínez y Zubiri (2014) señalan que la mayoría de las estimaciones del multiplicador del gasto público se sitúan entre 0,8 y 2, y que para el caso de España un valor en torno a 1,5 parece razonable. Sabiendo que en 2014 el gasto público se situaba en España en un 44% del PIB, podemos utilizar estos valores para calcular, por ejemplo, cuál sería el efecto de un aumento del gasto público de un 5%. Con estos multiplicadores, la renta aumentaría en todos los casos —la política fiscal sería eficaz— pero su efecto total oscilaría entre un aumento del crecimiento del 1,76% en el peor de los casos y un crecimiento del PIB del 4,4% para el valor más alto del multiplicador. Si tomamos el valor de 1,5, el PIB crecería un 3,3%.

En este mismo trabajo se hace un análisis más exhaustivo de los multiplicadores fiscales en el caso de España, y las conclusiones fundamentales a las que se llegan son las siguientes:

— El multiplicador del gasto es positivo, y sustancialmente más alto en épocas de estancamiento que en épocas de fuerte crecimiento. Esto parece razonable, porque en épocas de recesión hay recursos sin utilizar y no es probable que una expansión de la demanda se traduzca en inflación. Por otro lado, habrá un número elevado de hogares sin ingresos o con una renta disponible disminuida, por lo que es más probable que los aumentos de renta que reciben se trasladen en su mayor parte a gastos de consumo. Finalmente, el banco central tratará de mantener bajos los tipos de interés en épocas de recesión, sobre todo si hay riesgos de deflación, con lo que el efecto expulsión no se producirá. Recordemos, en todo caso, que es precisamente en los periodos de bajo crecimiento cuando la política fiscal se hace más necesaria.

- El multiplicador es asimétrico, lo que quiere decir que los recortes de gasto en épocas de estancamiento son especialmente perjudiciales, porque tienden a prolongarlo. Esta asimetría también se refleja en el tamaño de la variación del gasto. Los recortes de gasto son tanto más perjudiciales cuanto mayor es su tamaño; en cambio, cuanto mayor sea el aumento de los gastos, menor será el multiplicador. La razón es que, de acuerdo con el punto anterior, un programa de fuertes recortes situará rápidamente a la economía en un escenario donde el multiplicador (negativo) es más alto.

- El multiplicador de los impuestos toma valores que sólo alcanzan en torno al 10% del valor del multiplicador de los gastos. Esto tiene dos implicaciones importantes: que los programas de expansión de gastos financiados con impuestos pueden ser muy expansivos, especialmente si se aumenta la progresividad del sistema fiscal (multiplicador del presupuesto equilibrado positivo); y que las reducciones del déficit mediante recortes de gasto tienen mayores efectos restrictivos que si se hacen mediante aumentos de impuestos.

Otra forma de abordar empíricamente la cuestión de la eficacia de la política fiscal, complementaria a la estimación de los multiplicadores, la encontramos en una investigación reciente realizada por el Fondo Monetario Internacional, en la que muestra que las políticas fiscales aplicadas entre 1970 y 2013 tuvieron en general un efecto favorable para la estabilidad del PIB, principalmente en los países desarrollados.

Para llegar a esta conclusión, el FMI analiza en primer lugar si la variación del saldo presupuestario suele producirse en sentido contrario al ciclo, amortiguándolo, y la respuesta es positiva. Es decir, en términos generales, la política fiscal es expansiva cuando la economía se encuentra por debajo del potencial, y contractiva cuando la situación es la contraria.

Esto se refleja en el Gráfico 4.4, en el que se representan los "coeficientes de estabilización fiscal": cuánto se modifica el saldo presupuestario (en porcentaje del PIB) por cada 1% en que se modifica la renta. Un signo positivo indica que la política fiscal es estabilizadora, y un valor de 1 significa que la respuesta fiscal es exactamente de la misma magnitud que el shock inicial. Entre los países desarrollados, este coeficiente es positivo en todos los casos estudiados, y mayor en los países nórdicos (el tamaño del sector público es mayor, y tienen sistemas fiscales progresivos y un Estado del bienestar más avanzado).

Gráfico 4.4
Coeficientes de estabilización fiscal

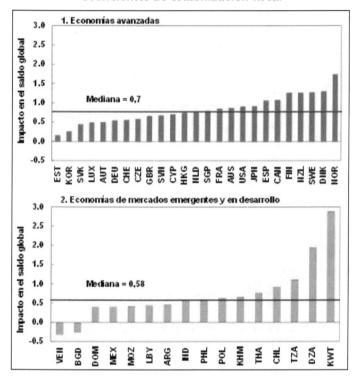

FUENTE: Fondo Monetario Internacional (2015), "Can Fiscal Policy Stabilize Output?", *Fiscal Monitor 2015*, capítulo 2.

En segundo lugar, este informe estudia si —como predice la teoría que estamos exponiendo en este capítulo y como se derivaría de un valor positivo del multiplicador— este comportamiento del saldo presupuestario se traduce en menores fluctuaciones del PIB, y la evidencia empírica también resulta favorable (Gráfico 4.5). En concreto, los países en los que la política fiscal tiene un comportamiento anticíclico más intenso registran una volatilidad de la renta que es un 20% inferior a la que caracteriza a un país con un grado medio de estabilización fiscal. Y esta menor volatilidad favorece también el crecimiento a medio plazo, porque estimula la inversión en todas sus formas (activos físicos, humanos y sociales). En el caso de las economías avanzadas, el FMI estima que la adopción de políticas fiscales más estabilizadoras reduce la volatilidad del producto en alrededor de un 15%, con un aumento del crecimiento de aproximadamente 0,3 puntos porcentuales anuales. Esta evidencia refuerza las estimaciones de unos multiplicadores fiscales positivos, y por tanto confirma la eficacia de la política fiscal.

Gráfico 4.5
Relación entre la volatilidad del PIB y la actuación estabilizadora de la política fiscal

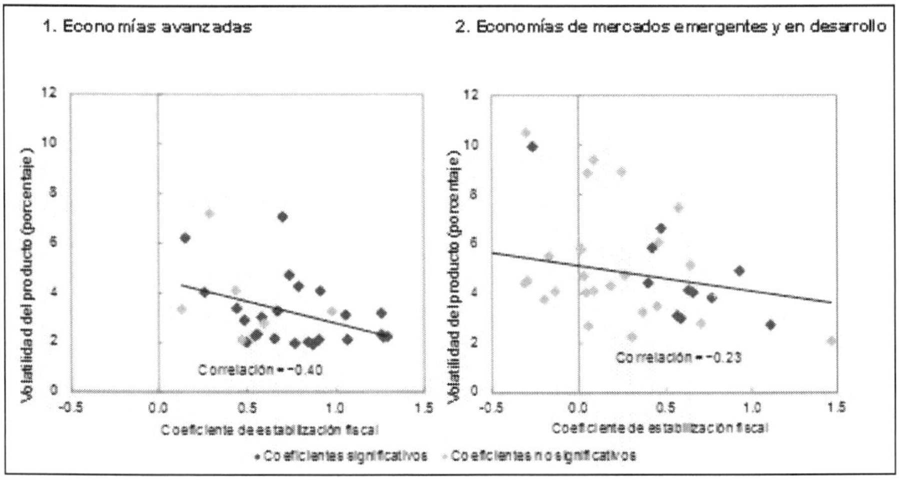

FUENTE: Fondo Monetario Internacional (2015), "Can Fiscal Policy Stabilize Output?", *Fiscal Monitor 2015*, capítulo 2.

6. Déficit público y dinámica de la deuda

A pesar de que la evidencia confirma la eficacia de la política fiscal para influir en la demanda agregada, nos preguntamos a continuación qué consecuencias puede tener su utilización en la evolución de la deuda pública, y si elevados niveles de endeudamiento reducen el margen de actuación de la política fiscal.

De acuerdo con el planteamiento que venimos haciendo, cuando la demanda agregada es insuficiente el gobierno incrementa el déficit público. Esto significa que el estado se encuentra con necesidad de financiación: su renta disponible (ingresos totales netos de transferencias) no es suficiente para cubrir el consumo y la inversión pública. Como cualquier otro agente económico, debe cubrir esta necesidad de financiación emitiendo algún pasivo financiero.

En principio, estas necesidades de financiación se podrían cubrir "monetizando el déficit". En ese caso, el banco central crearía dinero y se lo prestaría al gobierno para hacer frente a sus pagos. Sin embargo, esta posibilidad no está legalmente permitida en aquellos países en los que se ha dotado al banco central de una elevada autonomía, como es el caso de los países de la zona euro. En estos países, la alternativa que tienen los gobiernos que incurren en déficit es emitir títulos de deuda pública y venderlos en los mercados financieros.

La emisión de deuda para financiar el déficit público puede plantear dos problemas. El primero es que, en los periodos siguientes, el gobierno tiene que destinar una parte de los recursos que obtiene a pagar los intereses de esta deuda, y esto le resta capacidad para desempeñar las funciones habituales del presupuesto. Cuando la deuda es elevada, además, una subida de los tipos de interés puede tener un fuerte impacto sobre las finanzas públicas.

El segundo problema es que, dado el valor actual del déficit y la tasa de crecimiento de la economía, la ratio deuda/PIB se eleve rápidamente. Esto podría dar lugar a una situación insostenible, porque el crecimiento del PIB es una buena aproximación de la capacidad del estado para obtener ingresos fiscales en el futuro, y por tanto de su capacidad para pagar más adelante la deuda que está emitiendo. Si el numerador (la deuda) crece más rápidamente que el denominador (la renta y la capacidad de pago), los compradores de la deuda acabarán teniendo dudas sobre la posibilidad de recuperar su inversión. En ese caso, o bien exigirán tipos de interés crecientes (prima por el riesgo de impago) o bien dejarán de financiar al estado, que tendrá que reducir el gasto o subir los impuestos.

Para analizar la dinámica del stock de deuda pública (B) podemos comenzar señalando que el aumento que registra en un periodo es igual al déficit público (D) que hay que financiar:

$$\Delta B_t = B_t - B_{t-1} = G_t - (T_t - Tf_t) = D_t \qquad (13)$$

Si ahora llamamos b y d, respectivamente, a la deuda y al déficit en relación al PIB, g a la tasa de crecimiento nominal de la economía, y dividimos la expresión (13) por la renta, nos queda lo siguiente:

$$B_t = B_{t-1} + D_t$$

$$\frac{B_t}{Y_t} = \frac{B_{t-1}}{Y_t} + \frac{D_t}{Y_t} = \frac{B_{t-1}}{Y_{t-1}(1+g_t)} + \frac{D_t}{Y_t}$$

$$b_t = \frac{b_{t-1}}{1+g_t} + d_t \qquad (14)$$

Dado un valor inicial de la ratio deuda/PIB (b_{t-1}), ésta tiende a crecer cuando hay déficit público, y a reducirse como consecuencia del crecimiento económico. Si, por ejemplo, la economía crece a una tasa nominal del 5% y la deuda inicial es del 60%, para que este porcentaje no se incremente el déficit no puede superar el 3%. Por supuesto, si este déficit tiene lugar con una tasa de crecimiento menor, digamos al 2,5%, la relación deuda/PIB crecería hasta el 61,5%.

En cualquier caso, este aumento de la deuda en relación con el PIB no sería indefinido. Lo que sí es cierto es que acabaría estabilizándose en un valor distinto

(b^*) con cada combinación de déficit público y tasa de crecimiento, de acuerdo con la siguiente expresión:

$$b^* = \frac{1+g_t}{g_t} d \tag{15}$$

Este porcentaje de deuda es menor cuanto mayor sea la tasa de crecimiento, y mayor cuanto más elevado sea el déficit público, como se puede ver en el Cuadro 4.1. Por ejemplo, si el déficit público es del 3% y la tasa de crecimiento nominal es del 4%, la deuda pública acabará estabilizándose en el 78%. En cambio, con ese mismo nivel de déficit la deuda se estabilizaría en el 63% del PIB si la economía creciese al 5%, o en el 103% si creciese al 3%.

Cuadro 4.1
Porcentaje de deuda pública con la que se estabiliza la economía

		d		
		4%	3%	2%
	5%	84%	63%	42%
g	4%	104%	78%	52%
	3%	137%	103%	69%

g: tasa de crecimiento nominal. d: déficit público (% PIB).

Aún podemos mejorar nuestra comprensión de la dinámica de la deuda si separamos el pago por intereses del déficit o superávit primario. Recordamos que el saldo presupuestario primario se obtiene descontando del saldo total el pago por intereses. Por tanto, el déficit primario (*DP*) es la diferencia entre los gastos, excluidos el pago por intereses, y los ingresos:

$$DP = (G - iB_{t-1}) - T = D - iB_{t-1} \tag{16}$$

Si despejamos aquí el déficit total y lo sustituimos en la expresión (14) anterior de la dinámica de la deuda, llegamos a lo siguiente después de operar:

$$b_t = b_{t-1} \frac{1+i}{1+g_t} + d1_t \tag{17}$$

De acuerdo con esta expresión, podemos distinguir dos escenarios. En el primero, el tipo de interés de la deuda es menor que la tasa de crecimiento nominal, y la estabilidad de la ratio deuda/PIB es compatible con un déficit primario (el primer término del lado derecho de la igualdad decrece con el tiempo). Sin embargo, una subida el tipo de interés de la deuda eleva los costes financieros, el déficit total y, si no se reduce el déficit primario, será necesario emitir más deuda. Si la subida del tipo de interés llegase a situarlo por encima de la tasa de crecimiento nominal (i>g), aparecería el segundo escenario: la deuda entraría en una dinámica explosiva (crecimiento continuo en relación al PIB) salvo que se registrase un superávit primario suficiente (dp*), de acuerdo con la siguiente expresión:

$$dp^* = b_{t-1} \frac{g_t - i}{1 + g_t} \qquad (18)$$

¿Qué conclusiones cabe extraer de las expresiones anteriores, que resumen lo que suele denominarse como *"aritmética (desagradable) de la deuda"*? Las más importantes son las siguientes:

1. La utilización de la política fiscal para compensar caídas de la demanda agregada podría verse limitada si el aumento del déficit público diese lugar a aumentos del porcentaje de deuda sobre el PIB que generasen dudas en los posibles compradores sobre su devolución en el futuro. Esto disminuiría la demanda de bonos y obligaría al gobierno a pagar un tipo de interés más alto (una prima por el aumento del riesgo de impago). Esto tendría dos consecuencias. Por un lado, esta subida podría trasladarse también al resto de tipos de interés a largo plazo, lo que tendría un efecto negativo sobre la inversión y restaría eficacia a la política fiscal. Por otro lado, al aumentar el pago por intereses se elevaría el propio déficit en el futuro, y podría producirse una espiral déficit → deuda → prima de riesgo y pago de intereses → déficit. Para evitarlo, el gobierno tendría que reducir el resto de gastos públicos.

2. Esta posibilidad invita a manejar con cautela la política fiscal, para evitar aumentos de la deuda por encima de un determinado nivel. Sin embargo, hay que tener en cuenta dos factores que disminuyen el riesgo de insostenibilidad. En primer lugar, la tasa de crecimiento de la economía no es una variable exógena, sino que puede verse afectada positivamente por la propia política fiscal expansiva. Por tanto, si el multiplicador del gasto público es elevado, la ratio deuda/PIB crecerá menos ante un aumento del déficit, porque el denominador también estará aumentando. En segundo lugar, el banco central puede colaborar con la política fiscal y evitar el aumento del tipo de interés de la deuda, anunciando su disposición a comprar esa deuda en el mercado secundario a un precio dado. Esto —como ha ocurrido en la zona euro desde septiembre de 2012— reduce sustancialmente la prima de riesgo asociada a un posible impago.

3. Para evitar una tendencia creciente de la deuda se debe aplicar una política fiscal estabilizadora que sea simétrica a lo largo del ciclo, como la que aparece representada en el Gráfico 4.6.

Gráfico 4.6
Estabilización simétrica y asimétrica y dinámica de la deuda

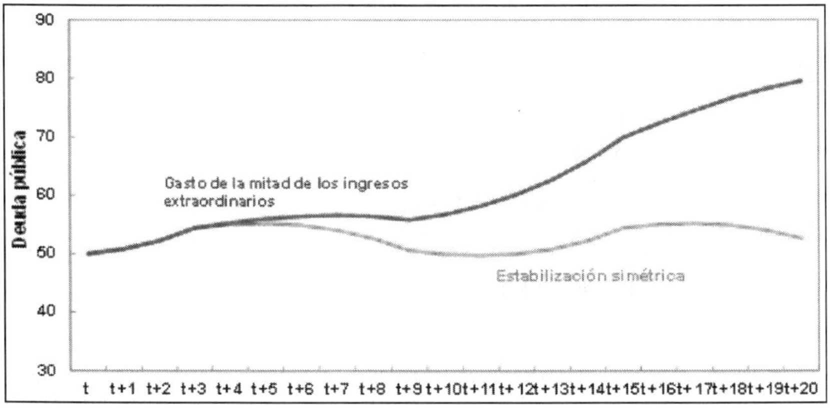

FUENTE: *Fondo Monetario Internacional*, http://blog-dialogoafondo.org/?p=5109

Con este comportamiento, los aumentos del déficit y la deuda que se registran en los periodos en los que la renta es inferior al potencial se compensan con reducciones en el déficit y la deuda cuando la renta se sitúa por encima del PIB potencial. Un comportamiento asimétrico sería aquel en el que se aumenta el déficit cuando el output gap es negativo, lo cual es un comportamiento anticíclico; pero luego se utiliza una parte de los ingresos extraordinarios que se derivan de las fases expansivas para financiar aumentos discrecionales del gasto público que son procíclicos. En este caso, la relación deuda/PIB sigue una trayectoria ascendente, y puede ocurrir que el gobierno no disponga de margen de maniobra suficiente para volver a aumentar el déficit si se produce una nueva caída de la demanda.

4. En una economía en la que el PIB crece tendencialmente, este comportamiento simétrico del déficit público a lo largo del ciclo no debe entenderse necesariamente con que el presupuesto deba estar equilibrado cuando la renta es el potencial. Por ejemplo, supongamos que la tasa de crecimiento potencial de la economía es del 4%, pero que no hay demanda privada suficiente para alcanzarla, por lo que el gobierno debe incurrir en un déficit del 3% del PIB. Éste sería el saldo ajustado cíclicamente. Según la expresión (15) y el Cuadro 4.1, si la economía creciese siempre a esta tasa, no habría riesgo de que la deuda fuese insostenible, sino que se estabilizaría en el 78% del PIB a pesar de tener déficit público. De hecho, si el gobierno tratase de eliminar el déficit, la economía registraría falta de demanda y la renta no sería la potencial. En este caso, crecer a la tasa potencial y tener un presupuesto equilibrado son objetivos incompatibles, y esta es una de las críticas fundamentales que se hacen a las normas fiscales actualmente vigentes en

la UE ("*Pacto Fiscal*"). Lo único que se precisaría para garantizar que la ratio deuda/PIB no crezca tendencialmente es que los aumentos del déficit por encima del 3% que se producirían cuando el menor dinamismo de la demanda privada diese lugar a una tasa de crecimiento inferior al potencial, se compensasen con déficits inferiores al 3% o superávits cuando la tasa de crecimiento fuese mayor.

7. Los efectos de las políticas de consolidación fiscal

Hasta ahora nos hemos ocupado principalmente de analizar la eficacia de una política fiscal expansiva para incrementar la demanda agregada cuando ésta es insuficiente. Por ejemplo, ésta fue la reacción inicial de la mayoría de los gobiernos ante la crisis económica que se inició en 2007. Sin embargo, la prolongación de la crisis económica dio lugar en algunos casos a rápidos crecimientos del déficit y la deuda, y los países de la zona euro modificaron sustancialmente la orientación de su política fiscal a partir de 2010. Podríamos decir que ésta dejó de ser una política de estabilización para convertirse en una política de consolidación, porque el objetivo prioritario de las autoridades era reducir el déficit, no estabilizar la demanda. De hecho, la política fiscal ha sido procíclica desde 2010 en muchos países, porque se han aprobado importantes reducciones de gasto público y aumentos de impuestos cuando el output gap era negativo y las tasas de crecimiento muy bajas, e incluso negativas. En este último apartado nos preguntamos cuáles pueden ser los efectos de este tipo de políticas fiscales.

La justificación que se ofreció para estas políticas de consolidación fiscal se basaba, en primer lugar, en la dificultad de seguir financiando el déficit, porque el aumento de la relación deuda/PIB estaba creciendo de forma muy rápida. Esto generaba dudas sobre un posible impago de la deuda, teniendo en cuenta (esto es muy importante) que los gobiernos de la zona euro no cuentan con un banco central que respalde plenamente esa deuda. La consecuencia era la elevación de las primas de riesgo (primero las de Grecia, Portugal e Irlanda, pero luego también las de España y Portugal) y un nuevo aumento del déficit público a través de los mayores costes financieros. La reducción del gasto, se argumentaba, reduciría el déficit y permitiría la reducción de la prima de riesgo.

Pero se ofreció también un segundo argumento, el de la "*consolidación expansiva*". Según este planteamiento, las reducciones de gasto no sólo permitirían alcanzar un déficit público menor, sino que además podrían tener un efecto expansivo, al contrario de lo que venimos diciendo a lo largo de este capítulo. Esto se debería, en primer lugar, al hecho de que los "efectos keynesianos" serían pequeños —el multiplicador de los gastos tomaría valores inferiores a 1— y, en segundo lugar, a la existencia de algunos "efectos no keynesianos": la inversión mejoraría por la bajada del tipo de interés y por una mejora de las expectativas y un aumento de la confianza, derivado de un clima de mayor estabilidad macroeconómica.

Sin embargo, la realidad ha mostrado que esta política fiscal restrictiva sí ha tenido un fuerte impacto negativo sobre el crecimiento, lo que llevó al Fondo Monetario Internacional a reconsiderar en 2012 el tamaño de los multiplicadores fiscales que estaba suponiendo. Este organismo, después de señalar que la actividad económica ha sido decepcionante en varias economías que adoptaron medidas de consolidación fiscal, concluyó que los multiplicadores implícitos que estaban utilizándose (en torno a 0,5) eran demasiado bajos: en media, los multiplicadores reales se situarían en torno a 1,5.

También podemos comparar la evolución de las economías de la zona euro, donde se aplicaron estas políticas de consolidación fiscal, con la que registró en el mismo periodo en Estados Unidos, donde a pesar de que inicialmente el déficit y la deuda aumentaron también, no se llevaron a cabo los mismos recortes del gasto público. Mientras que la economía americana recuperó el crecimiento anterior a la crisis a partir de 2011, en la zona euro no sólo se abortó una incipiente recuperación en ese año, sino que la economía cayó en una segunda recesión (Gráfico 4.7).

Gráfico 4.7
Crecimiento interanual del PIB

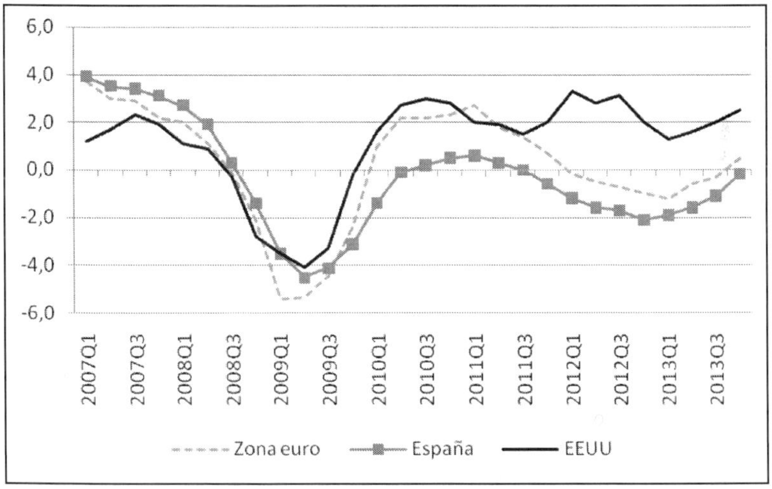

Datos desestacionalizados y ajustados por el número de días laborables.
FUENTE: Eurostat.

Por último, hay que señalar que los objetivos inmediatos de las políticas de consolidación fiscal sólo se han alcanzado de forma muy parcial. Por ejemplo, las primas de riesgo siguieron creciendo hasta que en 2012 el BCE anunció su disposición a intervenir en los mercados de deuda para asegurar que el precio de los bonos no siguiera bajando por un exceso de oferta. Igualmente, el déficit público se ha reducido mucho menos que lo previsto inicialmente, y la deuda pública ha crecido en proporción al PIB. La razón es que el propio efecto contractivo de estas medidas hace que la ratio déficit/PIB apenas disminuya:

- El numerador se reduce menos de lo presupuestado por el gobierno al formular sus planes de ajuste, porque la disminución de las bases imponibles afecta negativamente a los ingresos fiscales, y porque el aumento del desempleo da lugar a mayores transferencias.
- El denominador también se reduce, y por tanto el cociente aumenta en vez de disminuir.

Si la política fiscal no se modifica, esta situación tiende a agravarse en vez de corregirse. Como no se alcanzan los objetivos de consolidación inicialmente previstos, se aprueban nuevos recortes, y la economía queda atrapada en una situación estancamiento y déficit público elevado.

Orientación bibliográfica

La primera recomendación para ampliar los aspectos teóricos de la utilización de la política fiscal es la consulta de los manuales españoles de Política Económica a los que ya se ha hecho referencia en la orientación bibliográfica del capítulo anterior. También desde este punto de vista teórico, el número inaugural de la *Review of Keynesian Economics* (Autumn 2012) está dedicado por completo a la política fiscal. Y dos trabajos en los que se recogen visiones contrapuestas de la política fiscal son el de Romer, Ch. (2012): *Fiscal policy in the crisis: lessons and policy implications*, University of California, y el de Alesina, A. (2010): *Fiscal adjustments: lessons from recent history*, disponible en http://scholar.harvard.edu/alesina/publications/fiscal-adjustments-lessons-recent-history.

Para conocer la evolución de la política fiscal en España y un ejemplo de las estimaciones recientes de los multiplicadores, recomendamos la lectura del artículo de los profesores Martínez, J. y Zubiri, I. (2014): "Los multiplicadores de la política fiscal en España", *Papeles de Economía Española*, 139. Igualmente, en el libro *Crisis y política económica en España*, dirigido por los profesores Antonio Sánchez y Juan Antonio Tomás (Thomson Reuters Aranzadi) hay un capítulo sobre la política de consolidación fiscal aplicada en España en el periodo 2010-2013. Y todavía dentro del marco de la política fiscal española, el capítulo 9 del libro *El análisis de la economía española* (editado por el Servicio de Estudios del Banco de España y publicado por Alianza Editorial) explica con claridad el uso de los distintos indicadores que pueden utilizarse para medir y evaluar el signo de la política fiscal.

Si el lector quiere seguir la evolución de las políticas fiscales que se están aplicando internacionalmente, dos publicaciones anuales imprescindibles son *Public Finances in EMU* (Comisión Europea) y *Fiscal Monitor* (Fondo Monetario Internacional). Ambas publicaciones son accesibles en las páginas web de los respectivos organismos. En la página de la Comisión Europea también puede accederse a los *Programas de Estabilidad* presentados anualmente por los gobiernos de cada país, recogiendo las medidas más importantes de política fiscal que están aplicando y las que prevén aplicar.

Capítulo 5
Política monetaria y financiera (I): la política monetaria

XOSÉ CARLOS ARIAS
JOSÉ FRANCISCO TEIXEIRA
ANA ESTHER CASTRO
Universidad de Vigo

1. Introducción

La política monetaria es una de las principales políticas instrumentales, pues en condiciones normales posee una gran capacidad para incidir en los equilibrios básicos de la economía en el corto plazo. Es decidida por un *policymaker* muy importante y singular, el banco central, que en la gran mayoría de los países se define como independiente respecto de gobiernos y parlamentos. Esta característica de independencia no se ha dado siempre, sino que se impuso con mucha fuerza a partir de la década de 1990, y significa que los banqueros centrales tienen en su mano toda la capacidad para decidir tanto acerca de los objetivos como de los instrumentos concretos de la política.

La política monetaria, cuyos fundamentos básicos se explican en el apartado 2 para el caso general, y en el 3 para el europeo, quedó enmarcada por la concepción macroeconómica predominante durante el largo período 1980-2007, en la que prevalecía la idea de estabilidad básica de la economía en el largo plazo, y la prioridad en la lucha contra la inflación. Asimismo, las estrategias de control monetario también se fueron adaptando a una realidad económica en la que el peso de unos mercados financieros cada vez más liberalizados e internacionalizados se fue haciendo mayor. La gran crisis financiera de 2008 puso profundamente en jaque toda esa concepción, lo que influyó en la dinámica de las políticas monetarias, que mutaron con notable fuerza durante la crisis (tal y como se explica en el apartado 4). De todo ello queda un legado un tanto confuso, del que sin embargo se pueden extraer algunas nociones de lo que serán las nuevas políticas monetarias en los próximas décadas, lo que constituye el contenido del apartado 5.

2. Política monetaria. Conceptos básicos

2.1. *Objetivos y estrategia de intervención de la política monetaria*

La posibilidad de que variables reales, y no solamente monetarias, formen parte del conjunto de objetivos de la política monetaria, constituye el centro de la discusión teórica en el ámbito de la política monetaria[1].

El debate teórico sobre las posibilidades de la política monetaria se mantuvo en "situación de espera" desde la explosión de la crisis del petróleo hasta la Gran Recesión. La necesidad de frenar los procesos inflacionistas que se venían manifestando en las economías desarrolladas desde el final de la segunda Guerra Mundial, y su intensificación a partir de 1973, resultó determinante para que la tradición cuantitativista-monetarista se convirtiese en la única referencia para la articulación de las políticas monetarias. La convicción de que el proceso de formación de los precios es un fenómeno fundamentalmente monetario, y que no existe posibilidad alguna de influir en el nivel de renta y empleo manipulando la oferta monetaria son las ideas básicas sobre las que se asienta esta perspectiva teórica. La reformulación en los años cincuenta por parte de Milton Friedman de los postulados de la teoría cuantitativa resultó clave para competir con la perspectiva keynesiana que situaba la intervención monetaria en parámetros radicalmente distintos.

Hasta 2008 existió una amplia confianza en la oportunidad de las acciones monetarias para lograr los efectos comentados sobre el volumen de demanda. La posibilidad de que esas variaciones en la demanda acabasen por incidir en el nivel de renta y de empleo no tuvo cabida en el planteamiento entonces predominante. En efecto, la confianza en el funcionamiento de los mecanismos de mercado, tal y como postula la corriente principal del pensamiento económico, desde el período clásico hasta la reformulación moderna por parte de Milton Friedman, convenció a los bancos centrales de la necesidad de impulsar esas acciones sobre el volumen de demanda. Se lograba así adecuar su dinámica a la seguida por la oferta agregada y, por tanto, evitar que se produjesen tensiones sobre el nivel de los precios. En el orden teórico, para la instrumentación de esta política se configuró un creciente consenso sobre la aplicación de la regla de Taylor, que de un modo más o menos estricto algunos bancos centrales trataron de introducir en sus esquemas operati-

---

[1] Los efectos de la Gran recesión convencieron a los responsables de algunos bancos centrales de ampliar el alcance de los objetivos de la política monetaria. La tasa de variación del PIB, o la tasa de paro, son las variables que suelen proponerse para acompañar a la estabilidad de precios, en las estrategias de política monetaria. En el año 2015, el gobierno español instó al BCE a que incluyese, como objetivo de su intervención, la disminución de las divergencias económicas entre países.

vos. Es el caso del esquema de "inflation targeting", que se convirtió, a partir de los años noventa, en referencia de las políticas antiinflacionistas en muchos países. El incuestionable éxito del proceso de "desinflación" que tuvo lugar durante la década, tanto en países en desarrollo como países de alto nivel de renta, explica el progresivo acercamiento de bancos centrales con tradiciones muy dispares a una misma forma de intervención. En efecto, Nueva Zelanda que fue el país pionero, adoptó este esquema de intervención en 1990; fue seguido por Canadá, Reino Unido y Suecia los años siguientes. España adoptó este el esquema en 1995, una vez que la reforma del Sistema Monetario Europeo amplió la autonomía de la política monetaria liberándola de la estrecha disciplina cambiaria; hacia el final de la década y a principios del nuevo siglo, lo hicieron Brasil o México, y también economías desarrolladas como Corea y Noruega, entre otras.

El mecanismo de intervención del "inflation targeting" se configura en torno a una estrategia de un solo nivel, con ausencia de objetivos intermedios, mediante el cual la autoridad monetaria persigue el objetivo inflacionista a través del control de una variable operativa, por lo general, una "variable precio". Al plantearse la consecución del objetivo en un horizonte temporal de medio plazo, la autoridad adopta sus decisiones observando la evolución de un conjunto numeroso de variables que informan sobre la evolución de la economía y del mercado monetario y financiero y del tipo de cambio, pero sin que la constatación de cambios en esas variables provoquen de forma automática acciones del Banco Central[2].

Una mezcla entre reglas (conocidas por los agentes económicos) y discrecionalidad (en la medida en que se hace un seguimiento pormenorizado de la evolución de variables informativas), parecen converger en este esquema, sin hacer referencia al cual es imposible entender la esencia de las políticas económicas de muchos países durante la fase de expansión.

2.2. *Instrumentos de política monetaria*

En las últimas décadas los principales bancos centrales han venido utilizando un conjunto amplio y variado de instrumentos. Las necesidades de la intervención monetaria, fueron provocando la obsolescencia de algunos y fomentando la evolución y la creación de otros. Es por ello que, en los años anteriores al estallido de la "Gran recesión", las autoridades monetarias fueron haciendo uso, en sus operaciones principales de intervención, de instrumentos de efectos rápidos, flexibles y precisos en detrimento de otros de características distintas. Con todo,

---

[2] Las principales diferencias entre esta estrategia y la tradicional de "dos niveles", radica en que se prescinde del control de variables intermedias y se establecen objetivos en un horizonte de medio plazo, en lugar de objetivos de corto plazo.

el conjunto de instrumentos suele ser variado y se constata que en momentos de emergencia los bancos centrales suelen hacer uso de instrumentos en apariencia obsoletos (véase el Gráfico 5.1). En lo que sigue se presenta de forma esquemática el conjunto de instrumentos —operaciones de mercado abierto, coeficiente de caja, facilidades de crédito y depósito, límites cuantitativos de crédito— que las autoridades suelen manipular de diversas formas con objeto de lograr tres tipos de efectos primarios:

A) *Influir sobre el volumen de la cantidad de dinero.* Para tal fin suelen utilizarse los llamados "instrumentos de cantidades", entendidos como aquellos cuyo efecto fundamental se produce sobre la base monetaria y a través del multiplicador monetario inciden en el nivel de la oferta monetaria; o bien afectan a esta última de forma directa, sin variaciones de la base monetaria. Entre los más relevantes que los bancos centrales suelen usar para incrementar la cantidad de dinero cabe destacar aquí:

a) Las operaciones de mercado abierto (OMA). En el caso de que la autoridad utilice la modalidad de "operaciones con pacto de recompra" (REPO), la oferta monetaria crece como consecuencia del "proceso de expansión múltiple del crédito" cuya intensidad depende de la cuantía de cada una de las operaciones. En caso de usar la modalidad de las operaciones "en firme" (también llamadas a vencimiento), la oferta crece cuando el banco central opta por la compra de activos y supone un incremento de la base monetaria.

b) El coeficiente de caja (reservas obligatorias de liquidez), cuya disminución, en la medida en que libera recursos líquidos del sistema financiero, fomenta la creación de crédito bancario y, por tanto, supone un incremento de la "oferta monetaria".

c) Las facilidades de crédito, utilizadas por lo general en operaciones a muy corto plazo (a un día), para inyectar liquidez en el sistema económico y evitar la existencia de tensiones debido a la escasez puntual de dinero.

Estos instrumentos también pueden ser utilizados en operaciones de tipo contractivo, disminuyendo la cantidad de dinero, mediante la manipulación en sentido contrario al comentado anteriormente. También pueden utilizarse para tal fin:

d) Las facilidades de depósito, que son utilizadas para detraer del sistema económico los excesos de oferta monetaria que puedan producirse en plazos muy cortos.

e) Límites al crecimiento del crédito, cuyo uso supone impedir la expansión del crédito bancario. Este instrumento, a diferencia de los anteriores suele utilizarse sólo en períodos de especial expansión monetaria y, por motivos de eficacia, en períodos cortos de tiempo.

B) *Influir sobre el nivel de los tipos de interés*: Para lograr este efecto, los bancos centrales suelen utilizar los instrumentos de precios incidiendo de forma directa en el tipo de descuento (coste del endeudamiento con el banco central), aunque también logran proyectar indirectamente efectos sobre los tipos de interés, mediante cambios en la cantidad de dinero. Pues bien, para lograr influir en el nivel de los tipos de interés del sistema económico los bancos centrales pueden hacer uso de los siguientes instrumentos:

a) Operaciones de mercado abierto. Si utilizan la modalidad REPO, bien sea a través de subastas competitivas o bien mediante el establecimiento del coste de las operaciones por parte del banco central, la influencia es obviamente directa. En el caso de las operaciones en firme, el efecto sobre los tipos de interés es indirecto y se deriva de la influencia que el incremento de la cantidad de dinero en las operaciones de compra proyecta sobre el abaratamiento del crédito, o bien su efecto contrario en las operaciones de venta.

b) Coeficiente de caja. Igual que en el caso anterior, la expansión del crédito que se produce mediante la disminución del coeficiente proyecta una relajación sobre su precio, y el efecto contrario se produce en el caso de un incremento del coeficiente.

c) Facilidades de crédito. Mediante el uso de este instrumento las autoridades logran establecer un límite superior a la variabilidad de los tipos de interés de mercado a muy corto plazo. Por tanto, la influencia sobre los tipos de interés es, en este caso, directa.

d) Facilidades de depósito. Mediante el uso de este instrumento la autoridad logra establecer un límite inferior a la variabilidad de los tipos de interés a muy corto plazo y la influencia es también, por tanto, directa.

Estos dos últimos instrumentos suelen utilizarse de forma conjunta. De este modo, los bancos centrales logran establecer un "pasillo" de tipos sobre los que se establecen el conjunto de tipos de interés del sistema. Además, en la medida en la que la autoridad use como herramienta principal de financiación alguno de los instrumentos anteriores (por lo general operaciones de mercado abierto), logra establecer un tipo de interés de referencia preciso dentro del pasillo que establece con estos dos instrumentos.

C) *Influir en las expectativas del sistema económico sobre la evolución de las variables monetarias*. Este efecto es de importancia fundamental en la articulación de la política monetaria, por cuanto en ocasiones resulta clave para que la autoridad logre sus objetivos.

Para entender este complejo efecto debemos tener en cuenta que la mayor parte de las acciones de los bancos centrales son de corto plazo; de ahí que sea mediante la influencia sobre las expectativas cómo la autoridad logra que su intervención alcance al medio y largo plazo. Ahora bien, como es sabido, dado que los agentes económicos suelen adelantar sus expectativas y por tanto reaccionan en el corto plazo, el establecimiento de expectativas por parte de la autoridad, o su influencia, suele potenciar a corto plazo el efecto de la manipulación de los instrumentos convencionales de intervención. Muy especialmente cuando la autoridad modifica el sesgo de la intervención y ésta pasa, por ejemplo, de ser contractiva a expansiva (o viceversa), esa primera medida, aunque sea de escasa cuantía, tenderá a tener un efecto más intenso. La razón se debe a que los agentes económicos interpretan esa variación como el anuncio de un período de acciones contractivas (o expansivas) y de ahí que, dado que se adelantan a los acontecimientos que creen seguros, modifican sus decisiones como si el banco central adoptase ya las acciones que adoptará en un futuro próximo. Por tanto, como consecuencia de lo comentado, cuando el banco central decide continuar en la misma línea de actuación que indicaban las expectativas creadas, sus sucesivas decisiones tienen escaso efecto, por cuanto ya habían sido adelantadas por los agentes económicos.

Para influir en las expectativas de los agentes económicos, la autoridad puede manejar dos conjuntos de instrumentos:

a) Los instrumentos convencionales de intervención comentados anteriormente. La manipulación del instrumento principal de financiación es utilizada por los bancos centrales para influir sobre las expectativas. La llamada "señalización" de la política monetaria cumple precisamente esta importante función.

b) Los instrumentos de persuasión, es decir, la persuasión moral, la publicidad, y el asesoramiento. Mediante este conjunto de instrumentos la autoridad puede afectar al comportamiento de las instituciones financieras y demás agentes económicos a través de diferentes vías: 1) La persuasión moral se refiere a la acción directa de influencia que ejerce el banco central sobre las instituciones financieras, con objeto de convencerlas para que sus decisiones se adecuen a sus objetivos. Dado el papel mediador que el sistema financiero cumple entre la autoridad y el sistema económico, sus decisiones son el vehículo clave del mecanismo de transmisión monetaria mediante el que el banco central consigue incidir sobre los precios, la renta o el empleo. De ahí que cuando el banco central logra mediante el diálogo (o la imposición) que las decisiones de las instituciones se adecuen a sus objetivos, la política monetaria no sólo será armónica y exenta de tensiones, sino que incluso puede sustituir a las acciones de la autoridad sobre los instrumentos convencionales, por cuanto sus efectos son análogos. El carácter autónomo del banco central respecto del poder político, suele ser clave para que sus acciones de persuasión moral funcionen. 2) La publicidad. Este instrumento es utilizado cuando el banco central hace públicas su estrategia, sus objetivos, sus decisiones o las acciones que está dispuesto a adoptar en el futuro. Todos los bancos centrales cuentan con publicaciones periódicas, actos institucionales con medios de comunicación y otros mecanismos para ejercer esta función. 3) El asesoramiento. Este otro instrumento, muy ligado al anterior, influye también en las expectativas de los agentes económicos. En su condición de autoridad monetaria, los bancos centrales suelen usar sus servicios de estudios para desarrollar una importante labor de análisis de la actividad económica que, debido a su prestigio, suele proyectar una importante influencia en los procesos de formación de expectativas.

Gráfico 5.1
Instrumentos de política monetaria

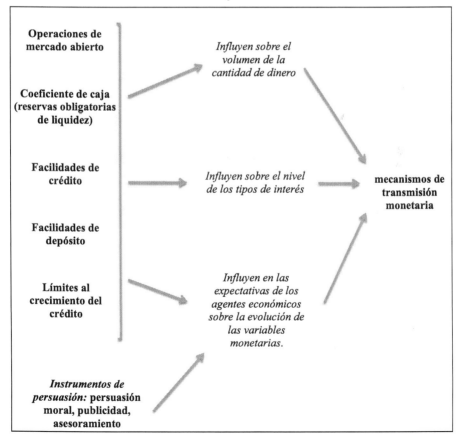

2.3. Los mecanismos de transmisión monetaria

Se llama mecanismo de transmisión monetaria al conjunto de efectos que se producen desde que la autoridad monetaria manipula el instrumento hasta que resultan afectadas las variables de gasto: consumo e inversión. Los mecanismos de transmisión de la política monetaria en los que confían los bancos centrales para que los impulsos monetarios que generan a través de la manipulación de los instrumentos afecten a las decisiones de los agentes económicos son los siguientes:

El canal de los tipos de interés. Los Bancos centrales mediante la modificación de los tipos de interés de referencia pretenden afectar al sector real de la economía, por su influencia sobre los tipos de interés relevantes en la toma de decisiones de los agentes económicos. La transmisión entre los tipos de interés oficiales y los tipos de interés de las operaciones activas y pasivas de las instituciones financieras, o los de las emisiones de títulos privados o públicos, no es inmediata. De la mayor o menor rapidez e intensidad con la que los cambios en los tipos de interés fijados por el Banco central se transmitan al resto de tipos de interés del sistema, dependerá la efectividad de la política monetaria. Además, dicha efectividad dependerá también de cómo reaccionen los agentes ante cambios en el coste de la financiación o en la rentabilidad de los activos.

El efecto final sobre el gasto agregado genera su influencia a través de cuatro vías de transmisión fundamentales: efecto coste de capital, efecto renta, efecto sustitución y efecto riqueza: *El efecto coste de capital* tiene que ver con el conocido efecto que proyectan sobre la inversión los cambios en los tipos de interés. Su magnitud dependerá del plazo de la inversión, de la facilidad de las empresas para obtener financiación ajena, así como del carácter público o privado de la inversión.

El efecto renta está asociado al cambio en el consumo agregado, derivado de una modificación en las rentas de los agentes, provocada por cambios en los tipos de interés. El efecto final dependerá de la posición financiera neta de los agentes y de que la propensión marginal al consumo de deudores y acreedores sea distinta.

El efecto sustitución es el más relevante de todos. Recoge los fenómenos que tienen que ver con cambios en la cartera de valores, derivados de los cambios en la rentabilidad de los activos que causa la modificación de los tipos de interés oficiales. La sustitución de unos activos por otros determinará el efecto final sobre el consumo y la inversión. Así, en la medida en la que los agentes económicos prefieran la tenencia de activos directamente vinculados a la inversión real frente a otros, el canal acabará afectando a la demanda agregada. Sólo cuando el activo preferido es dinero en efectivo, este canal se revela inoperativo. Hasta antes del estallido de la "Gran recesión", esta posibilidad era considerada más teórica que real[3]. El peso de esta vía de transmisión es más relevante en economías con mercados financieros muy desarrollados.

El efecto riqueza mide la sensibilidad del consumo ante cambios en el valor de los activos provocados por las variaciones en los tipos de interés. Claramente, cuanto mayor sea la cantidad absoluta de pérdidas o ganancias de los activos a corto plazo conservados para financiar el consumo, mayor será la conexión con el gasto agregado.

En suma, el volumen de demanda acaba resultando afectado como consecuencia de la agregación de los efectos anteriores (véase el Gráfico 5.2).

Gráfico 5.2
Mecanismo de transmisión de los tipos de interés

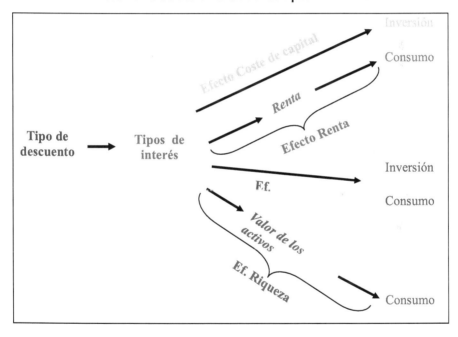

El mecanismo de las expectativas. El sector real de la economía puede también verse afectado por la influencia del Banco Central sobre las expectativas a largo plazo del sector privado. La repercusión que tienen los anuncios de política monetaria sobre la formación de expectativas de los agentes afectará a sus decisiones

---

[3] A esa situación anómala suele denominársele "trampa de la liquidez". Se trata de una noción estrechamente vinculada a la teoría keynesiana de la demanda de dinero, que fue considerada una hipótesis válida para explicar experiencias históricas muy singulares, centradas fundamentalmente en la "Gran depresión" de los años treinta.

de gasto y ahorro (véase el Gráfico 5.3). Este mecanismo, por tanto, contribuye a intensificar o debilitar los efectos derivados del funcionamiento de otros mecanismos de transmisión. La eficacia de este canal depende de la credibilidad del banco central en cuanto al logro de sus objetivos. Aquí, el efecto sobre la demanda no difiere de los que se producen como consecuencia de acciones de las autoridades distintas a los bancos centrales.

Gráfico 5.3
Mecanismo de transmisión de las expectativas

Gráfico 5.4
Mecanismo de transmisión del crédito bancario

El mecanismo del canal crediticio. Una intervención del Banco central que provoque cambios en la cantidad o la disponibilidad del dinero, acabará afectando a la demanda agregada, siempre y cuando los bancos repercutan la liquidez inyectada sobre la oferta de crédito. El efecto será mayor si existe una franja descontenta de potenciales prestatarios dispuestos a endeudarse, al importarles más la disponibilidad que el coste del crédito. Su efectividad dependerá también de en qué medida existan fuentes de financiación alternativas al crédito bancario. Una vez que los agentes obtienen el crédito, la evidencia empírica inducía a pensar que era poco probable que la liquidez obtenida fuese atesorada, posibilitando así el crecimiento de la demanda (véase el Gráfico 5.4).

El mecanismo del tipo de cambio. La variación del tipo de cambio influye sobre los precios a través de varias vías: a través del precio de los bienes importados, sean productos finales o inputs intermedios, a través del efecto sobre la competitividad de los bienes nacionales en el exterior y por los efectos monetarios asociados a variaciones en el saldo de la balanza de pagos. La intensidad de los efectos estará determinada por el grado de apertura de la economía. En este caso, los efectos reales afectan necesariamente al volumen de demanda y los efectos monetarios lo hacen en la medida en la que lo comentamos en los anteriores mecanismos.

3. La política monetaria en Europa. El banco central europeo

3.1. *La actuación básica del BCE*

El Banco Central Europeo es la autoridad monetaria en el área euro; es, por tanto, responsable de la definición y la instrumentación de la política monetaria en los países que conforman la *eurozona*. Se define como estrictamente independiente, tanto respecto de los órganos comunitarios, como de los gobiernos nacionales. El objetivo prioritario del BCE es mantener la estabilidad de precios (art. 127 del Tratado de funcionamiento de la UE). Con el propósito de precisar más este objetivo, el Consejo de Gobierno del BCE, en octubre de 1998, estableció que la estabilidad de precios se definiría como un incremento interanual del Índice Armonizado de Precios de Consumo (IAPC) inferior al 2% para el conjunto de la zona del euro, en un horizonte temporal de medio plazo. En mayo de 2003, el Consejo de Gobierno añadió que, en el contexto de esta definición, el BCE dirigiría sus esfuerzos a mantener la tasa de inflación en un nivel inferior, aunque próximo, al 2% a medio plazo.

Los acontecimientos económicos que se produjeron a partir del verano de 2007 cambiaron radicalmente las condiciones en el ámbito de la aplicación de la política monetaria. Como se expondrá en el apartado 4, los patrones de intervención de estos últimos ocho años están lejos de los que caracterizaron la actuación del BCE desde el momento de la creación de la zona euro. Ahora bien, la autoridad monetaria europea sigue manteniendo en su discurso oficial la validez de su estrategia de intervención hasta aquel momento. Se entiende así que las decisiones adoptadas estos últimos años las interpretan como excepcionales.

¿Cuáles son los referentes fundamentales de la política monetaria ortodoxa del BCE? Pues bien, para alcanzar su objetivo, el BCE sigue oficialmente, una estrategia de un nivel, que presenta las siguientes características (véase el Gráfico 5.5):

- Plantea un horizonte de medio plazo para la fijación del objetivo.
- Busca el objetivo final prescindiendo de objetivos intermedios.
- Establece, como variable operativa, los tipos de interés.

Gráfico 5.5
Estrategia de intervención del BCE

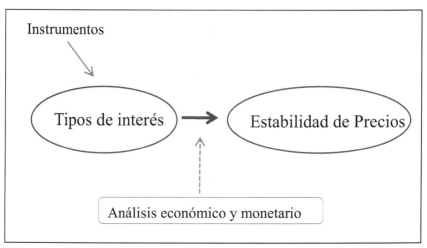

La toma de decisiones de política monetaria por parte del Consejo de Gobierno del BCE se asienta sobre una evaluación pormenorizada de los riesgos para la estabilidad de precios. Para ello se llevan a cabo dos tipos de análisis (los *dos pilares* de la estrategia, que fue reevaluada y ratificada en idénticos términos en 2003):

- *Análisis económico*. Se centra en la actividad real y las condiciones financieras, y toma en consideración que, en el medio plazo, la interrelación entre la oferta y la demanda en los mercados de bienes, servicios y factores productivos influye notablemente en la determinación de los precios. Siguiendo esta perspectiva, se observa la evolución de toda una serie de indicadores: i) Relativos a la evolución de la producción, la demanda y el mercado de trabajo. ii) Indicadores del mercado financiero (cotizaciones bursátiles, crecimiento del crédito...). iii) Evolución del tipo de cambio.

- *Análisis monetario*. Se centra en la relación, a largo plazo, entre el dinero y los precios, otorgando especial atención a la evolución del agregado monetario M3.

Los principales instrumentos utilizados por el BCE en su estrategia de política monetaria pueden concretarse en los siguientes:

- Operaciones de mercado abierto. A través de OMA repo semanales (organizadas a través de un sistema de subasta) el BCE fija los tipos de interés de referencia de la política monetaria. Este tipo de operaciones se conocen como "Operaciones principales de financiación" (OPF). Además de fijar el tipo de descuento, estas operaciones le permiten al BCE influir sobre la liquidez del sistema. También realiza OMA repo a plazos más largos con el fin de influir sobre la liquidez, pero que no son *señalizadoras* de la política monetaria, así como operaciones de ajuste fino[4].

- Facilidades permanentes de crédito y de depósito. La utilización conjunta de estos instrumentos establece un corredor dentro del cual se sitúan los tipos de interés de los mercados monetarios.
- Reservas obligatorias de liquidez. Hasta diciembre de 2011 este instrumento se utilizó para garantizar la solvencia y liquidez de las instituciones de crédito, y no con fines de control monetario[5].
- Publicidad. El simple anuncio de una estrategia firme y clara por parte del banco central tiende a provocar efectos en algunas variables, dado que los agentes económicos amoldan su comportamiento a ese anuncio (la fuerza de este instrumento se hizo muy evidente en 2012, tal y como más adelante mostraremos).

3.2. El período de la política monetaria convencional, 1999-2007

La aplicación de la "política monetaria europea única" desde 1999 hasta 2007, siguió los parámetros que formalmente el BCE establece como definitorios de su estrategia de intervención. Esto es, el uso de los instrumentos comentados en el epígrafe anterior, con la búsqueda del objetivo del control de los precios, y con la confianza en que esa estrategia era válida, por cuanto funcionaban los mecanismos de transmisión monetaria en los que se basan los dos frentes del análisis, económico y monetario. Además, la política monetaria se articuló de forma armónica, sin tensiones ni conflictos de intereses entre la autoridad monetaria y las instituciones financieras. Para ello el BCE tuvo que conseguir el estatus de autoridad monetaria creíble y prestigiosa, para lo que resultó determinante la capacidad de la institución a la hora de adoptar decisiones de forma independiente, y centradas en el objetivo de la estabilidad de los precios.

De ahí que fuese ese un período en el que, salvo excepciones, la acciones del BCE proyectaban variaciones muy pequeñas en los tipos de intervención (0,25 puntos básicos), y mantenían el diferencial entre los tipos de las OPF y los correspondientes a los de las facilidades de crédito y depósito. Además, estas acciones se

---

[4] En los últimos años, a causa de la crisis financiera, el BCE llegó a ampliar los plazos de sus operaciones de financiación a plazos más largos desde 3 meses hasta 6, 12 y 36, con el fin de aliviar las tensiones en los mercados monetarios. En mayo de 2009, el Consejo de Gobierno aprobó la realización, por primera vez, de OMA en firme, con el fin de suministrar liquidez al mercado.

[5] El coeficiente de caja se fijó, en 1999, en el 2% de los pasivos computables y así permaneció hasta diciembre de 2011, momento en el que se redujo hasta el 1%.

aplicaron junto con mecanismos de persuasión que posibilitaron el uso del "efecto expectativas" en el sentido deseado por la autoridad.

De hecho, a la vista de los resultados, ha de considerarse que hasta el desencadenamiento de la crisis financiera internacional en el verano de 2007, la política monetaria del BCE fue exitosa. Esta afirmación se fortalece si además se considera que desde la introducción del euro las expectativas de inflación a largo plazo se mantuvieron sólidamente ancladas en un nivel acorde con la definición de estabilidad de precios (véase el Cuadro 5.1).

Cuadro 5.1

Año	Tasa de variación del IAPC (%)
1999	1,1
2000	2,1
2001	2,3
2002	2,3
2003	2,1
2004	2,2
2005	2,2
2006	2,1

FUENTE: BCE.

Dos períodos de política contractiva, y uno de política expansiva fueron articulados para el logro de esos resultados. En efecto, hasta los primeros meses de 2000, la política monetaria acompañó el final de la burbuja especulativa bursátil que se venía desarrollando desde la segunda mitad de los años noventa, con subidas en los tipos de intervención. Y una vez que se produjo el estallido de aquella burbuja (a partir de la primavera de 2000), y la desaceleración de la actividad económica que siguió proyectó menor presión sobre los procesos de formación de los precios, el BCE emprendió su primera experiencia con acciones de tipo expansivo, hasta finales del año 2005.

Ese período coincide con el momento en el que la actividad económica creció en todos los países de la zona euro, si bien, la intensidad del crecimiento fue mayor en los países del sur de la zona que en los países centrales, en especial, Francia y Alemania. Como consecuencia, el éxito en el corto plazo de la política monetaria única no pudo evitar el conocido riesgo de que sus efectos generasen peligrosas asimetrías. Esto es, que la política monetaria única sirviese a las necesidades de estabilización de unas economías, mientras que resultase en exceso expansiva (como así fue) o en exceso contractiva para otras. El proceso de crecimiento de las economías mediterráneas se vio fatalmente impulsado por los efectos expansivos de la política monetaria durante esos primeros años.

Superado el primer lustro de vigencia de la zona euro, y así como se fueron haciendo evidentes los síntomas de recalentamiento de la economía por su efecto sobre los precios, el BCE comenzó a aplicar acciones de tipo contractivo. Desde diciembre de 2005 hasta el estallido de la crisis, siguiendo los parámetros de la ortodoxia, el BCE incrementó los tipos de intervención en ocho ocasiones. Estas acciones, plenamente justificadas para evitar los desequilibrios macroeconómicos de los países que poco más tarde resultaron especialmente afectados por la crisis, fueron aplicadas, sin embargo, demasiado tarde.

4. Políticas monetarias no convencionales y urgentes: la actuación del BCE y la reserva federal

4.1. La reacción de la Reserva Federal

La crisis financiera produjo una alteración radical en todo este estado de cosas, pues no tardó en observarse que la pretensión de haber alcanzado al fin una economía sin ciclos no pasaba de ser una ilusión. A partir de ese momento, con el fin de evitar como fuera otra Gran Depresión como la de la década de 1930, se pusieron en marcha políticas macroeconómicas muy heterodoxas que iban desde el uso de estímulos fiscales generalizados a la definición de políticas monetarias ultra-expansivas.

Entre políticas monetarias y fiscales ha habido elementos de convergencia, pero también algunas diferencias importantes de orientación desde el arranque de la crisis a finales de 2013. El viraje hacia una política de consolidación fiscal a ultranza que siguió a la crisis de la deuda soberana en la eurozona llevó a que en buena parte del mundo desarrollado, pero sobre todo en Europa, entre 2010 y 2013, la política monetaria quedase como la única posibilidad para intentar frenar la contracción: en esos años, los cuatro grandes bancos centrales redujeron sus tipos de interés básicos, que se mantuvieron en niveles históricamente bajos: próximos a cero, asomando incluso —ya en 2014— una perspectiva de tipos negativos para un cierto número de operaciones. Además, debido a las operaciones extraordinarias de creación de liquidez, los balances de todos los bancos emisores mantuvieron una línea de crecimiento constante, llegando a multiplicarse casi por cinco en el caso de la Reserva Federal.

Fue este último, la Reserva Federal de Estados Unidos, entre todos los bancos centrales, el que mantuvo una mayor continuidad y coherencia en sus políticas ultra-expansivas, asumiendo la carga de la lucha contra la crisis entre 2008 y

2013. Su contrapartida es que en tiempos de deflación y *credit crunch* la política monetaria tiende a perder efectividad, lo que conduce a resultados limitados y a un agotamiento progresivo de la propia política. En cualquier caso, la Reserva Federal utilizó todo tipo de instrumentos, tanto por la vía de los precios como la intervención directa sobre cantidades: 1) Creación constante de liquidez a través de la *quantitative easing*, una política no convencional que ha contribuido a mantener abiertos los canales del crédito en aquella economía, a pesar de los avances del desapalancamiento, mayores en Estados Unidos que en Europa, haciendo crecer desmesuradamente el balance del propio FRS; las tres sucesivas rondas de estímulos monetarios han buscado decididamente el objetivo de crecimiento económico, vinculando sus programas, al menos en el último caso, a la necesidad de reducir el desempleo. 2) Tipos de interés nominal de entre 0 y 0,25%. 3) Una amplia gama de procedimientos no convencionales para alcanzar los objetivos de liquidez, incluidas las antes denostadas operaciones de monetización del déficit público.

Habiendo prestado un gran servicio para contrarrestar las profundas tendencias contractivas de la economía en los peores años de la crisis, esa política pareció haber alcanzado ya sus límites en 2014-2015, más allá de los cuales sus posibilidades de generar efectos positivos son ya pequeñas o nulas. Han ido surgiendo situaciones problemáticas o paradójicas: mientras que ya se empieza a hacer visible el riesgo de desmesura en acceso a la liquidez por parte de sectores económicos de alta renta, dadas las condiciones financieras muy favorables (lo que estaría provocando la formación de nuevas burbujas), lo principal de los sectores productivos y familias de menor renta, siguen teniendo en gran medida bloqueado el acceso al crédito. La clave estaría, en el mal funcionamiento de los mecanismos de transmisión de la política a lo largo de todo el período de crisis debido a la persistencia del *shock* de crédito (*credit crunch*).

4.2. *La política monetaria del BCE a partir de 2007*

El comienzo de las dificultades en los mercados financieros, como consecuencia del estallido de la crisis de las hipotecas *subprime* en Estados Unidos, no alteró la estrategia del BCE. En efecto, durante 2007 el BCE articuló sus acciones en un contexto de normalidad, por lo cual siguió confiando en la validez de su estrategia de intervención y, por tanto, en el funcionamiento de los instrumentos y mecanismos de transmisión monetaria. Ello explica el sentido de las decisiones adoptadas durante ese período. Continuó el sesgo contractivo de la política monetaria, que había comenzado a finales de 2005, y que acabó situando los tipos de intervención en el 4%. En el mes de julio de 2008, incluso incrementó en un cuarto de punto el tipo de descuento, a pesar de la crítica situación que ya vivían los mercados bursátiles, de las dificultades de muchas entidades financieras y del contexto recesivo que se evidenciaba en el sector real. La existencia de expectativas inflacionistas en el medio plazo, como consecuencia de los elevados precios del petróleo, otras materias primas y alimentos, fue el argumento esgrimido por los órganos rectores del BCE para justificar sus decisiones. Ese sesgo restrictivo de la política monetaria continuó durante el mes de septiembre al restringir el BCE el acceso a la liquidez, limitando el conjunto de activos admitidos como contrapartida en las operaciones de mercado abierto.

A) El período de emergencia (2008-2011)

En esa situación, con el tipo de interés de las operaciones principales de financiación en el 4,25% y vigentes las expectativas de inflación a medio plazo, se sucedieron los graves acontecimientos que en otoño de 2008 acabaron por dibujar un contexto de quiebras de grandes entidades financieras. La masivas inyecciones de dinero llevadas a cabo durante los meses previos, para hacer frente a la crisis de liquidez, lograron evitar el colapso financiero, pero no lograron restaurar la confianza de las instituciones, por cuanto el alcance de los desajustes financieros tenían una raíz mucho más profunda de lo que nadie podría imaginar.

La gravísima falta de liquidez que amenazó la estabilidad financiera mundial mediado el mes de septiembre, consecuencia de la quiebra de Lehman Brothers, el mayor banco de inversión del mundo, evidenció de forma repentina la inutilidad del esquema de intervención monetaria vigente desde 1999. A partir de este momento, a pesar de que el BCE mantiene su discurso vinculado al tradicional esquema de intervención, esta institución sigue, sin embargo, parámetros distintos. El conjunto de acciones adoptadas a partir de ese momento así lo indican.

En efecto, en octubre de 2008, sin cambios apreciables en las expectativas de inflación, el BCE tomó una decisión sin precedentes en su historia: la adjudicación plena de las operaciones principales de financiación a toda institución participante en la subasta, a un tipo de interés fijo (que redujo, en esa ocasión, del 4,25% al 3,75%), y el estrechamiento del corredor que fija los tipos de interés máximo y mínimo de los mercados monetarios. Además, amplió significativamente el plazo de vencimiento de las operaciones de financiación a largo plazo (de 3 a 6 meses). En los siete meses siguientes, ya disipadas las expectativas de inflación, redujo paulatinamente los tipos de interés hasta el 1%. En mayo de 2009 volvió a ampliar (hasta 12 meses) el vencimiento de las operaciones de financiación a largo plazo y acordó realizar OMA en firme, algo nuevo en la política monetaria de esta institución.

Una vez que, según el criterio del BCE, se disipó la situación de emergencia decidió, en el mes de diciembre, suprimir las operaciones de financiación a 6 y 12 meses y anunció que las demás medidas extraordinarias de suministro de liquidez serían retiradas, en el momento adecuado, de forma gradual y controlada. Este supuso el primero de los intentos por parte del BCE de reinstaurar la ortodoxia monetaria. Los acontecimientos económicos que se produjeron poco después, evidenciaron la imposibilidad de retornar a aquella estrategia de intervención.

A partir de mayo de 2010 surgió un nuevo frente de conflicto en el ámbito de actuación de la política monetaria, derivado de la llamada "crisis de la deuda soberana", que obligó al BCE a adoptar una vez más medidas sin precedentes. El Consejo de Gobierno decidió la intervención directa del BCE en los mercados secundarios de deuda pública y privada para hacer frente a las tensiones en los mercados financieros, que se produjeron como consecuencia de las dudas existentes sobre la solvencia del Estado griego para hacer frente a sus obligaciones.

En el mes de noviembre, la grave situación del Estado irlandés —consecuencia del gran déficit público derivado de las operaciones de salvamento de su sistema financiero— generó un escenario de inestabilidad parecido al del mes de mayo. En esta ocasión el BCE no hizo uso de nuevas medidas excepcionales, sino que optó por la compra de títulos de deuda pública en el mercado secundario para estabilizar los mercados. De igual modo, en la primavera de 2011 la nueva crisis de la deuda, centrada esta vez en la economía portuguesa, introdujo otro elemento de inestabilidad. A pesar de ello, un nuevo intento por parte del BCE de retornar a la política convencional le llevó a incrementar en el mes de abril el tipo de intervención hasta el 1,25% (la primera subida de los tipos de interés desde octubre de 2008).

Poco tiempo después, la ilusión de que los datos de crecimiento económico en Alemania y otros países centroeuropeos, podría incrementar los precios en un futuro próximo, provocó que, en el mes de julio de 2011, el Consejo de Gobierno volviese a incrementar los tipos de intervención en un cuarto de punto. Desde la perspectiva actual existe un consenso generalizado al calificar de error esta decisión del BCE, dado que los acontecimientos económicos de los meses siguientes obligaron a sus dirigentes a cambiar definitivamente el sesgo de la política monetaria, lo que supuso reducir los tipos de interés y proceder a la inyección extraordinaria de liquidez.

A principios de agosto, la tensión en los mercados de deuda pública y privada creció de forma alarmante y se configuró un nuevo escenario de restricción generalizada del crédito. Los efectos restrictivos derivados de la dificultad de obtener financiación por parte de los Estados, de las instituciones financieras, de las familias y de las empresas disiparon aquella ilusión del crecimiento en la eurozona. Pero además, en estos años, las acciones del BCE no se dejaron notar con igual sentido e intensidad en toda la zona euro. Las acciones de los mercados financieros introdujeron un elemento novedoso de resultados inciertos. En efecto, la política monetaria de la zona euro siguió siendo única, pero no lo fueron sus efectos. El volumen de crédito y los tipos de interés no fueron los mismos en todas las economías.

B) El cambio de rumbo de la política

La llegada del nuevo presidente del BCE, Mario Draghi, en noviembre de 2011, supuso un giro de especial relevancia en la actuación de la autoridad monetaria. Una nueva forma de intervención, más dinámica y decidida, se fue evidenciando con las nuevas decisiones que se aplican a partir de ese momento.

En noviembre de 2011, el BCE decidió abandonar, una vez más, la estrategia que marcaba la ortodoxia en sus formas de intervención (véase el Cuadro 5.2). Optó por reducir hasta el 1,25% el tipo de interés de las operaciones principales de financiación. Un mes más tarde lo redujo hasta el 1% y adoptó además otras medidas sin precedentes en su historia: redujo el coeficiente de caja del 2 al 1% y amplió hasta los 36 meses el plazo de vencimiento de unas nuevas líneas de financiación que se organizaron a través de dos subastas (una en diciembre y otra en febrero de 2012), con adjudicación plena, con objeto de disipar las expectativas de crisis de liquidez en los mercados. Entre estas dos subastas se inyectó algo más de un billón de euros en el sistema financiero. Si bien su efecto sobre los balances bancarios resultó positivo, no ocurrió lo mismo con su efecto sobre la economía real. La trampa de la liquidez bancaria en la que vivían las instituciones financieras de la eurozona impedía que buena parte de esa financiación llegase al sector real de la economía.

A partir de aquí, cuatro fueron los frentes de actuación de la nueva política monetaria, bajo la presidencia de Mario Draghi:

1. Utilización de instrumentos de persuasión. Sin duda, la actuación más decidida y con más repercusión, en este sentido, fue la intervención de Draghi, en julio de 2012 ante los mercados, debido a la expectativa de que dos de las grandes economías de la zona euro, España e Italia, tendrían que ser rescatadas, lo que elevó la tensión en los mercados financieros hasta límites difícilmente soportables. En ese momento Mario Draghi afirmó: "*The ECB is ready to do whatever it takes to preserve the euro....And believe me, it will be enough*".

Con este hecho de apariencia tan simple, el BCE estableció un punto de inflexión en la línea que venía manteniendo desde el inicio de la crisis: el efecto de su acción de persuasión fue fulminante. Los índices bursátiles se dispararon y cesaron las acciones especulativas sobre los valores de deuda de España e Italia, con lo que se registró una bajada muy significativa de sus respectivas primas de riesgo. Pero sobre todo, se disipó el temor de que el euro "desapareciese" en el corto plazo. Ahora bien, el sistema monetario estaba todavía lejos registrar parámetros de estabilidad.

...e tipos de interés. La política de reducción de los tipos de descuento ...uo en los años siguientes, hasta situar el tipo de interés de las operaciones principales de financiación, en septiembre de 2014, en un nivel muy próximo al 0% (véase el Gráfico 5.6). Además, el tipo de interés de las facilidades marginales de depósito, que en mayo de 2013 se situó en el 0%, poco más de un año después llegó a ser negativo, lo que supone que las instituciones financieras tienen que pagar por depositar sus fondos en el BCE.

3. Utilización de instrumentos de financiación selectiva. A partir del verano de 2014, el BCE empezó a hacer uso de instrumentos de financiación de carácter selectivo, con el propósito de hacer fluir la financiación hacia el sector real de la economía y tratar así de restaurar los mecanismos de transmisión monetaria. Se le permitió a las instituciones financieras de la eurozona, a partir de ese momento, captar financiación a largo plazo en el BCE, mediante operaciones de mercado abierto repo, siempre que dichos fondos fuesen dirigidos a la concesión de préstamos a empresas y familias. En esta misma línea se inscriben las medidas aprobadas en el otoño de 2014, a través de operaciones de mercado abierto en firme, de compra de títulos respaldados por préstamos.

4. Programa de flexibilización cuantitativa. La acción de la que mayores repercusiones se esperan y que acerca la política del BCE a la emprendida por la Reserva Federal hace varios años, fue aprobada en enero de 2015. Es un nuevo programa de compra de activos públicos y privados, por valor de 60 mil millones de euros al mes, a través de operaciones de mercado abierto en firme, que se realizará hasta, al menos, septiembre de 2016. Con este programa, el BCE pretende incrementar su balance en algo más de un billón de euros, acercar la variación de los precios a su objetivo y restaurar, definitivamente, los mecanismos de transmisión monetaria.

Dada la dinámica seguida por los precios en los últimos meses, la autoridad monetaria del área euro tuvo que emprender decididas acciones de inyección masiva de dinero como hicieron los bancos centrales de Estados Unidos y Japón. En esta situación es obvio que todavía no se vislumbra un escenario de estabilidad monetaria. Según un consenso creciente, es fundamental que la política monetaria del BCE centre sus esfuerzos en restaurar las relaciones que vinculan las decisiones de ahorro con las de inversión, ya que esta es la única forma de retornar a una senda estable de crecimiento de la economía. Pero además, atendiendo a la corta e intensa historia de la política monetaria única, la autoridad monetaria deberá, en el futuro próximo, articular las acciones necesarias para que los efectos de su intervención vuelvan a generar efectos homogéneos en el conjunto de economías que componen el área euro.

Gráfico 5.6
Tipos de intervención del BCE (%)

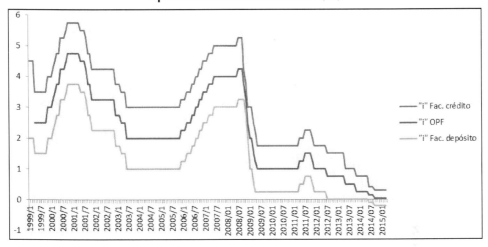

"i" Fac. crédito
"i" OPF
"i" Fac. depósito

FUENTE: BCE. Elaboración propia.

Cuadro 5.2
Medidas aplicadas por el BCE a partir de 2008

Período de emergencia: 2008-2011

- Adjudicación plena de las Operaciones Principales de Financiación (operaciones de mercado abierto repo semanales).
- Reducción significativa de los tipos de interés de intervención, en un período muy breve de tiempo.
- Ampliación del plazo de vencimiento de las Operaciones de mercado abierto repo, de vencimiento a largo plazo.
- Realización de Operaciones de Mercado Abierto en firme (acompañadas de políticas de esterilización).
- Sucesivos intentos de volver a la ortodoxia.

La etapa de Mario Draghi

- Realización de dos operaciones de mercado abierto repo a 3 años.
- Reducción del coeficiente de caja.
- Política de "publicidad" muy activa.
- Reducción de los tipos de interés de las Operaciones principales de financiación a niveles muy próximos al 0%.
- Tipos de interés negativos en las facilidades de depósito.
- Utilización de instrumentos de financiación selectiva.
- Puesta en marcha de un programa de flexibilización cuantitativa

5. La gestación de una nueva política monetaria. Perspectivas de largo plazo

Más allá de los grandes cambios al borde del abismo producidos en los últimos años todo apunta a una mutación en profundidad de la política monetaria en una perspectiva de largo plazo (al menos, la de una década). Dos son las razones fundamentales para atisbar esa posibilidad de cambio. La primera es de orden teórico, y guarda relación con la profunda revisión que está operando en los argumentos macroeconómicos, sobre todo en lo que se refiere a cuatro cuestiones concretas: 1) Un cambio radical en la concepción de los mercados financieros: las ideas de plena racionalidad y estabilidad natural está dejando paso rápidamente a la noción de que esos mercados son por su naturaleza inestables. 2) En la argumentación macroeconómica de vanguardia ha regresado con mucha fuerza la idea de ciclo económico a la hora de explicar el comportamiento del conjunto de la economía, pero sobre todo su consideración es fundamental para el análisis de las variables monetarias y financieras. 3) La necesidad de afrontar la difícil cuestión de los mecanismos de transmisión de la política obliga a considerar la evolución del crédito como un elemento fundamental en los modelos operativos de la banca central (de los que estuvo ausente hasta 2008, en lo que ahora se considera como un grave fallo de concepción). 4) Una nueva percepción de las relaciones entre política monetaria y fiscal en varios aspectos. Uno de ellos —de gran importancia en los años de crisis— es el valor de los multiplicadores fiscales: la evidencia empírica sugiere que el impacto de los procesos de consolidación fiscal depende de la evolución de las variables monetarias: un contexto monetario restrictivo refuerza el potencial de contracción de la actividad.

La segunda gran razón que apunta a un cambio en la orientación de la política monetaria es la previsible persistencia de un contexto económico general en el que resultará determinante el *deleveraging* masivo de la economía, tanto en el sector privado como en el público, el cual ha hecho ya una parte de su recorrido en Estados Unidos, pero en mucha menor medida en Europa. De hecho, en 2015 el peso de la deuda a escala global era incluso algo superior al que se conoció al comienzo de la crisis financiera. El desapalancamiento general —tan necesario como inevitable— impone un difícil *trade-off* entre objetivos, pues afectará a las tendencias del crecimiento económico, condicionando seriamente las opciones de política económica. Es, de hecho, uno de los principales motivos que suelen alegar los muchos autores que creen que la economía del mundo desarrollado se enfrenta a un período de "estancamiento secular". Frente a procesos generales de desendeudamiento, es fácil que se registren problemas de trampa de la liquidez y deflación, lo que sin duda afectará significativamente a la efectividad de la política monetaria. En ese contexto, también la preocupación por la inflación se debiera relajar de un modo importante.

En la salida de la crisis —al menos de sus fases más agudas— no se ha reconstruido un consenso sobre las características centrales de una política monetaria eficaz y eficiente, al menos con la intensidad que se registraba antes de 2008. Sin embargo, las dos grandes razones que se acaban de exponer han llevado a una multiplicación de propuestas específicas para una redefinición de las políticas monetarias, es decir, de sus objetivos, instrumentos y procesos operativos básicos. Esas propuestas, avanzan cada vez más consolidadas y rigurosamente formuladas en cinco líneas fundamentales:

5.1. *Abandono del "inflation targeting" y ampliación de los objetivos de inflación*

La práctica ausencia de presiones inflacionistas en el momento en el que aparecieron los primeros síntomas de la crisis, evidenció la incapacidad de la política monetaria como herramienta de estabilización en el nuevo escenario económico. Las autoridades se enfrentaron a la paradoja que supuso que el principal frente de estabilización coyuntural de los Estados en las últimas décadas estuviese configurado para resolver un problema inexistente y no para de atajar los profundos desequilibrios que emergieron con fuerza los primeros meses de la crisis. Opiniones autorizadas, por su papel de defensores de la ortodoxia en el anterior orden de las cosas, reclamaron la necesidad de ampliar el conjunto de objetivos de la política monetaria. Es de destacar la opinión de Blanchard y otros (2010), reclamando la inclusión de la evolución del PIB y del precio de los activos entre los objetivos de la política monetaria, pero también incluyendo a la regulación financiera y recuperando a la política fiscal —en una nueva idea de *policy mix*— como herramientas de estabilización.

Además, el consenso existente entre los defensores del esquema "inflation targeting", de situar el objetivo de estabilidad de los precios inalterado en un nivel en torno a la variación interanual del 2%, supuso limitar al extremo a la capacidad de la política monetaria para la aplicación de acciones expansivas, pues el margen que tienen los responsables de la política monetaria para enfrentar graves fenómenos como el *credit crunch* o *trampa de la liquidez* con un referente tan estrecho como el 2% de inflación, puede ser muy escaso. La alternativa pasaría por condicionar ese objetivo de variación de los precios al ciclo económico, liberando así las condiciones monetarias durante las recesiones. Entre los nuevos argumentos que abogan por esa ampliación del objetivo —hasta el 4 o incluso el 6% en algunos casos— figura también uno que en el pasado reciente casi nadie se atrevía a mencionar: la posibilidad de utilizar un cierto grado de inflación como mecanismo para aliviar la carga sobre los deudores en el contexto de *deleveraging* general.

5.2. Integración entre políticas monetarias y regulación prudencial

Como ya hemos destacado, antes de la crisis el control monetario y las tareas de regulación y supervisión financiera aparecían claramente demarcadas (de acuerdo a un implícito esquema *tinbergeniano* de "dos objetivos (estabilidad de precios y estabilidad financiera)/dos vías de instrumentación". Incluso, en numerosas ocasiones las dos políticas eran llevadas adelante por órganos distintos: en el caso británico, por ejemplo, el Banco de Inglaterra y una agencia regulatoria específica (Financial Services Authority). En los países de la UEM, por su parte, la demarcación estaba entre el BCE (definición de la política monetaria) y los viejos bancos centrales (que conservaron las tareas regulatorias). Por el contrario, ahora, después de la experiencia de la crisis, la nueva Unión Bancaria impone un único nivel para la definición tanto de las estrategias monetarias como de la regulación bancaria.

En realidad, cuando en las décadas de expansión el control de las finanzas quedaba confinado a lo que se ha llamado *"light-touch regulation"*, muy centrada en los aspectos *microprudenciales* (es decir en la mera observación de si los bancos individuales estaban o no sanos) ésta podía parecer una cuestión secundaria. Sin embargo, después de la experiencia de la crisis, con la evidencia de extraordinarios fallos regulatorios de nefastas consecuencias, esa situación no podía continuar. Ahora se acepta de un modo muy general la necesidad de garantizar la estabilidad del sistema financiero como un todo. Y al hacerlo surge con toda claridad la percepción de que las variables monetarias y financieras interactúan constantemente entre sí: el manejo de las herramientas *macroprudenciales*, por ejemplo, inducen cambios sobre variables macroeconómicas, como el crecimiento del crédito, el resultado de la balanza externa o el propio comportamientos de los precios; y es obvio que las decisiones sobre el tipo de interés afectan a las condiciones de la estabilidad financiera.

La opinión de que los fallos en la regulación financiera fueron responsables de los grandes desastres que se sucedieron desde el principio de la crisis está, desde el principio de la recesión, ampliamente extendida. De ahí que el nulo protagonismo de la regulación prudencial como herramienta de estabilización, entendida como una intervención menor y de *baja intensidad* ("light-touch regulation") atenta a la observación *micropudential* de la salud de los bancos parezca ahora cercano a su fin. Desde 2007 se evidenció de un modo continuado la relevancia que la estabilidad financiera de grandes instituciones sistémicas proyecta sobre la estabilidad macroeconómica.

Lo que ahora se propone es que la estabilidad del sistema financiero sea considerada como un todo y que, por tanto, la nueva regulación siga un referente macroeconómico, del mismo modo que ocurre con las herramientas estabilizadoras convencionales.

Además de su alcance, la reformulación de la regulación financiera también afecta a los instrumentos para articularla. Las nuevas propuestas abogan por el uso de instrumentos tradicionalmente ligados a la política monetaria como los límites al crédito bancario ("loan-to-value", LTV, o "debt service-to-income", DTI). Se refuerza así la necesidad de integrar la política monetaria con la de la regulación del sistema financiero. En Europa, por ejemplo, el diseño de la Unión Bancaria lo ha tenido en cuenta (a pesar de haber quedado sin concretar algunos de sus aspectos iniciales más innovadores).

5.3. Mejor coordinación de los bancos centrales

La dinámica transnacional de los flujos monetarios y financieros ha ido mostrando de un modo creciente su potencial desestabilizador: ante la fuerza de los movimientos de desbordamiento, no es raro que las crisis hayan sobrevenido cada vez con más efectos de contigüidad y contagio. Con la llegada de la Gran Recesión este problema se ha visto multiplicado, pues en no pocas ocasiones las autoridades nacionales de los diferentes países y áreas han optado por líneas de intervención diferente, cuando no contradictoria entre sí (todo ello a pesar de la retórica predominante en las cumbres del G-20). A pesar de haberse evitado entre 2008 y 2013 las guerras proteccionistas a gran escala, han sido numerosos los episodios de fuertes tensiones originadas por decisiones expresas sobre tipos de cambio o políticas monetarias laxas que presionaban las tasas a la baja. Además, se han ido abriendo diferencias entre los sistemas bancarios y sus estructuras regulatorias de los diferentes países (por ejemplo, la reforma norteamericana que surgió de la aplicación de la *Volcker rule*, frente a la europea, consecuencia de la aplicación limitada del informe De Larosière en el camino hacia la Unión Bancaria). Con todo ello, las dificultades de la coordinación de los diferentes bancos centrales se han hecho más explícitas.

Hay por tanto en amplio consenso teórico en subrayar la urgencia de esa mayor y más depurada coordinación en la definición y aplicación de las políticas monetarias. Sin embargo, la experiencia reciente también ha originado un mayor escepticismo sobre las posibilidades efectivas de que se lleve a cabo. En último término, ello exigiría avanzar de un modo consistente hacia una nueva estructura de gobernanza financiera global, cuestión que a pesar de la mucha retórica que concita, apenas registra pasos efectivos en su dirección. Esta cuestión lleva directamente al punto siguiente.

5.4. ¿Hacia mayores controles de capital?

En la ideología económica predominante antes de 2008, la liberalización total de los flujos internacionales de capital era un dogma de primer rango. De nuevo, la acumulación de experiencias adversas a partir de aquel momento ha llevado a una impugnación cada vez más generalizada de esa idea: a diferencia de la inversión directa o la toma de posiciones a largo plazo en el capital de las empresas productivas, los movimientos especulativos a corto o cortísimo plazo han mostrado en estos años su enorme potencial desestabilizador, de donde surge un argumento muy poderoso para su estricto control. En una visión ahora crecientemente extendida, la vulnerabilidad de las economías ante las crisis financieras se ve muy reducida por la imposición de ese tipo de controles, siempre aplicados con criterios selectivos. Lo llamativo es que tales argumentos se han hecho fuertes en organismos que, como es el caso destacado del FMI, fueron los principales adalides de la idea de apertura generalizada de la cuenta de capital antes de 2008.

La positiva experiencia práctica de algunos países, tanto emergentes (Brasil, Indonesia, Tailandia) como desarrollados (Corea del Sur, Taiwan), que en los últimos años han puesto en funcionamiento controles sobre las entradas de capital a corto plazo, también va avalando cada vez más ese cambio de clima intelectual. Combinado con las estructuras de regulación prudencial, los controles selectivos de capital pueden ser muy eficaces para evitar procesos de *sobreapalancamiento*. Naturalmente, la importancia de esta cuestión sería menor si las distintas economías consiguieran definir una eficiente estructura de gobernanza para la regulación global de las finanzas, y consiguientemente, un mecanismo para la efectiva coordinación de las políticas monetarias (todo ello sería la solución de primer óptimo). Sin embargo, la búsqueda de esa estructura ha mostrado a lo largo de los años de crisis —como ya ocurriera en los últimos noventa— ser una gran quimera, por lo que sólo resta buscar la solución de segundo óptimo: una gestión efectiva de los flujos supranacionales de capital.

La mayor dificultad para una limitación en la libertad internacional de los flujos es de carácter tecnológico: si fue la dinámica de cambio en las tecnologías de la información lo que en gran medida impulsó la transformación cualitativa y la apertura generalizada de esos mercados en las décadas precedentes, y teniendo en cuenta que la revolución informacional sólo puede ir a más en un futuro previsible, parece claro que no será fácil establecer procedimientos efectivos para el control de los flujos: cabe adivinar aquí una batalla continuada entre estado de la tecnología y decisión política de incierto resultado.

En cualquier caso, la imposición de controles, que es evidente que traería consigo un escenario de cierta segmentación en las finanzas mundiales que no ha existido en las dos décadas anteriores, haría más fácil y operativa la instrumentación de la política monetaria, y más fluidos sus mecanismos internos de transmisión, al reducir la incidencia de los efectos de desbordamiento de la circulación monetaria en algunos países sobre otros.

5.5. Cambios institucionales: el problema de la independencia de los bancos centrales a una nueva luz

La innegable eficacia en la lucha contra la inflación de los bancos centrales que gozaban de un estatuto de independencia, a salvo de la arbitrariedad de los decisores políticos, convenció a los responsables de las principales economías del mundo de seguir ese modelo institucional. Es más, con la generalización del esquema de "inflation targeting" la configuración del estatuto legal de los bancos centrales en torno a figuras de plena o casi plena independencia política, fue ampliamente considerado como el destino natural en las políticas monetarias avanzadas. Junto a la evidencia de que los bancos centrales más independientes —como el Bundesbank alemán— eran capaces de luchar más eficazmente contra la inflación, otros tres argumentos fueron decisivos para la difusión casi universal de ese modelo institucional de banca central: primero, la sofisticación técnica de la política monetaria exige libertad plena del experto para definir objetivos e instrumentos; segundo, sólo la separación efectiva del aparato político permite alejar la política monetaria de los ciclos electorales, y con ello evita "sorpresas inflacionistas"; y tercero, en buena parte como consecuencia de todo lo anterior, la política monetaria obtiene significativas ganancias de reputación. Las ventajas de esa independencia operativa son por tanto muy reales.

Sin embargo, la Gran Recesión y sus consecuencias también han obligado a ver la cuestión de la independencia de los bancos centrales a una nueva luz. Por un lado, el deterioro económico impulsó a las autoridades de algunos países a ejercer su competencia en ámbitos que superaban sus límites legales. Así ocurrió, por ejemplo, en el caso japonés, en el que un aspecto de la llamada *Abenomics* (en referencia al primer ministro Shinzo Abe) fue que el gobernador del Banco de Japón y su política quedaron sujetos al control del gobierno de un modo expreso. Por otro lado, en el ámbito puramente argumental, se han multiplicado los argumentos —ya conocidos desde hace tiempo, pero antes de 2008 apenas tomados en consideración— que ponen en cuestión el principio de independencia. Entre esos argumentos cabe destacar:

a) Problemas de coordinación de políticas económicas. Esta cuestión, que pasó casi inadvertida durante los años de expansión por cuanto no se evidenciaban sus deficiencias, emergió con fuerza con la llegada de la crisis (2008-2009). Nos referimos al problema que supone que las dos principales políticas de estabilización coyuntural (monetaria y fiscal) estén guiadas por autoridades distintas (banco central y ministerio de finanzas). La posibilidad de que las directrices de las autoridades no sean armónicas, e incluso, en el peor de los casos, que sean contrapuestas, causará problemas menores en un proceso de fuerte expansión, pero puede ser letal en los momentos de dificultad. Ni los objetivos ni los efectos de las políticas son independientes por lo que pueden emerger, y así de hecho ha ocurrido en el período reciente, un grave problema de consistencia de la política económica.

b) Problemas de legitimación. La ya conocida influencia de los mercados de capital sobre la capacidad de decisión de los gobiernos alcanzó límites insospechados en los momentos más sensibles de la crisis. Con ello se ha desarrollado un mayor grado de alerta en la sociedad acerca del hecho de que cada vez aspectos más importantes de la política —como las decisiones en torno al dinero— van quedando al margen de los procedimientos de deliberación y control que son propios de un genuino concepto de democracia. En este caso se trata de un problema metaeconómico, pero que plantea dudas muy de fondo sobre la pervivencia en el tiempo del principio de independencia.

c) Eventuales problemas de captura. Este último argumento tiene que ver con la posibilidad de que las políticas de los bancos centrales sigan intereses específicos. Son de sobra conocidos los vínculos de relevantes banqueros centrales con grandes instituciones financieras en el pasado. En tal caso, la imposibilidad de influencia política acabaría por perpetuar un problema irresoluble.

Por tanto, la relación entre gobiernos y bancos centrales está ahora sujeto a mayores dudas y controversias que en el período previo a la crisis. Probablemente se le dé respuesta diferente en los distintos países y áreas (a diferencia de las anteriores tendencias homogeneizadoras); el modo en que se decante dependerá de que los bancos sean o no capaces de adaptarse a un modelo de toma decisiones transparente y sujeto a *accountability*. La definición de mecanismos institucionales efectivos para conseguirlo constituye una línea adicional relevante para la reconstrucción de las políticas monetarias. En torno a esta cuestión algunos bancos, como la Reserva Federal, han introducido nuevos procedimientos para la revelación de información sobre sus procesos de toma de decisiones.

Orientación bibliográfica

Sobre los fundamentos de las políticas monetarias y su funcionamiento habitual antes de 2007, véanse: Boivin, J., M.T. Kiley, y F.S. Mishkin (2010): "How has the monetary transmission mechanism evolved over time?",*Finance and Economics Discussion Series Divisions of Research & Statistics and Monetary Affairs*; Federal Reserve Board: Washington, DC, USA, 2010 y Mishkin, F.: *The Channels of Monetary Transmission: Lessons for Monetary Policy*. [En línea] http://myweb.fcu.edu.tw/~T82106/MTP/Ch26-supplement.pdf (accesible el 15 de mayo de 2015).

Sobre el BCE son interesantes los siguientes trabajos: Banco Central Europeo (2011): "La política monetaria del BCE" Frankfurt am Main(http://www.ecb.europa.eu/pub/pdf/other/monetarypolicy2011es.pdf?742021f1e118a422a1c3a74e01b207f0) (accesible el 15 de mayo de 2015) y Banco Central Europeo (2015): "Timeline of the financial Crisis-European Central Bank", Frankfurt am Main (http://www.ecb.europa.eu/ecb/html/crisis.es.html)

Acerca de las políticas monetarias no convencionales aplicadas a partir de 2008, véanse: Arias, X.C. y J. F. Teixeira (2015): "Heterodoxy and Boundaries: Monetary Policy alter the Great Recession", en *De quelques aspects de l'Union économique et monétaire européenne*, Université de Toulouse-Capitole y Castro, A. E. y J.F. Teixeira (2014): "The Formation of a New Monetary Policies: Decisions of Central Banks on the Great Recession", *Economies, 2*, 2: 109-123. [En línea] http://www.mdpi.com/2227-7099/2/2/109/htm (accesible el 15 de mayo de 2015).

Sobre las nuevas tendencias a largo plazo de las políticas monetarias y su fundamentación teórica, véase, entre otros, Blanchard, O. y otros (2010): "Rethinking Macroeconomic Policy", *IMF Staff Position Note*, febrero; Blanchard, O. y otros (2013): "Rethinking Macroeconomic Policy III", *IMF*, abril; Borio, C. (2011): "Central banking post-crisis: What compass for uncharted Waters?", *BIS Working Papers* 353, septiembre y Committee on International Economic Policy Reform (2012): *Banks and Cross-Border Capital Flows: policy Challenges and Regulatory Responses*, Brookings Institution, Washington D.C.

Finalmente, sobre la nueva situación de los flujos de capital y la posibilidad de su control es recomendable la lectura de Gallagher, K. P. (2015): *Ruling Capital*, Cornell University Press, Ithaca.

Capítulo 6
Política monetaria y financiera (II): la política financiera macroprudencial

ANTONIO CALVO BERNARDINO
Universidad CEU San Pablo

1. La política financiera: concepción tradicional y perspectiva moderna

1.1. Concepto y evolución de la política financiera

Cuando en los primeros capítulos de nuestra obra, hacíamos referencia a los objetivos de la política económica a diferentes plazos, no estábamos poniendo de manifiesto sino la dificultad, como también se han señalado por parte de otros economistas, de establecer una separación tajante entre las políticas coyunturales, estabilizadoras, anticíclicas o de dimensión temporal más a corto plazo, de las estructurales, de desarrollo o de más largo plazo.

Este hecho se constata además cuando, desde una perspectiva actual, los instrumentos tradicionales de actuación coyuntural, como las políticas monetaria y fiscal, amplían la dimensión de sus actuaciones a otros plazos; así la política monetaria se plantea objetivos de inflación a plazo medio; o la política fiscal trata de conseguir sus efectos sobre la base de una mejora en la eficiencia y en el funcionamiento del sector público, objetivos que requieren de una dimensión temporal mayor.

En este contexto, la realidad de la política financiera resulta más clara aún. Tradicionalmente, ha sido un instrumento vinculado con la política monetaria, hasta el punto de que, en muchas ocasiones, no se le ha considerado como independiente, sino que, de forma muy significativa, se ha dibujado a ambas políticas como las dos caras de una misma moneda, cada una con sus propias características, pero perfectamente unidas.

Han sido pues, muy pocos los manuales de política económica los que han otorgado un status independiente a la política financiera, limitándose, en su mayoría, a integrar sus actuaciones dentro de las propias de la política monetaria, atribuyendo a éstas un papel de instrumentos cualitativos de la misma.

Sin embargo, la importancia de la política financiera ha crecido significativamente, ya incluso desde antes de la crisis de 2007, hasta el punto de tenerse que considerar sin duda como un instrumento independiente de la política económica, con las necesarias interrelaciones, no obstante con la política monetaria y con la fiscal, y ello por el hecho de que su aplicación se produce en el marco del sistema financiero de un país o varios, de manera que su estabilidad y eficacia condiciona el éxito en la actuación de cualquier política económica, tanto porque a través de él se transmiten los impulsos de la política monetaria del Banco Central (los llamados "mecanismos de transmisión de la política monetaria", entre los que el del crédito bancario ha ganado relevancia en los últimos años), como porque la transformación de los plazos de los activos que realiza (las instituciones bancarias captan recursos a corto plazo y los invierten a largo plazo) contribuye al desarrollo de la inversión, al crecimiento y a la mejora en el nivel de empleo.

Gráfico 6.1
Concepto tradicional de la política financiera

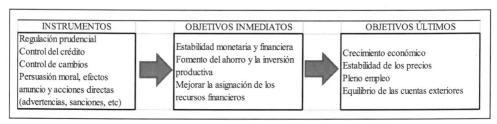

En este contexto, la consideración de los objetivos y de los instrumentos de la política financiera también ha sufrido cambios en los últimos años. Así, tradicionalmente (véase el Gráfico 6.1), se ha destacado que la política financiera ha tenido como objetivos últimos los de la política económica, es decir, fundamentalmente los que constituyen el llamado "cuadrado mágico": la estabilidad de los precios, el pleno empleo, el equilibrio de las cuentas exteriores y el crecimiento económico, a los que las autoridades, en caso de necesidad, han subordinado cualquier objetivo específico perseguido por la misma. Estos objetivos específicos o inmediatos de la política financiera han sido:

– Contribuir a la estabilidad monetaria y financiera de la economía.

– Fomentar el ahorro y la inversión productiva.

– Conseguir una más eficaz asignación de los recursos financieros.

La vinculación tradicional de la política financiera a la monetaria ha venido suponiendo que, dentro del primero de ellos, se otorgara un énfasis mayor al logro de la estabilidad monetaria, facilitando la política financiera la consecución de los objetivos básicos de la política monetaria; pero la concepción moderna de aquella, ha supuesto que la estabilidad financiera ocupe un lugar prioritario y diferenciado dentro de la misma.

Sin embargo, conseguir una definición comúnmente aceptada de la estabilidad financiera no es fácil. En una visión amplia, podríamos definirla, como la capacidad del sistema financiero para intermediar entre ahorradores e inversores, realizar pagos y redistribuir riesgos de forma satisfactoria, promoviendo la asignación eficiente de recursos entre distintas actividades y a lo largo del tiempo, de manera que facilite la actividad económica y la acumulación de riqueza, y contribuya pues a los procesos de crecimiento económico.

Por tanto, la estabilidad financiera, desde una perspectiva actual, por un lado, engloba el conjunto de objetivos inmediatos de la política financiera anteriores y, por otro, necesita apoyarse en tres elementos básicos: una infraestructura económica adecuada, un entorno macroeconómico estable y un sistema financiero sólido (de elevada capitalización y con mecanismos eficientes de gestión de riesgos), con una adecuada supervisión, que no sea en sí mismo una fuente de perturbaciones y que resista bien las posibles crisis.

Así pues, a partir de todo lo anterior, podríamos definir la política financiera como el manejo por parte de las autoridades monetarias y financieras, especialmente por el Banco Central, de un conjunto muy diverso de instrumentos financieros, tanto coyunturales, pero básicamente estructurales, dirigidos al logro de los grandes objetivos de la política económica (estabilidad de precios, pleno empleo, crecimiento, etc.), a través del fomento de la estabilidad financiera (y también monetaria), que implica una eficaz asignación de los recursos y el fomento del ahorro y de la inversión productiva, que se consigue a través de un funcionamiento satisfactorio del sistema financiero que le sirve de marco institucional.

Todo ello nos lleva necesariamente a que a lo largo de este capítulo se estudie el marco en el que se aplica la política financiera, las autoridades que tienen competencias para su aplicación, así como los principales instrumentos que la integran.

1.2. *El sistema financiero: estructura general y funciones en el marco de la política financiera*

Las actuaciones de las autoridades financieras se llevan a cabo en el marco del sistema financiero del país, como hemos visto. Un sistema financiero eficiente, sano y suficientemente desarrollado es condición necesaria para el adecuado funcionamiento del sector real y, por tanto, para contribuir a los procesos de crecimiento, inversión y empleo de la economía.

El sistema financiero está formado por un conjunto de instituciones, activos y mercados, cuya finalidad es la canalización del ahorro desde los agentes que disponen del mismo hacia la inversión por aquellos otros que no disponen de los recursos que precisan. El sistema financiero comprende, pues, tanto los instrumentos o activos financieros, como las instituciones o intermediarios y los mercados financieros (los intermediarios compran y venden, entre ellos, o con otros agentes, los activos en los mercados financieros), así como las autoridades financieras, encargadas de regularlo y controlarlo.

Pero para que esta actividad de intercambio de activos se desarrolle de forma eficiente y el sistema financiero contribuya de forma eficaz a la canalización del ahorro hacia los procesos de inversión, es necesario que se adapte en todo momento a los deseos de los ahorradores e inversores. En general, los deseos de unos y otros no coinciden, pues la liquidez, la seguridad y la rentabilidad perseguida por cada uno de ellos es diferente; los ahorradores básicamente demandan activos financieros que sean muy líquidos (que puedan transformarse fácil y rápidamente en dinero), seguros y con una cierta rentabilidad adaptada al riesgo asumido, mientras que, en general, los inversores desean que el plazo al que se le ceden los recursos sea suficiente para poder desarrollar sus procesos de inversión (activos poco líquidos). De esta forma, en ausencia de un sistema financiero, habría muy pocos intercambios entre los ahorradores e inversores, la financiación de una economía sería muy limitada y se produciría un escaso desarrollo de la actividad real. En cambio, con un sistema financiero que cumpliera los requisitos de eficiencia, seguridad y desarrollo, se facilitaría la acumulación del ahorro y su destino hacia la inversión productiva. En síntesis pues, podemos decir que el sistema financiero está integrado por los especialistas que actúan en los mercados financieros ejerciendo las funciones y realizando las operaciones financieras conducentes a que la mayor cantidad de ahorro esté a disposición de la inversión en las mejores condiciones posibles para ambas partes.

En cuanto a su estructura, en un sistema financiero suficientemente desarrollado podemos observar tres grandes sectores: el del crédito, el de los valores y el de los seguros. El sector del crédito está integrado básicamente por las instituciones que captan recursos de los ahorradores a través de depósitos, y otras formas, como la emisión de títulos a diferentes plazos, o su endeudamiento en los mercados, y los destinan hacia los inversores finales mediante la concesión de créditos, incluyendo dentro de esta categoría aquellas entidades o auxiliares financieros que facilitan esta labor (sociedades de tasación de inmuebles y otros activos, sociedades de garantía crediticia, entidades de pago, etc.). En segundo lugar, el sector de los valores está formado por las entidades especializadas en la actuación en los mercados financieros, incluidos estos mercados en los que se negocian activos muy diversos (renta fija, acciones, futuros, opciones, etc.). Finalmente, el sector asegurador sería el tercer gran sector en el que se divide tradicionalmente un sistema financiero, si bien es un sector en cierta medida especial, pues su labor financiera es subsidiaria de la que constituye su actividad principal, que es la de asumir riesgos por cuenta de sus clientes; ahora bien, este sector resulta básico, sobre todo para el proceso de intercambio de activos financieros, pues está integrado por algunos de los llamados grandes inversores institucionales, como las compañías de seguros y los fondos de pensiones, los cuales captan grandes cantidades de ahorro a largo plazo y los invierten, a través de la compra de títulos, en los mercados.

1.3. Las razones de la regulación financiera

El avance hacia una mayor estabilidad financiera exige una cierta regulación por parte de las autoridades, es decir, una política financiera que consiga un adecuado equilibrio entre la eficiencia y la seguridad del sistema. Es por ello que la mejor política financiera no debe buscar el liberalismo a ultranza, pues al perseguir los propios objetivos de la política económica, las autoridades no pueden renunciar en muchas ocasiones a llevar a cabo intervenciones en el funcionamiento del sistema financiero, tratando de influir en los precios de los activos, y regular las operaciones llevadas a cabo por las instituciones financieras y el acceso a los diferentes mercados, si ello permite un avance en el logro de esos objetivos.

La estabilidad financiera en el sentido señalado, promovida por la política financiera de las autoridades, no implica pues que el sistema financiero se tenga que limitar a servir de canal de los recursos financieros entre los ahorradores y los inversores, sino que debe permitir que éste contribuya, a través de su estructura, y a través de los procesos de innovación financiera que se desarrollen por sus instituciones y por la diversificación de los activos, a generar un mayor volumen de ahorro y a que los recursos así captados puedan dedicarse a la financiación de actividades productivas, lo que pone de manifiesto el necesario desarrollo y modernización del sistema financiero para que la economía real crezca de forma satisfactoria.

En ausencia de (una adecuada) regulación se pueden producir crisis financieras, que se propaguen hacia el sector real de la economía. Una crisis financiera es una perturbación en los mercados financieros asociada típicamente con una caída del precio de los activos y con la insolvencia de deudores e intermediarios que se ramifica a través del sistema financiero, afectando negativamente a la capacidad de los mercados para asignar los recursos en la economía. Y estas crisis, a lo largo de la historia, han estado causadas por factores que tienden a repetirse, pues se han vinculado al comportamiento de los banqueros con conductas especulativas, a la concentración excesiva de inversiones en un sector o en un tipo de clientes, a la falta de profesionalidad de los dirigentes, o al propio entorno económico, tanto nacional como internacional.

Por todas las razones anteriores, se justifica el establecimiento de una política regulatoria por parte de las autoridades, que evite además la propagación de la crisis de una entidad hacia el resto del sistema financiero. Con esta regulación lo que se trata es de proporcionar estabilidad al sistema financiero y de eliminar las consecuencias negativas de las crisis sistémicas, así como de proteger a los agentes que tienen una clara deficiencia informativa sobre el mercado. Sin embargo, una excesiva regulación financiera no es eficiente pues no asegura el avance hacia otros objetivos de la política económica, de forma que las autoridades deben, por una parte, tomar medidas para la flexibilización del mercado financiero, pero, por otra, deben mantener ciertos controles sobre el sector, por su importante papel para el conjunto de la actividad económica.

Sintetizando pues, esta regulación se justifica por razones tanto macro como microeconómicas:

- a. Desde una perspectiva microeconómica, la condición de las entidades financieras como tomadoras de depósitos y de recursos financieros en general, les confiere cierta singularidad, planteándose la necesidad de una vigilancia especial por parte de las autoridades para garantizar la seguridad de esos recursos.
- b. Desde una perspectiva macroeconómica, estas instituciones desempeñan una labor de intermediación en el mantenimiento de la actividad económica, por lo que un sistema financiero sano es esencial para el desarrollo de la economía nacional e internacional.
- c. Desde la misma perspectiva, la capacidad que tienen las entidades bancarias de crear dinero (dinero bancario), mediante el proceso de captación de depósitos y de concesión de créditos es otra razón para su regulación. En efecto, esa creación de dinero bancario afecta a la liquidez general del sistema económico, obligando a las autoridades a su seguimiento y control, garantizando así su eficacia como mecanismo para el desarrollo adecuado de la actividad económica.
- d. La existencia de información asimétrica en el sector financiero, es decir el hecho de que las dos partes que pretenden realizar una operación no conocen la información exacta respecto a la solvencia de su contrapartida, también justifica la regulación de las autoridades para preservar así los intereses de todos los que participan en el sector.
- e. El retraso con el que afloran los problemas en las instituciones financieras es otro elemento justificativo de la regulación. En efecto, las consecuencias económicas de las actuaciones emprendidas por las entidades financieras tardan en manifestarse, y cuando lo hacen, pueden explotar de forma violenta, no pudiendo resolverse fácilmente y, en cualquier caso, con costes muy elevados. Además, este retraso fomenta en las entidades actuaciones fuertemente especulativas y arriesgadas como soluciones en última instancia para salvar su situación.
- f. La conveniencia de precisar con exactitud los segmentos de actuación de las entidades financieras, exigiendo que, a nivel individual, centren su actuación en algún sector concreto del sistema financiero.

g. La necesidad de efectuar un seguimiento a nivel global de las actividades desarrolladas por las grandes instituciones financieras y los conglomerados financieros con presencia en muchos países, y cuyas conductas en otros lugares puede poner en peligro la estabilidad de la entidad en su conjunto y del sistema financiero nacional e internacional.

Así pues, la regulación financiera pretende preservar la integridad del sistema financiero, limitando los riesgos sistémicos, es decir, contribuyendo a la salud financiera global; promover una conducta de las entidades financieras en las que queden defendidos los intereses de los participantes; y ofrecer al mercado una información suficiente acerca de los activos financieros y sus condiciones de negociación, cumpliendo así, unas condiciones mínimas para una correcta formación de sus precios.

2. Los pilares de la política financiera moderna: las políticas macroprudencial y microprudencial

El objetivo básico de la regulación, como hemos comprobado, es conseguir mejoras en la asignación de los recursos que realiza el mercado a través de la intervención pública, lo que se debe manifestar en que el sistema financiero incrementa las posibilidades de crecimiento sostenible de una economía en relación con su situación sin intervención. La regulación financiera debe ir encaminada pues a conseguir un sostenimiento de la estabilidad sistémica y de la solidez de las instituciones financieras. Estos objetivos ponen de manifiesto el hecho de que la regulación financiera se asienta, en la actualidad, en dos pilares: una política macroprudencial, para tratar de evitar los riesgos globales para el conjunto del sistema; y una política microprudencial, con el fin de evitar la crisis en cada una de las entidades que integran el sector financiero.

Hasta períodos recientes, las autoridades habían hecho hincapié, prácticamente de forma exclusiva, en garantizar la estabilidad individual, bajo la consideración que si cada participante en el sector financiero era solvente, el conjunto del sistema también lo sería. En este contexto, no se consideraba el hecho de que las interrelaciones existentes entre entidades pudiesen hacer que cuando se produjera una perturbación en el sector real, o en el sector financiero, ésta se propagase a todas o a la mayoría de las instituciones financieras poniendo en peligro la situación económica global.

Así pues, desde una perspectiva global, la política financiera actual, que persigue la estabilidad financiera, debe lograrse a través de la utilización de una política microprudencial, más tradicional, centrada en la salud individual de las instituciones financieras, pero que resulta insuficiente, dadas las complejas interrelaciones y la fragilidad de las instituciones financieras; y de una política macroprudencial, más reciente, de carácter preventivo, centrada en reducir el riesgo sistémico, reforzando el sistema financiero frente a cualquier perturbación, y que continúe así funcionando normalmente sin consecuencias negativas para la economía real.

Así consideradas, aunque el objetivo sea en última instancia conseguir la estabilidad financiera del sistema, sus perspectivas son distintas, como se pone de manifiesto en el Cuadro 6.1.

Cuadro 6.1.
Comparación entre la política macroprudencial y la microprudencial

	Política macroprudencial	Política microprudencial
Objetivo inmediato	limitar la posibilidad de crisis en el conjunto del sistema financiero	limitar la posibilidad de crisis en las instituciones financieras a nivel individual
Objetivo último	Evitar los costes sobre el PIB	Protección de los consumidores (depositantes/inversores)
Caracterización del riesgo	endógeno (dependiente del riesgo colectivo)	exógeno (independiente del comportamiento individual de los agentes)
Correlación y exposiciones comunes al riesgo entre entidades	importante	irrelevante
Determinación de los controles de regulación prudencial	en términos de riesgo global del sistema; planteamiento top-down	en términos de riesgo de las instituciones individuales; modelo bottom-up

FUENTE: Borio, C. (2003), "Towards a macroprudential framework for financial supervision and regulation?" *BIS Working Papers*, nº 128.

Como podemos comprobar, la política macroprudencial cae de lleno dentro del ámbito macroeconómico, pues sus actuaciones tratan de evitar los costes de las posibles crisis sobre el PIB, se basa en las relaciones entre entidades financieras y sus controles se establecen para el conjunto del sector, tratando de evitar los riesgos globales; mientras que la microprudencial se centra en aspectos microeconómicos, al referirse a los riesgos individuales, a la protección del consumidor y a la regulación individual. Esta diferencia de enfoque de ambas políticas justifica que en este capítulo de nuestro libro nos centremos en el análisis de las actuaciones macroprudenciales, dejando para el manual de políticas estructurales el componente microprudencial de la política financiera.

Debemos ser conscientes, por último, como ya hemos puesto de manifiesto en varias ocasiones en nuestro libro, de que el logro de los objetivos de política económica de las autoridades no se puede vincular a instrumentos concretos, sino que el avance hacia su consecución exige una actuación coordinada de todos, o la mayor parte, de los disponibles.

Cuadro 6.2
Políticas para promover la estabilidad financiera

POLÍTICAS	OBJETIVOS	ACTUACIONES (ejemplos)
microprudencial	limitar el riesgo de crisis de las instituciones financieras a nivel individual	volumen y calidad del capital; ratio de apalancamiento
macroprudencial	limitar el riesgo de crisis del sector financiero en su conjunto	provisiones dinámicas; colchones anticíclicos de capital; identificación de entidades sistémicas; pruebas de resistencia
política monetaria	estabilidad de los precios	tipo de intervención del banco central; otras operaciones de inyección y detracción de liquidez
	manejo de la liquidez	listas de activos de garantía; pago de intereses sobre las reservas bancarias
	evitar los desequilibrios financieros	tipo de intervención del banco central; requerimientos de reservas, reservas de divisas
política fiscal	manejo de la demanda agregada	impuestos; estabilizadores automáticos; medidas discrecionales anticíclicas
	colchones fiscales en períodos expansivos	medidas para reducir los niveles de deuda pública; impuestos sobre el sector financiero
controles de capital	limitar los movimientos de capitales	límites sobre las posiciones abiertas en moneda extranjera; límites sobre los activos en moneda extranjera
gobernanza	fortalecer la resistencia de la infraestructura del sistema financiero	exigencias de honorabilidad y capacidad de los altos cargos de las entidades de crédito; requisitos para el acceso a mecanismos de pagos

FUENTE: Galati, G. y Moessner, R. (2011), "Macroprudential policy-a literature review", BIS Working Papers, nº 337.

En este sentido pues, el logro de la estabilidad financiera exige también la actuación conjunta de varios de ellos, como podemos comprobar en el Cuadro 6.2, y que van desde la política financiera, a través de sus propias actuaciones, micro y macroprudenciales, incluso con medidas de controles de capitales y de gobernanza, hasta el empleo de la política monetaria y la fiscal. La política monetaria, pues su contribución a la estabilidad financiera se produce a través de los medios que facilitan la estabilidad de los precios, el manejo de la liquidez y la corrección de los desequilibrios financieros, y para ello cuenta con instrumentos como los tipos de interés de intervención del Banco Central, los requerimientos de reservas, los colaterales como garantía de las operaciones realizadas con las entidades bancarias, etc. Por su parte, la política fiscal contribuye a esa estabilidad financiera a través del manejo de la demanda agregada o el empleo de los estabilizadores automáticos, que permiten una actuación contracíclica, reduciendo los riesgos derivados de la prociclicidad de otras actuaciones económicas.

Se trata pues de una nueva política financiera que corrija las carencias puestas de manifiesto en el terreno de la tradicional regulación y supervisión microprudencial, definiendo una nueva área específica de la política económica y financiera de carácter macroprudencial, dirigida a garantizar la estabilidad del conjunto del sistema financiero y a minimizar los riesgos que plantea al sistema económico real, con una orientación eminentemente preventiva.

Una política financiera que, entre otras actuaciones, sustituya la desregulación por una mayor y mejor regulación; aumente y equipare las exigencias de solvencia para las entidades financieras; incremente y mejore el control y la supervisión de las mismas y de los mercados financieros (potenciando los servicios nacionales de vigilancia, aumentando la coordinación nacional e internacional de los organismos supervisores y reguladores, creando entidades de control supranacionales, prestando una especial atención a los grupos financieros internacionales y a las entidades catalogadas como sistémicas, aumentando la transparencia de los intermediarios financieros con su clientela y la protección de ésta, armonizando e incluso unificando las legislaciones nacionales en este campo, ...); reforme la arquitectura financiera internacional, fortaleciendo la financiación multilateral, creando un nuevo marco institucional para ella, etc.; y arbitre las medidas precisas para propiciar el mejor sistema posible de prevención y rescate para los sistemas financieros en crisis (ayudas diversas, recapitalizaciones, fusiones, transformación de entidades, ...). Además, en el ámbito específico de la política macroprudencial, trate adecuadamente la naturaleza procíclica del sector financiero y, en general, se asegure de la estabilidad financiera y la gestión de las crisis, complementándose y coordinándose con una política monetaria orientada fundamentalmente a la estabilidad de los precios y con una política fiscal sólida que garantice la sostenibilidad de las finanzas públicas, además de con las necesarias reformas estructurales.

3. Los instrumentos de la política financiera con perspectiva macroprudencial

Dentro de la política financiera, la política macroprudencial constituye un instrumento de gran importancia desde una perspectiva actual. De hecho, como hemos comprobado, la consideración de la política macroprudencial como instrumento específico de la política financiera, y de la política económica, ha sido relativamente reciente. Así, desde una perspectiva temporal, los instrumentos de la política financiera podrían clasificarse, como podemos comprobar en el Cuadro 6.3, según su carácter tradicional, que serían los propios de la misma orientados a diversos aspectos de la actividad económica; y según su carácter más reciente, que entrarían en el ámbito de esta política macroprudencial, más orientados específicamente al sector financiero.

Cuadro 6.3
Instrumentos de la política financiera con dimensión fundamentalmente macroeconómica

PERSPECTIVA	OBJETIVO GENERAL	INSTRUMENTOS	MEDIDAS	FINALIDAD
TRADICIONAL	Afectar al destino de la financiación, a su cuantía y al comportamiento de los agentes económicos	Control selectivo del crédito	Coeficientes de inversión	Las entidades financieras inviertan un porcentaje de sus recursos en determinadas actividades, sectores, etc.
			Banca pública	Complementar la actividad financiera desarrollada por la banca privada
			Regulación de operaciones financieras	Favorecer ciertas actividades (concesión de créditos, garantías, etc.)
		Política de racionamiento del crédito		Limitar la posibilidad de conceder créditos por las entidades financieras para conseguir objetivos como el control de la inflación
		Control de cambios		Proteger la moneda nacional frente a otras divisas
		Persuasión moral		Convencer a las entidades financieras para que actúen de acuerdo con lo indicado por el Banco Central
		Publicidad y asesoramiento		Influir en el comportamiento de los agentes por parte de las autoridades
		Acciones directas		Sancionar a las entidades que incumplen la normativa
MODERNA MACROPRUDENCIAL	Salvaguardar la estabilidad global del sistema financiero	Provisiones dinámicas		Estabilizar el ciclo económico creando mayores provisiones en bonanza económica
		Colchones de capital anticíclicos		Vincular las exigencias de capital a la fase del ciclo económico
		Determinación de entidades sistémicas		Establecer mayores requisitos a las entidades que pueden contribuir a un mayor riesgo global
		Realización de pruebas de resistencia		Determinar la estabilidad de las entidades financieras ante diversos escenarios

FUENTE: Elaboración propia.

3.1. Los instrumentos tradicionales de la política financiera con orientación básicamente macroeconómica

La política financiera desde una perspectiva tradicional trata, a través de diferentes medios, de influir sobre la evolución macroeconómica con acciones específicas sobre el sector financiero, como el control selectivo del crédito, su racionamiento, la persuasión moral o las acciones directas, pero también con actuación en otros ámbitos, tratando de influir o regular la actividad de todos los agentes, como el control de cambios o la publicidad o el asesoramiento, que no obstante tienen implicaciones muy directas igualmente sobre el sector financiero. Con mayor detalle, estas actuaciones serían:

a) **El control selectivo del crédito**, que puede llevarse a cabo, a su vez, a través de mecanismos muy diversos, algunos ya en cierto desuso, como los coeficientes de inversión obligatorios, el crédito oficial, la regulación de ciertas operaciones financieras, etc.

Esta política de control selectivo del crédito comprende pues un conjunto muy diverso de actuaciones de las autoridades monetarias y financieras, que tratan no de controlar la cantidad total de dinero de la economía (o su coste), sino de dirigir la financiación global hacia aquellos sectores o actividades, e incluso regiones o áreas determinadas, consideradas más útiles para la colectividad, por los motivos que sean: por su naturaleza, su especial relevancia para la economía, sus connotaciones sociales, por estar en crisis, etc. Como hemos señalado, dentro de esta política se encuentran los llamados *coeficientes de inversión* (financiación privilegiada), que establecen la necesidad de que las entidades financieras por ellos afectados inviertan un determinado porcentaje de sus recursos en ciertos sectores o actividades económicas, que se ven así favorecidos respecto a los demás, al contar con una financiación más fácil, abundante y, frecuentemente, también con mejores condiciones de plazos y coste, y que, en ausencia de intervención, no recibirían el mismo flujo de recursos.

Por su parte, otra forma de control selectivo del crédito sería favorecer la presencia de una *banca pública* en la actividad financiera, que determinara sus actividades en el mercado no en base a la búsqueda de la maximización de su beneficio, como hacen las instituciones financieras privadas, sino más bien a razones sociales o de interés económico general.

En fin, también otra forma de influir en el crédito es a través de *la regulación de distintos tipos de operaciones financieras*, como pueden ser la subsidiación de intereses en determinados tipos de préstamos (hipotecarios, sobre todo), regulando otros (como los de consumo en sectores importantes, como la automoción, las compras a plazo en general, etc.), o prestando garantías públicas, parciales o totales, directas o indirectas, a diversos tipos de préstamos, según el destino.

b) **La política de racionamiento del crédito,** que consiste en que las autoridades limitan la posibilidad de conceder créditos y préstamos a las entidades financieras, con el fin de complementar las actuaciones de la política monetaria para la lucha contra la inflación. Esta política impide directamente que la oferta de crédito atienda en su totalidad a la demanda del mismo, lo cual frena las posibilidades de gasto de los agentes económicos, y por tanto, ejerce efectos sobre el nivel de precios de la economía.

Las autoridades suelen acudir a la utilización de esta política cuando otras actuaciones tradicionales para la lucha contra la inflación, como puede ser la aplicación de la política monetaria, no consigue en su totalidad los efectos deseados. Se trata pues esta política de racionamiento del crédito de un instrumento de actuación directa de las autoridades, normalmente aplicado por el Banco Central, y presenta como características, que opera con un retardo temporal muy pequeño, por lo que sus efectos se hacen sentir de forma inmediata; que es más eficaz cuando se aplica restrictivamente que cuando las autoridades deciden relajarlo o incluso eliminarlo, pues su impacto expansivo vendría determinado por la existencia o no de una demanda suficiente de créditos que no hubiese sido satisfecha con anterioridad; que su eficacia será tanto mayor cuanto más dependiente sea el sector residente del crédito bancario para su financiación; pero también es cierto que ejerce efectos discriminatorios, al perjudicar a las pequeñas y medianas empresas y a las familias, frente a las grandes empresas y multinacionales localizadas en el país, pues éstas siempre disponen de formas alternativas al crédito para su financiación, como es la emisión de valores en los mercados, o la obtención de recursos en otros países o en el mercado global.

c) **El control de cambios.** La política de control de cambios comprende, en general, todo el conjunto de disposiciones legales y administrativas que regulan los cobros y pagos con el extranjero, en divisas o en moneda nacional, y la adquisición o cesión de bienes y derechos de contenido económico, entre los residentes y los no residentes. Estas operaciones entre residentes y no residentes pueden ser objeto de regulación por parte de las autoridades, a través de su política financiera, pudiendo prohibirlas, someterlas a autorización previa, o a información, etc., con la finalidad de proteger a la divisa nacional, si es débil en relación a otras divisas extranjeras.

d) **La persuasión moral,** con la que se intenta convencer o persuadir a las entidades de crédito para que actúen de acuerdo con las indicaciones del banco central. Su aplicación es más sencilla y práctica cuanto menor sea el número de entidades y cuanto mayor sea el prestigio y la fuerza de la autoridad monetaria y financiera, y suele ser un instrumento eficaz, puesto que, por un lado, las entidades saben que ésta dispone de otros elementos de carácter coercitivo que les puede llevar a tener que cumplir de forma obligatoria lo que en un primer momento se trataba de recomendaciones y, por otro, porque siempre las interesa mantener unas buenas relaciones con las autoridades.

e) **La publicidad y el asesoramiento,** también llamado efectos anuncio, que consiste en hacer que las opiniones de las autoridades financieras sean conocidas por el público, y poder influir, a través de ellas, sobre el comportamiento del conjunto de operadores económicos, así como sobre las expectativas de los diferentes agentes. El mecanismo para lograrlo es a través de medios muy diversos, como informes económicos y estadísticos, notas de prensa, presencia en los medios de comunicación de los altos cargos de la administración financiera, conferencias de éstos, etc.

f) **Las acciones directas,** que se reserva para aquellas situaciones en las que se ha incumplido la regulación financiera de las autoridades. Dentro de ellas se incluyen desde advertencias y amonestaciones públicas o privadas, hasta las sanciones de diversa índole, aplicadas a partir de la importancia de la infracción que se haya cometido, de la gravedad del peligro ocasionado a la economía o a particulares, de las ganancias que se hayan podido obtener, de la importancia de la entidad, de su conducta previa, etc., y que pueden suponer la imposición de multas de diferente cuantía, a la entidad y/o a sus gestores, hasta la intervención de la entidad, o su baja para operar en el sector financiero.

3.2. *Los instrumentos de la política macroprudencial*

Salvo el conjunto de actuaciones anteriores que tienen una orientación más macroeconómica, aunque también en cierta medida microeconómica, el enfoque tradicional de la regulación financiera había puesto su énfasis en la seguridad y en la solvencia de las instituciones financieras individuales. Sin embargo, en respuesta a las crisis que recurrentemente han aparecido en las últimas décadas en el sector financiero, se ha empezado a poner un mayor énfasis en la estabilidad sistémica del conjunto.

Al amparo de ello, se ha desarrollado una política macroprudencial con el objetivo de salvaguardar la salud del conjunto del sistema financiero, ya que, como dijimos, la estabilidad individual de las entidades no garantiza la global. Estas actuaciones macroprudenciales operan en dos dimensiones: la temporal, ligada al riesgo sistémico que se deriva del carácter procíclico del sistema financiero; y la transversal, por la interconexión entre entidades que pueden provocar contagios de unas sobre otras.

La política macroprudencial desde una **dimensión temporal** trata de reducir la prociclicidad del sistema financiero, es decir, limitar la contribución de éste a que los ciclos económicos sean excesivamente acusados. En el Cuadro 6.4 recogemos las razones por las que el sistema financiero puede aumentar el tamaño de los ciclos.

Cuadro 6.4
El papel del sistema financiero en la ampliación de los ciclos económicos

FASES EXPANSIVAS	FASES CONTRACTIVAS
Los prestamistas y los prestatarios muestran una elevada confianza en su capacidad para hacer frente a los pagos y a su cobro, lo que hace que las entidades relajen los requisitos para conceder financiación y sean menos rigurosas en sus requerimientos de garantías.	El aumento de los impagos provoca que las entidades bancarias establezcan requisitos más exigentes para la concesión de financiación y el sector privado, ante las peores perspectivas económicas, sea menos proclive al endeudamiento.
Las buenas expectativas económicas generales promueven un mayor endeudamiento de los agentes económicos.	Los tipos de interés suelen ser mayores, y la caída en el valor de los activos reduce las garantías disponibles a los potenciales prestatarios para la obtención de financiación, lo que disminuye igualmente el endeudamiento.

Para conseguirlo, algunos de los principales instrumentos con los que cuenta la política macroprudencial serían las provisiones dinámicas y los colchones anticíclicos de capital. **Las provisiones dinámicas**, en primer lugar, fueron aplicadas por primera vez por el Banco de España a principios de este siglo, y su finalidad es que las entidades financieras acumulen un fondo de provisiones en las épocas de bonanza económica para ser utilizado cuando un empeoramiento económico tiende a deteriorar sus balances. Así pues, este instrumento pretende moderar el crecimiento del crédito en las fases expansivas del ciclo económico al obligar a las entidades a una mayor dotación de provisiones ante posibles riesgos futuros, y a facilitarlo en las recesivas cuando se reducen esas exigencias.

Por su parte, **los colchones de capital anticíclicos**, con una filosofía similar a las provisiones dinámicas, que vinculan las exigencias de recursos propios (capital más reservas básicamente) para las entidades financieras a la fase del ciclo en la que se encuentre la economía. Así, en las fases expansivas, cuando el crédito crece por encima de su tendencia, se aumentan los requisitos de capital y se reducen o liberan esas exigencias cuando ese ciclo pasa a una fase depresiva.

Estos colchones permiten pues que en las fases expansivas las entidades financieras acumulen unos niveles de capital adicionales, de forma que, cuando llegue una mala situación económica, y se tengan que enfrentar a unos mayores requerimientos de recursos propios, y sea difícil de obtenerlos, ya sea por las dificultades de lograr ampliaciones de capital en momentos adversos, o de generar suficientes reservas a partir de los beneficios obtenidos, exista una cobertura suficiente, que no las lleve en esos momentos a disminuir su volumen de créditos para cumplir con las exigencias más elevadas, pues ello tendría un efecto negativo sobre la economía real.

Por tanto, las provisiones dinámicas y los colchones anticíclicos tienen una misma finalidad, como es su contribución a la suavización del ciclo económico, pero lo hacen desde perspectivas distintas, pues las provisiones se realizan a partir del activo del balance de las entidades bancarias, es decir se determinan en función del volumen de créditos concedidos, exigiéndose la constitución de una mayor cantidad de ellas en las fases expansivas del ciclo, mientras que los colchones supone el incremento del volumen de recursos propios, ya que suponen la exigencia de mayores niveles de capital en esas fases para que estas coberturas protejan la estabilidad de la entidad, cuando se produce el aumento de los riesgos.

Por otro lado, en segundo lugar, la **dimensión transversal de la política macroprudencial** tiene en cuenta la interconexión entre entidades, que puede provocar, en caso de crisis de alguna o algunas de ellas, contagios sobre el resto. Para evitarlo, las autoridades financieras deben tratar de identificar aquellas entidades susceptibles de provocar un riesgo sistémico global.

Se trata pues de **determinar el conjunto de entidades sistémicas,** entendidas como aquellas cuya quiebra genera riesgo sistémico, impactando al sistema financiero en su conjunto y dañando finalmente a la economía real. Y ese carácter se puede deber a su tamaño, a sus interrelaciones y/o a la dificultad para sustituir los servicios que prestan. Las entidades sistémicas son pues demasiado grandes para gestionar, supervisar y, sobre todo, para dejarlas caer, de forma que, en caso de crisis, es menos costoso rescatarlas, que dejarlas caer, con el consiguiente coste para los países.

Cuadro 6.5
Medidas preventivas para reducir el riesgo de quiebra de las entidades sistémicas

MEDIDAS	JUSTIFICACIÓN
Limitar el tamaño, estructura y alcance de sus actividades	La segmentación de sus actividades y operativa reduce su tamaño y los riesgos globales sobre el sistema financiero
Exigir recursos propios y de liquidez adicionales a los de otras entidades	Se disminuye los riesgos de crisis y de impago, equiparando estas entidades con el resto pues tienen más facilidades, dado su tamaño, para conseguir financiación y a menores costes
Mejorar la gestión	Exigir mayor capacidad a sus administradores y mejores mecanismos internos para el seguimiento de riesgos.
Supervisión reforzada	Seguimiento más intensivo con presencia permanente de inspectores en la entidad
Supervisión supranacional	Mejorar la supervisión para disponer de suficiente información de las actividades que desarrollan en los mercados internacionales
Elaborar planes individuales de recuperación y de liquidación ordenada	En caso de crisis, que dispongan de herramientas para poder neutralizarla y gestionarla adecuadamente

Para evitar su posibilidad de quiebra, y sus consecuencias, las autoridades deben establecer regulaciones especiales sobre ellas, que reduzcan esa probabilidad y, en su caso, el impacto o coste de esa quiebra. En el Cuadro 6.5 recogemos las posibles medidas preventivas a aplicar para evitar esas quiebras.

Además de la determinación de las entidades sistémicas, y la aplicación de algunas o todas las actuaciones contempladas, la dimensión transversal de esta política macroprudencial debe incluir la realización de las llamadas **pruebas de resistencia (stress test)** a las entidades bancarias que superen un tamaño mínimo (que no tiene que ser el correspondiente a las llamadas sistémicas, sino que abarcaría a la práctica totalidad de entidades que operan en un sistema financiero si su situación afecta no solo a ellas, sino que pudiese tener implicaciones de carácter más general) para evaluar su resistencia en caso de que se presenten escenarios de crisis. Su realización permite obtener una indicación del capital que podría llegar a necesitarse en caso de que se materializaran determinados riesgos, e identificar las áreas donde pueden requerirse otras acciones supervisoras.

Por tanto, el objetivo fundamental de estas pruebas es recuperar la confianza en el sistema bancario de un país, no solo a nivel de cada entidad sino también a nivel global. En efecto, en momentos en que existen dudas sobre la calidad de los activos bancarios y de la situación general del sistema financiero, el anuncio de estas pruebas de resistencia, la publicación de la metodología de cómo se van a desarrollar y de las necesidades de capital de cada entidad una vez efectuadas, a cubrir en un determinado período de tiempo, el anuncio de la posibilidad de disponer de fondos públicos para su saneamiento, etc., permite influir sobre las expectativas de los agentes económicos sobre la situación del sistema bancario y conocer la posición de las autoridades en el caso de necesidad, lo cual profundiza en la confianza en el mismo y en que siga constituyéndose en el mecanismo básico de financiación de la actividad real.

4. Los agentes de la política financiera

4.1. *Funciones generales de las autoridades en la regulación financiera: las competencias de los órganos nacionales*

Las autoridades financieras deben cumplir dos funciones fundamentales: por un lado, regular adecuadamente el sector financiero para que éste pueda cumplir las funciones u objetivos que tiene asignados; y, por otro, supervisar el cumplimiento de la regulación establecida, con el fin de mantener la solidez y la seguridad de las instituciones financieras y contribuir a la estabilidad financiera global.

Para lograrlo, las actividades que desarrollan las autoridades se pueden agrupar en tres fases distintas:

a) **En el inicio de las actividades financieras.** En esta fase se trata de que el acceso y la operativa a desarrollar por las instituciones financieras esté sometida al cumplimiento de determinadas exigencias; así, las autoridades deben conceder la autorización correspondiente para poder ofrecer los servicios en el sector financiero, es decir, para la creación de una entidad, así como para la realización de determinados actos, como cambios de domicilio, de denominación, de categoría, para la apertura de sucursales en determinadas situaciones, emisiones de valores, acceso a mercados, etc. Eso sí, estas exigencias deben ser objetivas, en el sentido de aplicarse de forma similar a todos aquellos que pretendan incorporarse a la actuación en el sector financiero, pues una cierta regulación en este ámbito, aunque limita la libertad de acceso, va en beneficio de la seguridad de todos los que operan en el sector.

b) **Durante el período de desarrollo de la actividad financiera.** El objetivo es tratar de evitar que las entidades, en el devenir diario, lleven a cabo actuaciones que pongan en peligro su estabilidad, y la del sector en su conjunto, garantizando las autoridades el cumplimiento de la normativa financiera por parte de ellas. Para ejercer ese control, las autoridades financieras llevan a cabo actuaciones inspectoras, que pueden ser periódicas u ordinarias, para comprobar el cumplimiento en general de las normas obligatorias que las afectan en los diferentes ámbitos de su actividad; o especiales o extraordinarias, que se realizan, sin una periodicidad determinada, para profundizar en el seguimiento de algunas operaciones que desarrolla la entidad financiera y que, a juicio del supervisor, requieren una vigilancia especial.

Desde otro punto de vista, las inspecciones desarrolladas por las autoridades pueden ser: internas, realizadas a partir de los balances y demás documentación que las entidades sujetas a su supervisión están obligadas a remitir periódicamente a las autoridades; externas, o visitas de inspección propiamente dichas, que están dirigidas al examen, en la sede de la entidad habitualmente, de los libros, cuentas y demás documentos de la entidad inspeccionada; o incluso, si el tamaño de la entidad es importante, y su estabilidad resulta primordial para el adecuado funcionamiento del sistema financiero y de la economía en su conjunto, se pueden mantener inspectores en la propia entidad para que el control y seguimiento de sus actuaciones sea permanente.

Como consecuencia de la actividad inspectora, los responsables de la misma levantan actas de la labor desarrollada, que pueden suponer: el archivo de las actuaciones, si no se ha detectado ninguna irregularidad en el funcionamiento de la entidad financiera; la realización de recomendaciones o mandatos, a sus altos cargos o a la entidad, para corregir determinadas actuaciones (política de concesión de créditos, sistema de reparto de dividendos, etc.), que pueden poner en peligro su estabilidad futura; o la apertura de expedientes sancionadores, en los que se detallen los tipos de infracciones cometidas, y la sanción asociada a la infracción.

c) **En el fin de la actividad de la entidad financiera**: si a pesar de la labor de supervisión y vigilancia de una entidad, ésta tiene problemas que no pueden ser solventados, las autoridades financieras deben disponer de mecanismos apropiados para una reestructuración o para una resolución ordenada de la entidad, que preserve en la medida de lo posible los intereses de los ahorradores y de aquellos perjudicados por su situación.

Para el desarrollo de estas funciones en el ámbito de la política financiera, la máxima autoridad dentro de un país es el Gobierno, que desarrolla sus funciones a través de un Ministerio de Finanzas, o denominación similar (Economía, Economía y Hacienda, Economía y Comercio, etc.). A este Ministerio le corresponde en general, entre otras, la propuesta y ejecución de la política del Gobierno en el ámbito financiero y, en concreto, la dirección, desarrollo y ordenación de la política financiera, la elaboración y tramitación de las normas relativas al sector financiero, la representación de la administración ante los diferentes organismos financieros internacionales, etc. (Gráfico 6.2).

Gráfico 6.2
Elementos integrantes de un sistema financiero (adaptado al caso español)

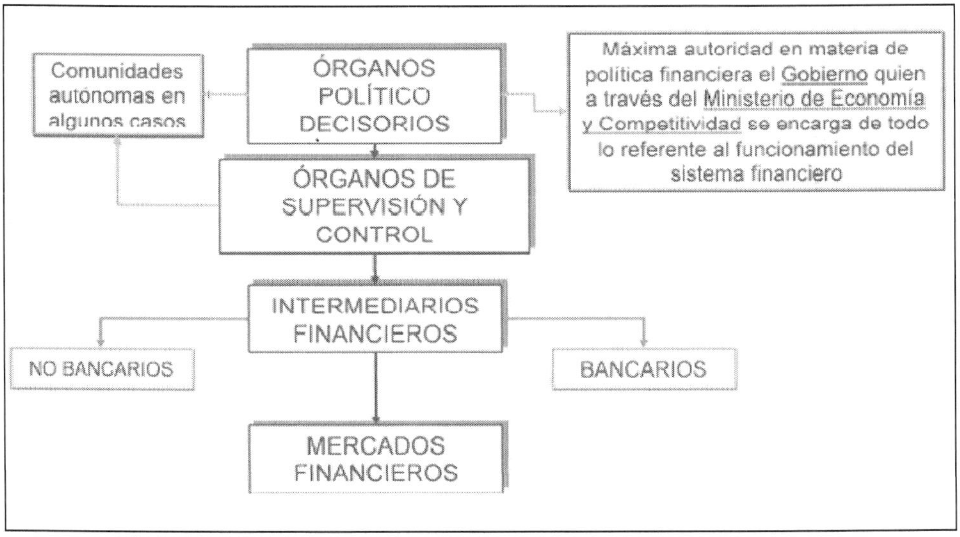

En ocasiones, las competencias en materia financiera también corresponden a otros órganos de la administración, como puede ser la regional, en el caso de que el país tenga una estructura federal o descentralizada, como sucede, por ejemplo, en España, con las Comunidades Autónomas, que tienen competencias legislativas y de supervisión de las entidades que tienen su sede en su ámbito territorial, o en Alemania, país en el que determinadas funciones de la política financiera recaen directamente en los Estados federales. Incluso, la pertenencia a áreas económicas amplias puede suponer una mayor integración financiera entre los países, de manera que algunas de las competencias financieras recaigan directamente en organismos supranacionales, como veremos más tarde.

Por otro lado, la normativa financiera emanada por esos órganos puede prever que determinadas competencias de regulación financiera recaigan en las llamadas autoridades de control y de supervisión de las entidades y los mercados financieros. Estas autoridades pueden ser distintas entre países, y con un número también diferente, pero deben ocuparse del control y de la supervisión de todos los que actúan en el sector financiero, y que se integran en los tres sectores a los que nos referíamos anteriormente (crédito, valores y seguros).

Gráfico 6.3
Sectores propios de un sistema financiero (con las competencias de supervisión para cada uno de ellos en el caso español)

En el Gráfico 6.3 vemos la estructura de los órganos políticos y de control y de supervisión con competencias sobre el sistema financiero de nuestro país, y por tanto, de aplicar o supervisar el cumplimiento de la política financiera de las autoridades en este ámbito. Así, observamos que, al margen de los órganos políticos, las actividades de control y de supervisión están divididas según el sector al que nos refiramos. En cuanto al sector del crédito, las competencias recaen sobre el Banco de España, si bien el Banco Central Europeo por los avances realizados para una mayor integración financiera en los últimos años, y la creación de una Unión Bancaria Europea, también asume competencias sobre las entidades de crédito de mayor tamaño de los países de la zona euro. Por su parte, la Comisión Nacional del Mercado de Valores se encarga de la vigilancia y de la ordenación de todo lo relativo al mercado de valores español y la Dirección General de Seguros y Fondos de Pensiones ejerce similares funciones en el sector asegurador; todo ello sin menoscabo de la necesaria colaboración entre estos órganos y entre ellos y otros de carácter supranacional, cuando las actividades desarrolladas por las entidades superan el ámbito de un sector o de las fronteras del país.

4.2. Autoridades supranacionales con competencias en el ámbito de la regulación financiera macroprudencial

La reciente preocupación por los aspectos macroprudenciales en la política financiera, de forma intensa además con la crisis iniciada en 2007, ha llevado a las autoridades nacionales a desarrollar acuerdos en los que se trasladen una parte de las competencias de vigilancia y de supervisión de las entidades financieras a organismos supranacionales. Y ello porque el ámbito de actuación de las autoridades nacionales resulta muy limitado, al menos, en dos sentidos. En primer lugar, porque no tienen los instrumentos ni la información necesaria para controlar la actuación de los grupos financieros que actúan, con más o menos intensidad, fuera de sus fronteras. En segundo, porque tampoco cuentan con suficientes elementos de presión, y menos aún de sanción, para velar por las estabilidad macrofinanciera global.

Esta necesaria vigilancia global de los sistemas financieros nacionales ha llevado a la transformación, o a la creación, de diferentes organismos supranacionales a los que se les ha trasladado diversas competencias en la vigilancia y la supervisión de los riesgos que pueden afectar al sistema financiero mundial.

Así, a nivel general, en la cumbre del G20, de Londres de 2 de abril de 2009, se aprobó un nuevo esquema de vigilancia financiera global apoyado en dos instituciones centrales: por un lado, el Consejo de Estabilidad Financiera, y, por otro, el Fondo Monetario Internacional.

En el Gráfico 6.4 vemos los principales agentes con responsabilidad macroprudencial, con especial referencia a los que asumen algunas competencias globales. Así, además de los Bancos Centrales nacionales, o en general las autoridades supervisoras de cada país, a nivel internacional encontramos diversos organismos.

En primer lugar, el **Consejo de Estabilidad Financiera** (antiguo Foro de Estabilidad Financiera) reúne a las autoridades públicas de más de 20 países, así como diversas organizaciones internacionales (autoridades financieras nacionales, como bancos centrales, autoridades de regulación y supervisión y ministerios de finanzas de los países del G20 más España, Holanda, Suiza, Singapur y Hong Kong; el Fondo Monetario Internacional y el Banco Mundial; los organismos responsables de fijar estándares internacionales; y los comités de expertos de los bancos centrales), con el fin de promover la estabilidad financiera.

Gráfico 6.4
Principales participantes en la política macroprudencial global, regional y nacional

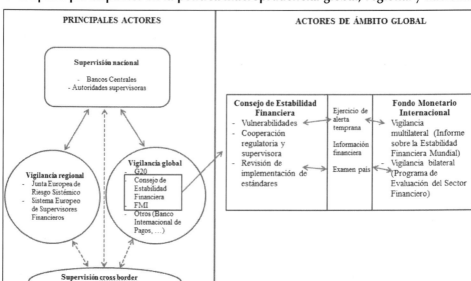

FUENTE: L. Field y P. Moreno (2010), "El G20 y la reforma de la vigilancia financiera global", *Información Comercial Española*, nº 855, julio-agosto, pág. 115.

Este Consejo de Estabilidad Financiera asume entre sus competencias tres funciones principales en el ámbito de la vigilancia financiera global, que se desarrollan con mayor detalle en el Recuadro 6.1:

a) La vigilancia del sector financiero internacional, con el fin de evaluar y supervisar las vulnerabilidades que le afectan, e identificar y aplicar medidas para hacerles frente.

b) La coordinación de la regulación y la supervisión financiera, con el fin de coordinar los esfuerzos que vienen realizándose ya desde hace tiempo por las autoridades nacionales para la definición de estándares internacionales en áreas clave, así como abordar otros ámbitos que no eran tratados por los órganos encargados de esa definición.

c) La revisión de la aplicación de los estándares internacionales de regulación financiera. Ya que su publicación no es suficiente por sí sola para lograr una mayor convergencia a nivel internacional o para aumentar la calidad de la regulación y la supervisión y las prácticas de las entidades financieras, se precisa la introducción de mecanismos para garantizar su puesta en marcha. Así, en esta línea, se deben publicar informes periódicos sobre el nivel de aplicación de estos estándares, se establecen mecanismos para evaluar su cumplimiento, como son las revisiones periódicas, se deben adoptar medidas para promover la adhesión a estos estándares de cooperación y de intercambio de información entre países y jurisdicciones.

Recuadro 6.1
Tareas fundamentales asignadas al Consejo de Estabilidad Financiera

- Valorar las vulnerabilidades que afectan al sistema financiero global, e identificar e implementar las actuaciones regulatorias y supervisoras necesarias para abordarlas.
- Promover la coordinación y el intercambio de información entre las autoridades responsables de la estabilidad financiera.
- Hacer el seguimiento y asesoramiento de los desarrollos que se produzcan en el mercado y de sus implicaciones para la política regulatoria.
- Asesorar y hacer el seguimiento de las mejores prácticas en el cumplimiento de los estándares regulatorios.
- Llevar a cabo revisiones estratégicas conjuntas de los desarrollos de política regulatoria de los organismos internacionales emisores de normas, para asegurar que sus respectivos trabajos se hacen en el momento adecuado, de forma coordinada, y centrados en las prioridades y en abordar las deficiencias.
- Fomentar y establecer directrices para el establecimiento de los colegios de supervisores.
- Dar apoyo a los planes de contingencia necesarios para la gestión de crisis transfronterizas, en especial para las entidades con importancia sistémica.
- Colaborar con el fondo monetario internacional para llevar a cabo el ejercicio de alerta temprana.

Por su parte, el **Fondo Monetario Internacional** ha venido reforzando su papel en el ámbito de la vigilancia financiera desde la crisis asiática de la segunda mitad de los años noventa, a través de la introducción de dos informes: por un lado, un Programa de Evaluación del Sector Financiero y, por otro, un Informe sobre la Estabilidad Financiera Mundial.

El *Programa de Evaluación del Sector Financiero* es un instrumento de vigilancia bilateral que se crea en 1999, conjuntamente con el Banco Mundial, con el objetivo de analizar con detalle los sectores financieros de cada país y evaluar sus riesgos; por su parte, el *Informe sobre la Estabilidad Financiera Mundial* se crea en 2002 para analizar los mercados financieros globales, completando el Informe de Perspectivas de la Economía Mundial, que venía ya realizando, pero analizando las ramificaciones financieras de los desequilibrios macroeconómicos detectados en ese Informe.

Todas estas actuaciones globales se acompañan de cambios en la propia estructura de esta organización supranacional, para dotar a algunos departamentos de suficientes competencias para abordar estas tareas, pero sus posibilidades de éxito son limitadas, y precisan ser completadas con otras actuaciones más intensas por organismos que pueden asumir mayores competencias en este ámbito en aquellas áreas geográficas que puede resultar posible.

Aunque ya con anterioridad, en el seno de la Unión Europea, el Plan de Acción de Servicios Financieros de 1999 había establecido, como una de sus prioridades, la revisión de la estructura de supervisión europea ante unos mercados cada vez más integrados y globalizados e, incluso, el "Informe Lamfalussy", de 15 de febrero de 2001, hacía referencia a la conveniencia de modificar la misma, sin embargo, es a partir de 2008 cuando las autoridades europeas se plantean la necesidad urgente de buscar una nueva arquitectura para la supervisión financiera en el ámbito de la UE, pues la respuesta a la crisis financiera dada en un primer momento había puesto de manifiesto serias deficiencias en la supervisión de las entidades financieras.

Efectivamente, la crisis desatada en 2008 demostró que una estructura supervisora basada en el control por parte de la autoridad nacional correspondiente (aunque se produjese la colaboración entre la autoridad del país de origen y la de acogida de la entidad) no había estado a la altura de unos mercados financieros altamente integrados como los europeos. Además, la insuficiencia de las medidas de control apareció tanto a la hora de la supervisión particular de las entidades como en lo que afectaba al conjunto del sistema financiero.

Ante esta situación, la Comisión encargó a un Grupo de Expertos que analizase cuál sería la mejor manera de reformar la supervisión en el ámbito de la UE. El resultado fue el "Informe Laroisère", de febrero de 2009, cuyas recomendaciones tuvieron una amplia aceptación por parte de las autoridades comunitarias, y para cuyo cumplimiento la Comisión propuso un calendario acelerado con el fin de que la nueva estructura fuese operativa a lo largo del año 2010.

La transformación planteada, que buscaba evolucionar desde una perspectiva supervisora nacional a una comunitaria, tiene su origen en la Comunicación de la Comisión de 27 de mayo de 2009 sobre la supervisión financiera, en la que se planteaba cuál debería ser esa nueva arquitectura financiera y que se puede resumir en el Gráfico 6.5.

Gráfico 6.5
Nueva arquitectura financiera diseñada por la Unión Europea

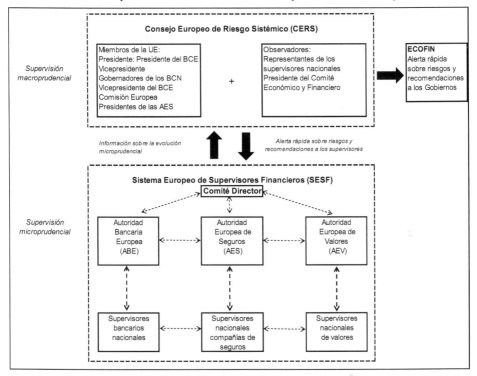

Fuente: COM (2009) 252 final, p. 18.

A la vista de su contenido, el nuevo marco para la supervisión a nivel europeo planteado recogía tres niveles:

1. Un primer nivel, correspondiente a las autoridades de supervisión nacionales.

2. Un segundo nivel, correspondiente a las Autoridades Europeas de Supervisión (AES), con un Comité Mixto de las mismas, y que junto con el anterior, compondrían el Sistema Europeo de Supervisores Financieros (SESF), encargado de la supervisión microprudencial.

3. Un tercer nivel encargado de la supervisión macroprudencial, y que recae en el Consejo Europeo de Riesgo Sistémico (CERS).

Este esquema desembocó finalmente en noviembre de 2010 en el nacimiento de un Sistema Europeo de Supervisión Financiera (SESF) con la creación de la Junta Europea de Riesgo Sistémico (JERS), la Autoridad Bancaria Europea (ABE), la Autoridad Europea de Seguros y Pensiones de Jubilación (AESPJ) y la Autoridad

Europea de Valores y Mercados (AEVM), que configuran los tres niveles de supervisión antes citados.

La nueva arquitectura que se plantea en el ámbito de los mercados financieros europeos encarga a la JERS la supervisión macroprudencial, con el fin de prevenir o mitigar el riesgo sistémico para la estabilidad financiera que surge del continuo desarrollo de las prácticas realizadas en el sistema financiero, evitando así su impacto en el mercado interior y en la economía real.

Por tanto, entre sus funciones, la JERS debe identificar y priorizar esos riesgos sistémicos, para lo que recopilará y analizará toda la información pertinente y, en caso de que dichos riesgos se consideren significativos, emitirá avisos y formulará recomendaciones para la adopción de medidas correctoras tanto de forma privada como, si lo considera necesario, de forma pública, vigilando que se adopten las medidas mencionadas.

Por otro lado, en el caso de que de su análisis se desprenda una posible situación de emergencia, emitirá un aviso confidencial dirigido al Consejo Europeo para que éste determine la necesidad de adoptar una decisión dirigida a las Autoridades Europeas de Supervisión.

Por último, a la vista de la integración de los mercados financieros y del riesgo de contagio de las crisis financieras a nivel mundial, la JERS coopera estrechamente con el Fondo Monetario Internacional y con el Consejo de Estabilidad Financiera, así como con el G-20, con el fin de poder realizar alertas tempranas de los riesgos macroprudenciales globales.

A la vista de las funciones encargadas a esta institución podemos destacar el importante avance que supone para la supervisión financiera. Sin embargo, cabe destacar que en ningún caso sus recomendaciones tienen carácter vinculante para los Estados Miembros o para las autoridades nacionales, por lo que su influencia efectiva sobre ellos derivará de los efectos reputacionales que el incumplimiento de sus recomendaciones conlleve para los participantes en el sistema.

En lo que respecta a la supervisión microprudencial, se ha creado el SESF en el cual se agrupan los actores de la supervisión financiera, tanto nacionales como de la Unión Europea, convirtiéndose en una red operativa europea de supervisión. A pesar de su creación, la supervisión microprudencial recae actualmente sobre las autoridades nacionales y el Banco Central Europeo para el caso de las entidades denominadas significativas (Recuadro 6.2), si bien se han creado tres Autoridades Europeas Supervisoras (ABE, AESPJ y la AEVM).

> **Recuadro 6.2**
> **Concepto de entidades más significativas**
>
> Se consideran entidades más significativas y, por ello, son objeto de supervisión directamente por el Banco Central Europeo, las entidades de crédito que cumplan algunos de los siguientes requisitos:
> - Que el valor total de sus activos supere los 30.000 millones de euros.
> - Que sus activos totales en relación al PIB del Estado miembro de establecimiento supere el 20%, salvo que el valor total de sus activos sea inferior a 5.000 millones de euros.
> - Que el BCE, previa notificación de la autoridad nacional competente, tome la determinación de que la entidad correspondiente tiene un carácter significativo tras haber realizado una evaluación global, incluida la de su balance.

Por tanto, el Banco Central Europeo, en el proceso hacia la constitución de una Unión Bancaria Europea, asume, desde noviembre de 2014, competencias en materia de control y supervisión de algunas de las entidades de la zona euro y de aquellos otros países de la Unión Europea que lleguen acuerdos con él para realizar las mismas funciones sobre las entidades significativas radicadas en su territorio, y que se desarrollan en el Recuadro 6.3.

La organización, funciones e instrumentos de actuación de las tres Autoridades Europeas de Supervisión responden a un mismo modelo, basado en la supervisión sectorial (banca, seguros y valores), destacando tres funciones principales que comparten.

En primer lugar, deben favorecer el establecimiento de una cultura supervisora de la UE. Para ello, podrán dictar normas técnicas de obligado cumplimiento por los supervisores nacionales, adoptar prácticas comunes para la supervisión, preparar y coordinar planes de emergencia para crisis, así como publicar guías y recomendaciones dirigidas a las autoridades nacionales y a los participantes en los mercados con el fin de garantizar una aplicación coherente de las normas comunitarias.

> **Recuadro 6.3**
> **Competencias del BCE en materia de política financiera**
>
> 1. Supervisar a las entidades más significativas, de acuerdo con la definición recogida en el Recuadro 6.2, y a las tres entidades más significativas de cada Estado miembro aunque no cumplan ninguno de los requisitos para ser consideradas como tales.
> 2. Autorizar a las entidades de crédito y revocar su autorización.
> 3. Llevar a cabo las funciones atribuidas a las autoridades competentes de cada Estado miembro en el caso de que una entidad desee establecer una sucursal o prestar servicios transfronterizos en un Estado miembro no participante (aquellos de la UE, que no participan en el sistema de supervisión del BCE).
> 4. Evaluar las notificaciones de adquisición y de venta de participaciones cualificadas en entidades de crédito, salvo en los casos de resolución bancaria.
> 5. Velar por el cumplimiento de los actos que imponen requisitos prudenciales en materia de fondos propios, titulización, limitaciones a los grandes riesgos, liquidez, apalancamiento y notificación y publicación de información sobre estas cuestiones.
> 6. Garantizar el cumplimiento de los actos relativos a la implantación de estructuras sólidas de gobernanza, incluidos requisitos de idoneidad de las personas responsables de la gestión de las entidades de crédito, procesos de gestión de riesgos, mecanismos internos de control y políticas y prácticas de remuneración, y procesos internos eficaces de evaluación de la adecuación del capital.
> 7. Llevar a cabo revisiones supervisoras (que incluyan pruebas de resistencia en coordinación con la Asociación Bancaria Europea) para determinar si las estructuras, estrategias, procesos y mecanismos establecidos por las entidades de crédito y los fondos propios de las mismas garantizan una gestión y cobertura adecuadas de sus riesgos, imponiendo en su caso requisitos específicos de fondos propios adicionales, de publicación, de liquidez y otras medidas.
> 8. Proceder a la supervisión en base consolidada de las entidades matrices de las entidades de crédito establecidas en uno de los Estados miembros participantes, en particular en los colegios de supervisores, participar en la supervisión adicional de los conglomerados financieros, asumiendo la función de coordinador cuando así sea considerado y realizar funciones de supervisión en relación con los planes de recuperación y la intervención temprana cuando una entidad o grupo respecto del cual el BCE sea el supervisor incumpla o vaya a incumplir los requisitos prudenciales aplicables.
>
> Todas estas funciones se desarrollan en cooperación con la autoridad nacional competente (en España, el Banco de España), para lo cual ésta facilitará al BCE toda la información necesaria para que pueda llevarlas a cabo.

En segundo, tienen la función de tomar decisiones vinculantes en caso de emergencia declarada por el Consejo Europeo, que podrán ir dirigidas a los supervisores nacionales competentes e, incluso, a las entidades afectadas en situaciones muy concretas y determinadas por la normativa.

Por último, las AES deben mediar y resolver conflictos entre supervisores lo que debe elevar la homogeneidad y coherencia entre las distintas actuaciones supervisoras.

Por otro lado, las AES comparten otras funciones, como la de apoyar a la JERS con información, asesoría de "riesgo sistémico" y seguimiento de alarmas y/o recomendaciones, así como la de asegurar la financiación y funcionamiento de los Fondos de Garantía.

Orientación bibliográfica

La consideración de la política financiera macroprudencial es relativamente reciente, lo que se pone de manifiesto en que son pocos los trabajos académicos y didácticos que se han ocupado de su estudio. Incluso, las propias actuaciones de política financiera, en la que se integra la macroprudencial, se han considerado habitualmente como instrumentos cualitativos de la política monetaria, por lo que no se han incluido habitualmente de forma independiente de ésta. En todo caso, podríamos citar como libros que sí la tratan de forma diferenciada los correspondientes a: Fernández Díaz, A.; Rodríguez Sáiz, L., Parejo, J.A., Galindo, M.A. y Calvo, A. (2011), *Política Monetaria. Fundamentos y Estrategias*, Ed. Paraninfo, Madrid, y a Parejo, J.A., Calvo, A. y Paúl, J. (1995), *La política económica de reformas estructurales*, Ed. Centro de Estudios Ramón Areces, Madrid, y que sirven de referencia para esta publicación. Para el caso de España, el libro que se ha ocupado, desde hace ya varias décadas, de un estudio de la política financiera, y del marco en el que ésta se desenvuelve, es el de los profesores Calvo, A., Parejo, J.A., Rodríguez Sáiz, L. y Cuervo, A. (2014), *Manual de sistema financiero español*, Ariel Economía, Barcelona, 25ª edición.

Algunos autores señalan como punto de partida en la literatura sobre la política macroprudencial, el trabajo de Borio, C. (2003), "Towards a macroprudential framework for financial supervision and regulation?", *BIS Working Papers*, nº 128, february.

Además de los mismos, existe una bibliografía específica, basada en artículos recientes, en línea con la novedad que supone esta perspectiva macroprudencial, entre los que se pueden citar, algunos referidos al ámbito de la regulación de las entidades financieras, como: Argimón, I. y Mertel, M. (2011), "Cuantificación de los beneficios de la regulación prudencial", *Estabilidad Financiera*, nº 20, Banco de España, Madrid; Borio, C. (2011), "Redescovering the macroeconomic roots of financial stability policy: journey, challenges and a way forward", *BIS Working Papers*, nº 354, september; Martínez Parera, M. y Restoy, F. (2009), "Las implicaciones regulatorias de la crisis financiera", *Papeles de Economía Española*, nº 122, págs. 38-46; Roldán, J. Mª. y Saurina, J. (2013), "Regulación macroprudencial", *Información Comercial Española*, nº 874, septiembre-octubre; y Saurina, J. (2012), "Riesgos sistémicos y supervisión macroprudencial", *Papeles de Economía Española*, nº 130.

Y otros, que se centran más específicamente en la nueva arquitectura diseñada durante la crisis financiera, como: Field, L. y Moreno, P. (2010), "El G20 y la reforma de la vigilancia financiera global", *Información Comercial Española*, nº 855, julio-agosto, págs. 113-122; Iglesias-Sarriá, C. y Vargas, F. (2010), "Entidades financieras sistémicas: discusión de posibles medidas", *Estabilidad Financiera*, nº 18, Banco de España, págs. 11-30; Iglesias-Sarriá, C. y Vargas, F. (2012), "Las entidades financieras sistémicas: las medidas acordadas", *Estabilidad Financiera*, nº 23, págs. 27-43; y Torre, A. de la y Ize, L. (2014), "Sentando las bases de la política macroprudencial: de las falencias pre-Lehman a los desafíos pos-Lehman", *Estabilidad Financiera*, nº 26, Banco de España, Madrid.

Capítulo 7
Políticas de estabilización exterior: equilibrio exterior, sostenibilidad de la balanza de pagos y políticas de ajuste exterior

JESÚS PAÚL GUTIÉRREZ
Universidad CEU San Pablo

1. Introducción

Desde las últimas décadas del siglo XX se ha producido la confluencia de múltiples factores resultado de los cuales las economías de los diferentes países son cada vez más abiertas e interdependientes.

La importante reducción en los costes de transporte, la sorprendente evolución de las tecnologías de la información y la comunicación, la apuesta política por reducir las barreras al comercio y a los flujos internacionales de capital, así como los múltiples procesos de integración económica, han impulsado el comercio de bienes y servicios y los flujos internacionales de capital, de tal forma que hoy en día el funcionamiento de las economías nacionales no puede entenderse sin tener en cuenta las importantes interrelaciones económicas y financieras con el exterior.

El sector exterior puede constituir para un país una importante fuente de crecimiento económico y generación de empleo. Sin embargo, también puede suponer una importante restricción y fuente de inestabilidad económica cuando, como consecuencia de problemas estructurales, de forma prolongada se registra un elevado desequilibrio exterior que puede conducir a una crisis de balanza de pagos. Así, el mantenimiento de un cierto equilibrio exterior es un factor fundamental para garantizar la estabilidad macroeconómica de un país, por lo que las autoridades económicas deberán utilizar los instrumentos de política económica para garantizarlo.

No obstante, a pesar de la relevancia del equilibrio exterior, tanto su interpretación, como la definición de políticas para su corrección, resultan realmente complejas, como comprobaremos a lo largo del capítulo. Por un lado, no es fácil determinar qué se entiende por equilibrio exterior, y, aun suponiendo que el equilibrio exterior signifique equilibrio en el saldo de la balanza por cuenta corriente, tampoco la interpretación de éste está exenta de dificultades. Por otro lado, tampoco resulta sencillo establecer de forma genérica políticas económicas de corrección del desequilibrio exterior. Por ejemplo, políticas económicas que pueden contribuir a la corrección del desequilibrio exterior a corto plazo, pueden no hacerlo a largo plazo o políticas que son válidas para un país pueden no serlo para otro. Así, las políticas de ajuste dependerán del sistema cambiario y del grado de movilidad internacional del capital existente.

En este capítulo vamos a centrarnos en las variables y políticas macroeconómicas que tienen incidencia sobre el saldo exterior. Sin embargo, es importante resaltar que otras variables y políticas de índole microeconómica tienen un impacto muy relevante en la balanza de pagos de un país. Por ejemplo, el tamaño de las empresas, la especialización de la estructura productiva o la inversión en I+D, entre otros, son factores que inciden en la capacidad exportadora de un país y, en consecuencia, sobre su saldo exterior. Por tanto, aunque en este capítulo nos centraremos en las variables y políticas macroeconómicas que afectan al saldo exterior, es preciso no perder la perspectiva de que su comportamiento es, en buena medida, la plasmación del funcionamiento global de la economía de un país.

El objetivo fundamental de este capítulo es aclarar qué se entiende por equilibrio externo, su sostenibilidad y las políticas que pueden contribuir a alcanzarlo. Para ello, en primer lugar, se define el equilibrio exterior y se analizan las dificultades para su delimitación. En segundo lugar, se aborda el estudio de las diferentes perspectivas que nos permiten aproximarnos al saldo de la cuenta corriente. En tercer lugar, se analizan muy brevemente los dos grandes marcos teóricos de análisis de la cuenta corriente. En cuarto lugar, se estudia la relación entre el saldo por cuenta corriente (variable flujo) y la posición de inversión internacional (variable stock) y la relevancia que ésta tiene a la hora de evaluar la sostenibilidad de un desequilibrio exterior. En quinto lugar, nos ocupamos de los múltiples factores que inciden sobre la sostenibilidad del desequilibrio externo y, por último, se estudian las políticas de ajuste exterior, diferenciando aquellas que facilitan la financiación del déficit exterior de aquellas otras que contribuyen a su corrección.

2. El equilibrio exterior: las dificultades para su delimitación

El equilibrio en la balanza de pagos ha sido tradicionalmente considerado, junto al pleno empleo y la estabilidad de precios, un objetivo a corto plazo de la política económica. Dicho de otra forma, las autoridades económicas persiguen dos objetivos: el "equilibrio interno", entendido como aquella situación en la que un país alcanza el pleno empleo con estabilidad de precios, y el "equilibrio externo", referido al equilibrio en la balanza de pagos.

Aunque en el pasado en muchas ocasiones se abordaron ambos objetivos con un enfoque dicotómico, en realidad están estrechamente interrelacionados, de tal forma que el comportamiento interno de la economía nacional tendrá su repercusión en el saldo de la balanza de pagos y a su vez el desempeño del sector exterior repercutirá en el equilibrio interno.

Sin embargo, a pesar de la importancia que el mantenimiento del equilibrio externo tiene para la economía de cualquier país no constituye un objetivo último de la política económica en sentido estricto, como la estabilidad de precios o el pleno empleo, ya que no es una variable económica que sea de interés para los ciudadanos o que afecte directamente al bienestar de los mismos. Es por ello que el equilibrio en la balanza de pagos en ocasiones ha sido considerado como un "cuasi-objetivo", es decir, una variable intermedia elevada a la categoría de objetivo por las autoridades económicas, en la medida en que constituye un medio para alcanzar el objetivo último de equilibrio interno.

Con independencia de que el equilibrio en la balanza de pagos sea considerado o no un objetivo último de la política económica en sentido estricto, lo que la realidad económica nos ha mostrado, especialmente en las últimas décadas, es que es una variable de máxima relevancia y, por tanto, debe ser objeto de interés por parte de las autoridades económicas.

La determinación de qué se entiende por equilibrio exterior y cómo interpretar la existencia de un desequilibrio externo, en cuanto al riesgo que puede representar para la estabilidad de la economía nacional, es realmente difícil, especialmente si lo comparamos con otras variables económicas como el crecimiento de la producción, el nivel de desempleo o la tasa de inflación, en las que es posible establecer de forma prácticamente intuitiva sus implicaciones en términos de bienestar, así como, evaluar si el nivel que registran es positivo o negativo para la economía nacional. Por el contrario, existen distintas formas de aproximarnos al concepto de equilibrio de la balanza de pagos y, además, la existencia de un desequilibrio externo no es en sí ni bueno ni malo, de modo que en ocasiones puede ser interpretado como beneficioso para el país en cuestión, mientras que en otras ocasiones se considerará perjudicial dependiendo de las circunstancias económicas concretas del país.

El hecho de que el equilibrio externo se asocie al equilibrio en la balanza de pagos no quiere decir que para que exista equilibrio externo sea necesario que el conjunto de la balanza de pagos esté en equilibrio. Y en este sentido merece la pena resaltar la diferencia existente entre equilibrio de la balanza de pagos desde un punto de vista contable y desde un punto de vista económico.

Desde el punto de vista contable, dado que está construida utilizando el procedimiento contable de partida doble, la balanza de pagos está siempre equilibrada puesto que la suma de la columna de créditos (ingresos) será igual a la columna de débitos (pagos). Sin embargo, la existencia de equilibrio en la balanza de pagos desde el punto de vista contable no significa que las distintas balanzas que integran la balanza de pagos estén en equilibrio y que el país en cuestión no experimente un desequilibrio en la balanza de pagos desde el punto de vista económico, que es el relevante desde el punto de vista de la política económica.

No es fácil determinar cuándo un país tiene su balanza de pagos "equilibrada" desde el punto de vista económico, ya que no existe un único criterio de qué balanza o grupos de balanza se han de observar a la hora de determinar si existe equilibrio o no en la balanza de pagos. ¿Qué balanza se debe observar?: ¿la balanza por cuenta corriente?, ¿la cuenta financiera?, ¿la cuenta financiera del banco central? o ¿alguna agrupación de cuentas?

Una posibilidad para analizar la existencia o no de equilibrio en la balanza de pagos es la propuesta por Meade de distinguir entre:

- Transacciones autónomas: las ocasionadas por actividades comerciales o financieras, o por razones políticas, siendo su característica distintiva el que tienen lugar independientemente de la posición de la balanza de pagos de un país.
- Transacciones acomodantes o de ajuste: son las que tienen lugar como consecuencia de las transacciones autónomas.

En la mayoría de las ocasiones no resulta difícil distinguir entre transacciones autónomas o transacciones acomodantes. Por ejemplo, las exportaciones de bienes y servicios son transacciones autónomas ya que se producen exclusivamente por razones económicas; la inversión extranjera directa, así como buena parte de la inversión en cartera u otra inversión, también podrían catalogarse como transacciones autónomas ya que se llevan a cabo con el objetivo de obtener un rendimiento. Por otro lado, la variación de la cuenta financiera del banco central, dado que no hace sino compensar el desequilibrio de las partidas autónomas, sería una partida acomodante.

No obstante, existen casos en los que se plantea una seria dificultad para determinar el carácter autónomo o acomodante de una transacción. Por ejemplo, si las autoridades monetarias de un país con un fuerte déficit por cuenta corriente elevan los tipos de interés con el fin de atraer capital extranjero y facilitar la financiación del déficit: ¿cómo debería considerarse la transacción correspondiente? Desde el punto de vista del inversor sería una transacción autónoma, sin embargo, desde la perspectiva de las autoridades monetarias sería una transacción acomodante.

Con independencia de los problemas anteriormente señalados, si trazamos una línea horizontal imaginaria a través de la balanza de pagos que separe transacciones autónomas y transacciones acomodantes, el equilibrio o desequilibrio en la balanza de pagos viene determinado por la suma de las transacciones autónomas, lo cual desde el punto de vista operativo, no está exento de problemas, dadas las dificultades para identificar las transacciones autónomas.

En la práctica, el criterio más utilizado para evaluar la existencia o no de equilibrio externo es analizar el saldo en la balanza por cuenta corriente o el saldo en la balanza por cuenta corriente más la balanza de capital, es decir, la capacidad o necesidad de financiación del país[1].

Desde una perspectiva actual, merece la pena destacar que junto al saldo en la balanza por cuenta corriente existen otros indicadores económicos cuyo seguimiento nos ofrece una visión más completa sobre la existencia o no de un posible desequilibrio externo en un país y, en consecuencia, sobre las medidas de política económica a aplicar. Por un lado, es relevante el seguimiento de otras variables flujo, como, las cuotas de exportación y de penetración de las importaciones, o las tasas de ahorro e inversión. Mientras, por otro lado, también es de relevancia el análisis de la evolución de variables stock, como la posición de inversión internacional y de la deuda exterior. Asimismo, el comportamiento del tipo de cambio real es una variable de interés, en la medida en que refleja la evolución de la competitividad exterior de una economía.

En este capítulo vamos a centrarnos fundamentalmente en el análisis del equilibrio en la balanza por cuenta corriente, aunque también nos ocuparemos del significado de la posición de inversión internacional.

3. Balanza por cuenta corriente: significado macroeconómico y diferentes perspectivas

Incluso aproximándonos al concepto de equilibrio exterior a través del análisis del saldo en la balanza por cuenta corriente, no es fácil determinar con claridad la presencia o no de un desequilibrio exterior y mucho menos establecer límites numéricos precisos que nos permitan hablar de la existencia de un desequilibrio.

Estas dificultades de interpretación del saldo en la cuenta corriente se derivan de su propia naturaleza, en el sentido de que la cuenta corriente es la manifestación de la interacción de múltiples factores, estructurales y cíclicos: las tasas de ahorro e inversión nacionales, el crecimiento económico del país y del exterior, los flujos de capital, los tipos de interés y los tipos de cambio, entre otros.

De hecho, como comprobaremos a continuación, es posible aproximarnos al saldo por cuenta corriente desde diferentes perspectivas, cada una de las cuales

---

[1] La cuenta de capital muestra las transferencias de capital y la adquisición y disposición de activos no financieros no producidos entre residentes y no residentes. Por su escasa relevancia desde un punto de vista cuantitativo, en ocasiones, haremos abstracción del saldo en la cuenta de capital y diremos que cuando un país tiene un superávit en su cuenta corriente tiene capacidad de financiación, mientras que cuando presente un déficit tiene necesidad de financiación.

enfatiza la relación existente entre la cuenta corriente con agregados macroeconómicos alternativos. Con el fin de comprender estas diferentes perspectivas de la balanza por cuenta corriente y las relaciones entre ellas, vamos a utilizar identidades básicas de contabilidad nacional y de balanza de pagos que son satisfechas en todo momento del tiempo y en cualquier economía.

Partiendo de la identidad básica de una economía abierta:

$$PIB \equiv C + I + G + X - M$$

Siendo:

PIB = Producto Interior Bruto

C = Consumo Privado

I = Inversión Privada

G = Gasto Público

X = Exportaciones de Bienes y Servicios

M = Importaciones de Bienes y Servicios

Sumando en ambos miembros las rentas y transferencias con el exterior (R), obtendríamos:

$$PIB + R \equiv C + I + G + X - M + R$$

En donde:

$$PIB + R \equiv Y \equiv \text{Renta Nacional}$$

$$X - M + R \equiv CC \equiv \text{Saldo en la Balanza por Cuenta Corriente}$$

Y, por tanto, puede transformarse en:

$$Y \equiv C + I + G + CC$$

Si consideramos que $C + I + G$ es la demanda interna o absorción de los residentes (A), obtendremos:

$$Y \equiv A + CC$$

Y, por tanto, podemos expresar el saldo por cuenta corriente como diferencia entre renta y gasto (demanda interna):

$$CC \equiv Y - A$$

Cuando la renta supera al gasto, el país muestra un superávit en la cuenta corriente, mientras que cuando la renta es inferior al gasto, el país muestra déficit por cuenta corriente.

A su vez, dado que la renta se destina necesariamente al consumo (C), al ahorro (S) o al pago de impuestos (T), tendremos:

$$Y \equiv C + S + T$$

Y, por tanto:

$$C + I + G + CC \equiv Y \equiv C + S + T$$

La anterior expresión podemos expresarla de la forma siguiente:

$$CC \equiv (S - I) + (T - G)$$

Esta identidad permite relacionar el saldo en la balanza por cuenta corriente con el comportamiento de los agentes económicos nacionales. Cuando el ahorro nacional (suma del ahorro privado, S, y el ahorro público, T-G) supera la inversión (I), la economía nacional mostrará un superávit en el saldo en la cuenta corriente (capacidad de financiación), por el contrario cuando el ahorro nacional sea inferior a la inversión nacional, el país registrará un déficit en su cuenta corriente (necesidad de financiación).

Otra forma de abordar el significado del saldo en la balanza por cuenta corriente es a partir de la identidad básica de la balanza de pagos, según la cual el saldo en la balanza por cuenta corriente más el saldo en la cuenta financiera debe ser cero[2]:

$$BP \equiv CC + CF \equiv 0$$

Y, por tanto:

$$CC \equiv -CF$$

La cuenta financiera recoge la variación en el stock de pasivos nacionales en poder de los no residentes (ΔP^x) menos la variación de los activos extranjeros netos en poder de los residentes del país (ΔA^x):

$$CC \equiv -CF \equiv -(\Delta P^X - \Delta A^X)$$

---

[2] Estamos suponiendo que tanto el saldo en la cuenta de capital como la partida errores y omisiones son cero.

Por tanto, si la balanza por cuenta corriente:

a) Es superavitaria habrá un incremento en el stock de activos extranjeros netos lo que supondrá que en períodos sucesivos se produzca un aumento en los ingresos de las rentas netas de intereses procedentes del extranjero, incrementándose el superávit en la balanza por cuenta corriente.

b) Es deficitaria habrá un incremento en el stock de pasivos extranjeros netos, lo que supondrá que en períodos sucesivos se produzca un aumento en los pagos de rentas netas de intereses al exterior, incrementándose el déficit en la balanza por cuenta corriente.

Si reagrupamos las anteriores identidades obtenemos:

$$CC \equiv X - M + R \equiv Y - A \equiv (S - I) + (T - G) \equiv - CF \equiv - (\Delta P^X - \Delta A^X)$$

Las anteriores identidades nos muestran la existencia de diferentes formas de aproximarnos al concepto de saldo por cuenta corriente. Asimismo, es muy importante resaltar que estas identidades muestran "asociaciones en el tiempo" entre las distintas variables, pero no significa que existan relaciones causales entre las mismas.

Dependiendo de la perspectiva desde la que se aborde el análisis de un desequilibrio en cuenta corriente las variables en las que se hará hincapié serán diferentes. Por ejemplo, la presencia de un elevado déficit por cuenta corriente puede explicarse de formas muy distintas, en parte, según la perspectiva a la que nos aproximemos al concepto de saldo por cuenta corriente:

a) Entendido el saldo en la cuenta corriente como diferencia entre exportaciones e importaciones de bienes y servicios. En este caso, la existencia de un elevado déficit por cuenta corriente puede estar asociada a un problema de falta de competitividad de los bienes y servicios nacionales, lo que dificulta la venta de la producción nacional en el exterior e incentiva la sustitución de la producción nacional por bienes importados.

b) Desde la perspectiva interna, es decir, entendido el saldo por cuenta corriente como diferencia entre ahorro e inversión nacional o como diferencia entre renta y gasto. La presencia de un déficit por cuenta corriente podría interpretarse como que el país "está viviendo por encima de sus posibilidades", en la medida en que la inversión nacional excede el ahorro nacional, o lo que es lo mismo que el gasto supera a la renta. Asimismo en esta perspectiva interna se basa la teoría de los "déficits gemelos", según la cual el déficit exterior estaría relacionado con la presencia de déficits públicos.

c) Desde la perspectiva financiera, en la medida en que el saldo por cuenta corriente tiene su simétrico en el saldo de la cuenta financiera. Así, el saldo deficitario en la cuenta corriente y, por tanto, el saldo superavitario en la cuenta financiera, puede ser interpretado como que el país en cuestión es un "oasis de prosperidad", que atrae inversión del resto del mundo, lo que conduce al desequilibrio en la cuenta corriente. Partiendo desde esta perspectiva en el desequilibrio en la cuenta financiera podría estar el origen de un desequilibrio en la cuenta corriente.

En definitiva, al saldo de la cuenta corriente podemos aproximarnos desde diferentes perspectivas, cada una de las cuales enfatiza la relación existente entre la cuenta corriente con agregados macroeconómicos alternativos:

1. La cuenta corriente como diferencia entre exportaciones e importaciones.
2. La cuenta corriente como diferencia entre ahorro e inversión nacional.
3. La cuenta corriente como la variación de activos externos netos.

Estas tres expresiones de la cuenta corriente no son sino diferentes perspectivas de una misma realidad y no resultan inconexas entre sí, sino que por el contrario están relacionadas mediante identidades, de ahí que no sea plausible establecer juicios divergentes, ya que las tres son consistentes entre sí y se refuerzan mutuamente.

En general, y con independencia de la perspectiva con la que nos aproximemos al concepto de saldo por cuenta corriente, podemos diferenciar dos tipos de factores causantes del desequilibrio exterior: internos y externos, aunque esta distinción entre unos y otros no siempre será fácil de realizar.

Entre las causas internas se encuentra la presencia de tensiones inflacionistas que se traducen en una pérdida de competitividad, medida a través de una apreciación del tipo de cambio real. Asimismo, la existencia de una economía "sobrecalentada" en la que la demanda interna crece a una tasa muy elevada va a ser otro factor interno causante de un déficit exterior. Entre los factores de naturaleza externa con incidencia en el saldo en la cuenta corriente podemos destacar las alteraciones en la relación real de intercambio como consecuencia de perturbaciones por el lado de la oferta, tal y como ocurrió en la década de los setenta ante la subida en los precios del petróleo.

Tal y como se analiza en el Recuadro 7.1., las balanzas por cuenta corrientes de los distintos países están interrelacionadas y si analizamos el mundo en su totalidad deberíamos obtener un saldo por cuenta corriente nulo, sin embargo, esto no es así.

> **Recuadro 7.1**
> **La balanza por cuenta corriente del mundo**
>
> El valor de las exportaciones de un país normalmente no va a coincidir con el de sus importaciones. Habitualmente un país presentará un superávit en su cuenta corriente (es decir, tendrá capacidad de financiación y prestará al exterior) o un déficit en su cuenta corriente (es decir, tendrá necesidad de financiación y el exterior le prestará). Sin embargo, dado que la exportación de un país se corresponde con la importación de otro país, para el conjunto de la economía mundial el total de exportaciones debe ser igual al total de importaciones y, en consecuencia, el saldo en la cuenta corriente de la economía mundial debe ser cero.
>
> $\text{Exportaciones}_{\text{país i}} = \text{Importaciones}_{\text{país j}}$
>
> $\sum_i^k \text{Exportaciones} = \sum_i^k \text{Importaciones}$
>
> $\sum_i^k \text{Cuenta Corriente} = \text{Cuenta Corriente del Mundo} = 0$
>
> Sin embargo, cuando son sumadas las cifras oficiales de las cuentas corrientes de los distintos países, como por ejemplo las que facilita el FMI, comprobamos que en 2013 el mundo exportó 412 mil millones de dólares más de los que importó. ¿Significa esto que la Tierra es un exportador neto y que Marte o Saturno son importadores netos a los que la Tierra está prestando recursos financieros? Es evidente que al menos hasta la fecha el comercio extraterrestre es bastante improbable, por lo que la existencia de desequilibrios por cuenta corriente en el conjunto del mundo se debe a errores estadísticos y de medición en las transacciones económicas y financieras internacionales.
>
> Desde 2004, tras décadas en las que las cifras de la cuenta corriente de la economía mundial mostraban un déficit aproximadamente del 0,5% del PIB, el saldo por cuenta corriente de la economía mundial es superavitario, lo que necesariamente supone que los déficits por cuenta corriente de los países deficitarios, como, por ejemplo, Estados Unidos, están siendo subestimados y/o los superávits por cuenta corriente de los países superavitarios, como, por ejemplo, China están siendo sobreestimados.
>
> Hay distintos factores que llevan a la incorrecta medición de los saldos por cuenta corriente. Por ejemplo, cuando la economía mundial registraba un continuado déficit en cuenta corriente se consideraba que el principal problema se encontraba en el cómputo que desde los países desarrollados se hacía en relación a los ingresos por las rentas de inversión que obtenían de sus inversiones en otros países. Desde una perspectiva actual, también se pueden estar produciendo errores en el cómputo de determinados servicios o en el intercambio de bienes que se realizan dentro de las propias empresas multinacionales.
>
> Más allá de los problemas estadísticos existentes a la hora de medir correctamente el valor de los desequilibrios por cuenta corriente de cada país y, en consecuencia, del conjunto de la economía mundial, el hecho de que en realidad el saldo por cuenta corriente del conjunto de la economía mundial sea nulo, nos conduce a una importante conclusión desde el punto de vista de política económica: los desequilibrios por cuenta corriente son interdependientes y, por tanto, la corrección de los desequilibrios globales por cuenta corriente no pueden afrontarse de forma aislada. En este sentido, cuando se demanda que el conjunto de los países de la Eurozona establezcan políticas dirigidas a impulsar sus exportaciones y que éstas se conviertan en el motor de su crecimiento económico, es necesario que éstas se acompañen del aumento del déficit por cuenta corriente (o la reducción del superávit) de otros países, porque como ya se ha resaltado es totalmente imposible que todos los países del mundo sean exportadores netos. Igualmente no es posible demandar que China reduzca su superávit por cuenta corriente si simultáneamente no se produce la reducción de los déficits por cuenta corriente de otros países, como, por ejemplo, Estados Unidos.

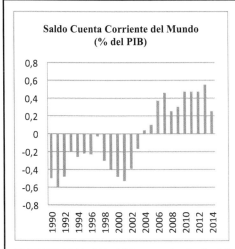

Cuenta Corriente. 2013 (M.M.$)			
Países Superavitarios		Países Deficitarios	
Alemania	254.934	EE.UU.	-400.255
China	182.807	R.U.	-113.832
Arabia Saudí	132.640	Brasil	-81.075
Suiza	103.877	Canada	-58.544
Holanda	87.120	Turquia	-65.110
Corea	79.884	India	-32.397
Kuwait	71.217	Francia	-36.858
Emir. Árabes	64.682	Indonesia	-29.099
Qatar	62.587	Méjico	-25.856

FUENTE: FMI, "World Economic Outlook", octubre, 2014.

4. Determinantes del saldo por cuenta corriente

Antes de analizar cómo pueden utilizar las autoridades económicas los instrumentos de política económica para corregir los desequilibrios externos resulta conveniente estudiar, aunque sea de forma muy genérica, qué factores inciden sobre el saldo por cuenta corriente.

Al igual que existen distintas formas de aproximarnos al saldo por cuenta corriente, existen distintos marcos teóricos a la hora de analizar la cuenta corriente y en función de cuál sea el marco conceptual utilizado se hará hincapié en unos factores u otros como determinantes del saldo por cuenta corriente. En general, podemos diferenciar dos grandes marcos explicativos de la cuenta corriente: un enfoque tradicional que podríamos enmarcar en el modelo Mundell-Fleming, que nos aproxima a la cuenta corriente como diferencia entre exportaciones e importaciones, y un enfoque intertemporal de la cuenta corriente enmarcado dentro de la denominada nueva macreconomía abierta, y que entiende la cuenta corriente como diferencia entre ahorro e inversión nacional.

Si partimos del enfoque tradicional, la balanza por cuenta corriente viene determinada básicamente por la diferencia entre exportaciones e importaciones de bienes y servicios y, en consecuencia, son los factores que inciden sobre el volumen de exportaciones y el volumen de importaciones los principales determinantes del saldo por cuenta corriente.

El volumen de exportaciones de bienes y servicios (X) depende de la renta exterior (Y_e) y del tipo de cambio real (R). Aumentos en la renta exterior impulsarán las exportaciones nacionales, mientras que aumentos en el tipo de cambio real, es decir, apreciaciones reales de la moneda nacional, y, por tanto, pérdidas de competitividad de la producción nacional en relación a la producción exterior, traerán consigo reducciones en el volumen de exportaciones.

$$X = X(Ye, R) \longrightarrow \left[\begin{array}{l} \dfrac{\partial X}{\partial Ye} > 0 \\[6pt] \dfrac{\partial X}{\partial R} < 0 \end{array} \right.$$

El volumen de importaciones de bienes y servicios (M) depende de la renta nacional (Y) y del tipo de cambio real (R). Aumentos en la renta nacional incrementarán las importaciones nacionales, mientras que aumentos en el tipo de cambio real, es decir, apreciaciones reales de la moneda nacional, y, por tanto, pérdidas de competitividad de la producción nacional en relación a la producción exterior, traerán consigo aumentos en el volumen de importaciones.

$$M = M(Y, R) \longrightarrow \left[\begin{array}{l} \dfrac{\partial M}{\partial Y} > 0 \\[6pt] \dfrac{\partial M}{\partial R} > 0 \end{array} \right.$$

Por tanto, a partir de este enfoque tradicional el saldo en la balanza por cuenta corriente está determinado, por un lado, por la posición cíclica de la economía nacional y de los países con los que se realizan intercambios comerciales, y, por otro lado, por el comportamiento del tipo de cambio real, es decir, de la competitividad relativa de la producción nacional en relación al exterior.

Por su parte, si partimos de un enfoque intertemporal de la cuenta corriente, dado que la cuenta corriente es entendida como diferencia entre ahorro e inversión, son los factores que inciden sobre el ahorro y la inversión los que determinan en última instancia el saldo por cuenta corriente. La relación de factores que inciden en el comportamiento del ahorro e inversión de un país es muy amplia y no existe un acuerdo generalizado sobre los mismos. No obstante, la muy abundante literatura empírica que ha estudiado los determinantes a medio plazo del saldo por cuenta corriente partiendo de la citada identidad macroeconómica destaca, entre otros, los siguientes factores:

- Demográficos: en un país en el que exista una relativamente elevada proporción de población económicamente dependiente habrá un menor ahorro nacional y, en consecuencia, un menor saldo en la cuenta corriente.
- De convergencia: en países con un bajo nivel de renta (medido a través de un reducido PIB per cápita) es de esperar que se registren déficits por cuenta corriente asociados a procesos de "catching-up".
- Inversión (en porcentaje del PIB): una elevada inversión traería consigo aumentos de la productividad futura y, por tanto, expectativas de una mayor renta futura. Este hecho daría lugar a un ajuste intertemporal en las decisiones de los agentes que se traducirían en un déficit por cuenta corriente.
- Saldo Fiscal: diversos modelos asocian positivamente el saldo presupuestario y el saldo por cuenta corriente en el medio plazo. Déficits presupuestarios se traducen en déficits por cuenta corriente al redistribuir renta de las generaciones futuras a la generación actual.
- Posición de Inversión Internacional (% PIB): se espera que las economías que presentan un elevado nivel de endeudamiento, por un lado, registren en el futuro superávits por cuenta corriente que le permitan mantener su solvencia a medio plazo. Sin embargo, por otro lado, cuanto mayor sea la posición deudora de un país, mayores serán sus pagos netos por rentas.
- Dependencia energética: aquellos países que muestran una elevada dependencia energética registrarán elevados déficits comerciales energéticos que se traducirán en déficits por cuenta corriente.

5. Desequilibrios por cuenta corriente y posición de inversión internacional

Tal y como ya hemos señalado, los desequilibrios en cuenta corriente van a estar asociados a desequilibrios (de signo contrario) en la cuenta financiera y, por tanto, van a traer consigo variaciones en los stocks de activos y pasivos financieros externos.

A la hora de evaluar el desequilibrio exterior de un país no sólo es importante analizar la cuantía del déficit por cuenta corriente (variable flujo), sino que también es de suma relevancia analizar la posición deudora o acreedora que un país tiene con el exterior (variable stock).

La Posición de Inversión Internacional (PII) es la variable económica habitualmente utilizada a la hora de medir la posición deudora o acreedora de un país con el exterior. En concreto, la PII de un país es la diferencia de los stocks de activos y pasivos financieros externos de una economía en un momento del tiempo. Si el volumen de activos frente al exterior es superior al de pasivos el país tendrá una

Posición de Inversión Internacional Neta acreedora, mientras que si los pasivos frente al exterior superan a los activos el país tendrá una Posición de Inversión Internacional Neta deudora.

La PII de final de un período se corresponderá con la posición del principio del período más las transacciones financieras realizadas en dicho período, que se reflejan en la balanza financiera de la balanza de pagos, más los cambios de valoración que se hayan producido en el período considerado —tanto por variaciones en los tipos de cambio como en los precios de los activos y pasivos financieros— y más otras variaciones en el volumen de los activos y pasivos financieros frente al exterior, como, por ejemplo, la cancelación unilateral de un préstamo por parte del acreedor.

Por tanto, si un país registra un déficit en su cuenta corriente, o lo que es lo mismo la economía del país tiene necesidad de financiación, necesariamente desde el punto de vista de la cuenta financiera registrará un superávit, es decir, las entradas netas de capital superarán a las salidas, o dicho en otras palabras, el incremento en los pasivos frente al exterior será superior al aumento en los activos frente al exterior. Por el contrario, si un país registra un superávit en su cuenta corriente, o lo que es lo mismo la economía del país tiene capacidad de financiación, necesariamente desde el punto de vista de la cuenta financiera registrará un déficit, es decir, las salidas netas de capital superan a las entradas, o dicho en otras palabras, el incremento en los activos frente al exterior será superior al aumento en los pasivos frente al exterior. En consecuencia, haciendo abstracción de las variaciones que puedan producirse en la valoración, un déficit por cuenta corriente traerá consigo un deterioro en la posición de inversión internacional, mientras que un superávit por cuenta corriente traerá consigo una mejora en la posición de inversión internacional.

Esta relación existente entre el saldo por cuenta corriente y la Posición de Inversión Internacional nos aproxima a los conceptos de déficit exterior financiable y déficit exterior sostenible. Hablamos de la existencia de un déficit exterior financiable cuando el país en cuestión cubre sus necesidades de financiación sin tener que recurrir a sus reservas de divisas o acudiendo a éstas lo hace en una pequeña cuantía sin provocar su agotamiento.

La sostenibilidad de un desequilibrio exterior no viene sólo determinada por el nivel del déficit por cuenta corriente, sino también por la posición deudora internacional que registre el país en cuestión. De ahí que, desde el punto de vista de los mercados financieros y de las agencias de rating, sea de máxima importancia calcular la sostenibilidad o no de la posición deudora exterior neta de un país, ya que ello va a determinar el riesgo de prestar al país en cuestión y, en consecuencia, el coste de su financiación exterior.

Un déficit exterior podríamos calificarlo como sostenible cuando permita estabilizar la posición deudora neta de un país en un nivel en el que el país pueda hacer frente a sus compromisos de pago futuros.

Como comprobaremos posteriormente, no es posible establecer un nivel de posición deudora neta sostenible igual para todo país y en cualquier momento del tiempo, sino que, por el contrario, este va a depender de múltiples factores. No obstante, tomando como dado un determinado nivel de posición deudora neta de un país considerado como sostenible, es posible establecer de qué variables depende el saldo por cuenta corriente necesario para estabilizar la posición deudora neta de dicho país. En concreto, el saldo por cuenta corriente que estabiliza el endeudamiento neto externo de un país dependerá de[3]:

1º. El nivel de la posición deudora neta (en proporción al PIB) en que se desee estabilizar la economía.

2º. El tipo de interés a abonar por los pasivos externos.

3º. La tasa de crecimiento del PIB nominal.

En concreto, en el caso en que la tasa de crecimiento del PIB nominal sea inferior al tipo de interés que se ha de pagar por el endeudamiento externo para estabilizar el nivel de posición deudora neta será necesario que el país en el futuro registre superávits por cuenta corriente. Sin embargo, si la tasa de crecimiento del PIB nominal supera al coste de la financiación externa será posible estabilizar el nivel de endeudamiento externo (en términos de PIB), aunque el país registre un déficit por cuenta corriente. En concreto, cuanto mayor sea la diferencia entre crecimiento nominal y tipos de interés, el país en cuestión podrá registrar un mayor déficit por cuenta corriente sin que se produzcan aumentos en su posición deudora neta.

Cuando la posición deudora internacional es muy elevada puede que el país se vea forzado a reducir la proporción de endeudamiento externo en proporción al PIB, o incluso en términos absolutos, en cuyo caso puede que se vea forzado a registrar sucesivos superávits en cuenta corriente.

6. Factores que inciden sobre la sostenibilidad de un desequilibrio por cuenta corriente

Como ya hemos señalado la balanza por cuenta corriente de un país normalmente presentará un déficit o un superávit, y la existencia de este desequilibrio no debe ser normalmente un motivo de especial preocupación. Sin embargo, si un desequilibrio por cuenta corriente, y más concretamente un déficit, se mantiene

---

[3] La fórmula que relaciona el déficit por cuenta corriente (excluido rentas de inversión), CC, con el nivel de posición deudora neta (d), la tasa de crecimiento del PIB nominal, g, y el tipo de interés, r, es la siguiente: $CC = \frac{(g-r)}{1+g} \times d$

de forma prolongada en el tiempo sí puede constituir un problema importante ya que puede hacerse insostenible y obligar a las autoridades a adoptar las medidas correctoras.

En principio, la insostenibilidad de un desequilibrio en cuenta corriente va a presentarse cuando un país registre un déficit elevado, de ahí que, desde una perspectiva de política económica, resulte fundamental determinar qué nivel de déficit en la balanza por cuenta corriente puede ser considerado como sostenible.

Sin embargo, en la práctica, como mostraremos a continuación, no es posible establecer un nivel universalmente reconocido que establezca cuándo un déficit por cuenta corriente es o no sostenible (véase el Recuadro 7.2., como ejemplo de las dificultades para determinar la sostenibilidad de un desequilibrio en la cuenta corriente). Es cierto que ha existido un cierto consenso en que un déficit por cuenta corriente no es sostenible si excede del 5% del PIB durante un período de tres o cuatro años, especialmente si está financiado con capital a corto plazo. Sin embargo, ni los estudios empíricos que se han llevado a cabo, ni la propia experiencia histórica, parecen confirmar esta creencia convencional. Así, hay países —como, por ejemplo, Australia, Irlanda, Israel— que han podido sostener elevados déficit por cuenta corriente durante varios años, mientras que otros —como Chile o México— no lo han podido hacer y han sufrido varias crisis externas.

> **Recuadro 7.2**
> **Un ejemplo de la dificultad para determinar la sostenibilidad de un déficit por cuenta corriente**
>
> Lo acontecido con la balanza de pagos de la economía española durante la crisis constituye un excelente ejemplo de las dificultades existentes para juzgar la sostenibilidad del desequilibrio exterior atendiendo exclusivamente al nivel del saldo en la cuenta corriente. En 2007, cuando la crisis financiera internacional empezó a manifestar sus primeros síntomas, la economía española presentaba unas necesidades de financiación (saldo de la cuenta corriente más la cuenta de capital) del 9,7% del PIB, muy por encima de lo que habitualmente es considerado sostenible. Además este enorme desequilibrio en la cuenta corriente no era algo excepcional, sino que en años anteriores el desequilibrio también superó ampliamente el hipotético nivel sostenible del 5%. Sin embargo, la economía española no tenía apenas problemas de financiación. Las inversiones de cartera del exterior en España y la financiación captada en el exterior por las instituciones financieras prácticamente cubrían la totalidad de las necesidades de financiación de los sectores económicos nacionales, de modo que la financiación prestada por el Banco de España y, en última instancia, por el Eurosistema era prácticamente anecdótica (1,3% del PIB).
>
> Por el contrario, en 2012 las necesidades de financiación de la economía española casi habían desaparecido. La gravedad de la crisis económica había facilitado una rápida corrección del desequilibrio exterior, hasta situarse el déficit por cuenta corriente más cuenta de capital en tan sólo el 0,4% del PIB. Sin embargo, la crisis de la deuda soberana de la UEM, unida a la crisis bancaria española, hicieron que las salidas netas de capital de nuestra economía superasen el 16% del PIB. Estas salidas de capital tuvieron que ser financiadas exclusivamente mediante el aumento de la posición deudora del Banco de España frente al Eurosistema.
>
> En definitiva, si se realiza una comparación del saldo en cuenta corriente (o cuenta corriente más cuenta de capital) en 2007 y 2012 y se analiza este dato de forma aislada nunca se llegaría a la conclusión de que un país con tan sólo unas necesidades de financiación del 0,4% va a tener enormes dificultades de financiación, mientras que por el contrario un déficit del entorno del 10%, que "a priori" podría ser juzgado como insostenible, pudo ser financiado fácilmente. Es cierto, que la interpretación del saldo de la balanza de pagos de España, como país integrado en la UEM, tiene elementos diferenciadores, pero en cualquier caso constituye un buen ejemplo de las dificultades para evaluar la sostenibilidad de un desequilibrio exterior atendiendo exclusivamente al nivel del desequilibrio en la cuenta corriente.

BALANZA DE PAGOS DE ESPAÑA (% del PIB)	2007	2012
1. B.Comercial	-8,3	-2,4
2. B.Servicios	2,0	3,5
3. B.Rentas	-2,9	-1,8
4. Trans. Corrientes	-0,6	-0,4
1+2+3+4. CUENTA CORRIENTE	-9,8	-1,1
5. CUENTA DE CAPITAL	0,4	0,6
6. C.CORRIENTE + C.CAPITAL	-9,4	-0,4
7. C.FINANCIERA (excl. B.E.)	7,8	-16,4
- Inversiones Ext. Directas	-4,5	2,4
- Inversiones en Cartera	9,7	-5,1
- Otras Inversiones	3,2	-14,5
- Derivados Financieros	-0,6	0,8
8. BANCO DE ESPAÑA	1,3	16,4
9. Errores y omisiones	0,3	0,4

FUENTE: Elaboración propia a partir de Banco de España

Desde un punto de vista estrictamente teórico, un nivel sostenible de la cuenta corriente es aquel consistente con la solvencia externa del país y ésta se define en relación al valor de la restricción presupuestaria de la economía, es decir, una economía es solvente si el valor presente descontado de los superávits por cuenta corriente futuros es igual al endeudamiento externo actual. Sin embargo, la aplicabilidad práctica de esta definición es muy limitada, por un lado, porque impone escasas restricciones a la evolución de la cuenta corriente y del endeudamiento externo y, por otro lado, por el hecho de que está relacionada con decisiones políticas y hechos futuros. De ahí que, los análisis que han tratado de cuantificar el nivel sostenible de déficit por cuenta corriente lo hayan hecho a partir de un criterio más práctico, considerando que un déficit por cuenta corriente es sostenible cuando de él se deriva un ratio deuda externa/PIB estable. Sin embargo, esta definición de déficit por cuenta corriente sostenible exige disponer de un modelo macroeconómico que permita calcular una senda de equilibrio de la balanza por cuenta corriente, y las estimaciones de déficit por cuenta corriente que se derivan de estos análisis están sujetas a numerosas limitaciones.

No obstante, sí es posible obtener algunas conclusiones muy relevantes respecto a la sostenibilidad de los déficits por cuenta corriente:

1) El saldo sostenible en la balanza por cuenta corriente varía de un país a otro.

2) La cuantía de un déficit por cuenta corriente por sí sola no facilita información suficiente para determinar su sostenibilidad a largo plazo.

3) La evaluación de la sostenibilidad del déficit por cuenta corriente debe hacerse junto a otra serie de variables económicas.

Por tanto, no tiene ningún sentido tratar de establecer un nivel de déficit por cuenta corriente que sirva de señal de alarma ante posibles crisis externas. Un determinado nivel de déficit por cuenta corriente puede ser excesivo para un país, mientras que otros países pueden mantener de forma prolongada en el tiempo déficits muy superiores sin que su sostenibilidad sea cuestionada. Dado que el tamaño del déficit por cuenta corriente no permite emitir juicios normativos en cuanto a su sostenibilidad, las autoridades económicas deben utilizar un amplio conjunto de indicadores macroeconómicos y estructurales que la teoría económica considera importantes a la hora de valorar la sostenibilidad externa y que han incidido en diferentes episodios de desequilibrios persistentes en la balanza por cuenta corriente. El Cuadro 7.1 resume algunos de los principales factores que inciden en la sostenibilidad de un desequilibrio por cuenta corriente.

Cuadro 7.1
Algunos factores que inciden en la sostenibilidad del déficit por cuenta corriente

> La sostenibilidad de un déficit por cuenta corriente depende de un elevado y diverso número de factores, lo que dificulta notablemente evaluar cuando un déficit por cuenta corriente es o no sostenible.
> Entre los factores que determinan la sostenibilidad de un déficit por cuenta corriente podemos destacar:
> a) **El origen del déficit por cuenta corriente**
>   - Mayor sostenibilidad si el déficit tiene su origen en un aumento de la inversión, que si tiene su origen en una caída en el ahorro.
>   - Mayor sostenibilidad si el capital exterior se destina a financiar inversiones productivas.
> b) **La composición de la cuenta corriente**
>   - Menor sostenibilidad si el déficit por cuenta corriente tiene su origen en la balanza comercial.
> c) **El grado de apertura de la economía**
>   - Mayor sostenibilidad del déficit cuanto mayor sea el grado de apertura de la economía.
>   - Mayor sostenibilidad cuanto más diversificada sea la base exportadora.
> d) **La composición de las entradas de capital**
>   - Mayor sostenibilidad cuando el déficit por cuenta corriente se financia con capital a largo plazo, por ejemplo, a través de inversión extranjera directa y en moneda nacional.
> e) **El régimen cambiario**
>   - Menor sostenibilidad de un déficit por cuenta corriente en presencia de un sistema de tipos de cambio fijos o semifijos.
> f) **La fragilidad del sistema financiero**
>   - Menor sostenibilidad de un déficit por cuenta corriente cuanto menos desarrollado esté el sistema financiero de un país.
> g) **Inestabilidad política e incertidumbre sobre el entorno económico**
>   - La inestabilidad política o la incertidumbre sobre el curso futuro de la política económica afectará negativamente a la sostenibilidad de un déficit por cuenta corriente.

7. Política de ajuste exterior

Como hemos visto a lo largo del capítulo, el mantenimiento de un cierto equilibrio exterior es un factor fundamental para garantizar la estabilidad macroeconómica de un país, por lo que las autoridades económicas deberán utilizar los instrumentos de política económica para garantizarlo. Sin embargo, tal y como hemos mostrado, es realmente difícil determinar cuándo las transacciones económicas y financieras con el exterior constituyen un factor de vulnerabilidad grave para la economía nacional que exija la adopción de medidas correctoras.

En primer lugar, es conveniente diferenciar entre déficits y superávits por cuenta corriente ya que aunque ambas situaciones pueden ser calificadas como desequilibrios exteriores, la gravedad, los efectos que de ellas se derivan y las políticas aplicables para su corrección son muy distintas. A pesar de que los superávits por cuenta corriente también pueden crear dificultades en una economía, en particular, como consecuencia de los problemas en el control de la cantidad de dinero derivados del aumento en los activos de reserva, difícilmente un superávit en cuenta corriente va a provocar una crisis que ponga en serio peligro la estabilidad macroeconómica del país. Es por ello que a la hora de analizar las políticas de ajuste exterior nos centraremos en las dirigidas a corregir los déficits por cuenta corriente.

En segundo lugar, es fundamental determinar el tipo de déficit exterior que presenta la economía. En concreto, si tiene un carácter coyuntural, es decir, de carácter temporal y asociado al ciclo económico o, si tiene un carácter estructural y, por tanto, que permanece en el tiempo y puede asociarse a factores estructurales propios del funcionamiento de la economía del país.

La balanza por cuenta corriente se ve afectada tanto por la posición cíclica de la economía nacional como por la de los países con los que realiza intercambios comerciales. En este sentido, es importante determinar si el comportamiento del saldo exterior es el reflejo de la posición cíclica y, en consecuencia, su evolución podría revertir cuando se modifiquen esas condiciones cíclicas, o responde a cambios estructurales y, por tanto, con mayor permanencia en el tiempo. Con la finalidad de determinar el peso relativo de los factores cíclicos y estructurales en la corrección del déficit por cuenta corriente, en los últimos años diferentes instituciones han calculado el saldo exterior ajustado cíclicamente, es decir, el saldo exterior que se registraría si la economía creciera a su nivel potencial[4].

La delimitación del carácter coyuntural o estructural del déficit por cuenta corriente es de suma importancia, ya que en función de ello las decisiones de política económica que deberán adoptar las autoridades serán muy distintas. En el caso de que el déficit exterior tenga un carácter coyuntural las autoridades no se verán obligadas a adoptar medidas de ajuste, sino que optarán por favorecer su financiación. Por el contrario, cuando el déficit por cuenta corriente tiene carácter estructural y, por tanto, se convierte en crónico a lo largo del tiempo, las autoridades deberán adoptar las medidas de política económica adecuadas para su corrección, incluso aunque inicialmente no se hayan enfrentado a problemas para su financiación por parte de los inversores internacionales.

7.1. *Políticas para la financiación del déficit en cuenta corriente*

Un déficit por cuenta corriente se financia con una entrada financiera neta (aumento neto en los pasivos financieros con el exterior) y/o con una reducción en

---

[4] Al igual que ocurre con el saldo presupuestario ajustado cíclicamente, el cálculo de este indicador de desequilibrio exterior se enfrenta a la fiabilidad de la metodología empleada a la hora de calcular un teórico "output gap".

los activos de reserva. En concreto, si se produce una financiación espontánea a través de entradas netas de capital no se registrará caída en el nivel de activos de reserva, por el contrario, si las entradas netas de capital no cubren en su totalidad el déficit por cuenta corriente se producirá una pérdida en el nivel de activos de reserva.

Dado que la disponibilidad de activos de reserva es limitada, la financiación de un déficit por cuenta corriente a través de activos de reserva sólo podrá realizarse si el desequilibrio externo tiene un carácter temporal y reversible. Además es importante tener en cuenta que cuando un déficit exterior está siendo financiado mediante una reducción en los activos de reserva, su caída puede incidir en la voluntad de los inversores privados internacionales a la hora de prestar capital al país, que pueden descontar que los activos de reserva se agotarán dentro del horizonte de inversión de los inversionistas. Ante esta situación, las entradas netas de capital que están financiando parcialmente el déficit por cuenta corriente pueden tornarse en importantes salidas netas de capital, provocando un rápido agotamiento de los activos de reserva o una importante depreciación, si el país tiene un sistema de tipos de cambio flexibles.

No es fácil delimitar qué medidas concretas van a impulsar la entrada neta de capital extranjero que permita financiar déficits temporales de la balanza por cuenta corriente. En general, todas aquellas medidas que impulsen la estabilidad económica y política del país en el momento presente y en el futuro impulsarán la entrada estable de flujos financieros externos.

Cuando no se produzca una entrada espontánea de capital extranjero que permita financiar el déficit exterior, las autoridades pueden adoptar medidas de política monetaria y fiscal destinadas a mejorar el entorno económico nacional de inversión a largo plazo.

Desde el ámbito de la política monetaria, la subida de tipos de interés podría ayudar a incrementar las entradas netas de capital, a la vez que al reducir la inversión reduciría el déficit por cuenta corriente. No obstante, si el déficit exterior está asociado a una situación de elevado desempleo, la política monetaria restrictiva agravaría el desequilibrio interno. Por otro lado, las entradas de capital asociadas a la subida del tipo de interés normalmente serán muy volátiles, por lo que la subida de tipos de interés sólo puede constituir una solución temporal a los problemas de financiación del déficit exterior.

Desde el ámbito de la política presupuestaria, la reducción del déficit público puede contribuir a la corrección del déficit exterior. Si los inversores internacionales perciben que las políticas de gasto son inadecuadas, en el sentido de que no potencian el aumento de productividad, y/o que el saldo presupuestario y el endeudamiento público son insostenibles, no se generarán de forma espontánea entradas netas de capital.

En definitiva, todas aquellas medidas que mejoren la capacidad de servicio de la deuda de la economía facilitarán la financiación espontánea de un déficit por cuenta corriente. No obstante, hay que resaltar que aunque se consiga un entorno económico y político que facilite la financiación estable del déficit, no es posible ni aconsejable que esta situación se convierta en crónica. Como ya hemos resaltado, existe una relación dinámica entre cuenta corriente, cuenta financiera y posición de inversión internacional. Los déficits por cuenta corriente son financiados con entradas netas de capital, lo que supone un aumento en la posición deudora frente al exterior del país. En consecuencia, los pagos netos por rentas de inversión cada vez son mayores, provocando un progresivo aumento del déficit por cuenta corriente. A su vez, el progresivo deterioro en la posición deudora internacional puede acrecentar las dudas sobre la sostenibilidad del desequilibrio exterior, incrementando el coste de la financiación exterior. Por tanto, resulta inevitable que si el déficit exterior permanece en el tiempo las autoridades adopten medidas preventivas para su corrección, aunque todavía no se hayan producido problemas para su financiación.

7.2. *Políticas de corrección del déficit por cuenta corriente*

En ocasiones un país puede registrar un nivel de déficit por cuenta corriente que resulte insostenible y, aunque puede que a corto plazo no existan problemas para su financiación, a medio plazo es más que probable que los inversores internacionales no estén dispuestos a seguir financiando al país, por lo que se produciría de forma abrupta una crisis de balanza de pagos, con los consiguientes costes económicos para el país. En definitiva, antes de que surja una crisis de balanza de pagos en la que el país no pueda hacer frente a la financiación del desequilibrio exterior es conveniente que las autoridades económicas adopten medidas de política económica de carácter preventivo que favorezcan su corrección y que aseguren la sostenibilidad de la posición externa.

Desde un punto de vista macroeconómico y desde una perspectiva coyuntural, los tres instrumentos básicos de que disponen las autoridades para avanzar en la corrección del déficit exterior son las variaciones de los tipos de cambio, así como medidas de política monetaria y fiscal.

A) El tipo de cambio como instrumento de corrección del déficit exterior

En el apartado 3, cuando estudiamos los determinantes del saldo por cuenta corriente, vimos como el saldo por cuenta corriente depende del tipo de cambio real, entendido éste como un indicador de la competitividad relativa de la producción nacional en relación al exterior (Véase el Recuadro 7.3 en relación al concepto de competitividad).

El tipo de cambio real mide el precio de los bienes y servicios nacionales en relación a los bienes y servicios del exterior cuando los expresamos en una moneda común. Podemos expresar el tipo de cambio real de los países de la zona euro frente a Estados Unidos ($R_{\$/€}$) de la forma siguiente:

$$R_{\$/€} = (E_{\$/€} \times P_{Euro}) / P_{EE.UU.}$$

donde:

$E_{\$/€}$: tipo de cambio nominal del dólar frente al euro (número de dólares por euro)

P_{Euro}: precios de los bienes y servicios en la zona euro

$P_{EE.UU.}$: precios de los bienes y servicios en Estados Unidos

Las depreciaciones reales, es decir, las reducciones en $R_{\$/€}$, mejoran la competitividad relativa de los productos nacionales y, por tanto, aumentan las exportaciones reales de bienes y servicios y reducen las importaciones, mejorando el saldo por cuenta corriente.

Dada la definición del tipo de cambio real, observamos que las variaciones en el tipo de cambio nominal van a tener su efecto en el tipo de cambio real y, en consecuencia, en el volumen de exportaciones e importaciones y, en última instancia, en el saldo por cuenta corriente.

Cuando un país tiene un sistema de tipos de cambio fijos o intervenidos, una devaluación nominal, es decir, una reducción en el valor de la moneda nacional respecto al resto de monedas, va a abaratar el precio de los bienes y servicios nacionales en el exterior, incrementando las exportaciones, al tiempo que encarece los productos importados, por lo que fomentará la sustitución de productos importados por los de fabricación nacional.

En principio, en la medida en que una devaluación nominal aumenta el volumen de exportaciones y reduce el volumen de importaciones, normalmente va a traer consigo una reducción del déficit exterior. No obstante, la devaluación encarece el precio de los productos importados por lo que podría darse la circunstancia de que, aunque se importe menos en volumen, la cantidad a pagar en moneda nacional por los mismos se incremente y que, en última instancia, la devaluación no mejore el saldo por cuenta corriente. En otras palabras, tal y como establece la denominada condición de Marshall-Lerner, el efecto de la devaluación nominal sobre el saldo por cuenta corriente va a estar en función de las elasticidades precio de exportaciones e importaciones. Siempre que las elasticidades de exportaciones e importaciones sean elevadas (su suma supere la unidad), una devaluación nominal tendrá un efecto positivo sobre el saldo por cuenta corriente.

A su vez, el hecho de que la devaluación nominal encarezca las importaciones, hará que los precios internos aumenten y, en consecuencia, merme la mejora de competitividad alcanzada por la vía de la devaluación nominal. Es por ello que es importante que las autoridades económicas complementen el ajuste del tipo de cambio con políticas monetarias y fiscales restrictivas que aminoren el efecto que la devaluación nominal tiene sobre los precios internos.

Recuadro 7.3
La competitividad de una economía: un concepto difícil de delimitar

En economías cada vez más abiertas, como consecuencia del rápido proceso de globalización económica y financiera registrado en las últimas décadas, la competitividad constituye una variable clave en el desempeño de cualquier país. Esta relevancia de la competitividad se ha acrecentado a partir del estallido de la crisis financiera global en 2008, especialmente para aquellos países de la UEM que presentan un elevado endeudamiento público y privado, que limita las posibilidades de reactivación del crecimiento económico mediante el impulso de la demanda interna.

A pesar de la relevancia que en la actualidad tiene la competitividad, no existe una definición comúnmente aceptada del mismo y qué se entiende por competitividad dependerá del contexto en el que nos encontremos. En el presente capítulo, al igual que en la mayoría de los textos de teoría y política macroeconómica, hemos considerado una acepción restringida de la competitividad, en el sentido que consideramos que la competitividad de la producción nacional en relación a la producción exterior depende exclusivamente de los precios relativos entre países y, por tanto, de los precios nacionales, de los precios del exterior y del tipo de cambio nominal (es decir, del tipo de cambio real).

Junto a esta acepción restringida de la competitividad de la economía de un país, existen otras diferentes. Por un lado, lo que podríamos denominar competitividad exterior o comercial, entendida ésta como la capacidad de un país para vender sus productos en los mercados internacionales, lo que se plasma en el mantenimiento o ganancia de cuotas de mercado. Esta acepción de la competitividad de un país es similar a la que se tiene en cuanto a lo que constituye una empresa competitiva. Por otro lado, otra acepción se refiere a la competitividad agregada o económica, atendiendo a la cual la competitividad de un país depende de su capacidad para mantener o aumentar la producción, la productividad, el empleo y el nivel de vida de su población.

Si se considera el término competitividad en un sentido amplio no es de extrañar que la competitividad se haya convertido en un objetivo estratégico de la política económica de muchos países, ya que en definitiva a lo que nos estaríamos refiriendo es a la necesidad de que las autoridades económicas busquen unos buenos resultados de los principales indicadores económicos. En este sentido, las políticas económicas a aplicar para impulsar la competitividad de un país no se limitarían a las políticas coyunturales dirigidas a mantener los equilibrios macroeconómicos a corto plazo, sino que a su vez comprenderían todas aquellas medidas de índole estructural que fomenten la productividad del país.

Resaltar que cuando un país forma parte de una unión monetaria, como la UEM, por definición es imposible el ajuste del tipo de cambio nominal, y, por tanto, la única forma para un país miembro de mejorar la competitividad-precio frente al resto de países que la integran es consiguiendo mantener una inflación inferior a la de sus competidores. La política económica habitualmente aplicada ha sido la denominada política de "devaluación interna", que presupone que una reducción de los costes salariales permitirá unos menores costes laborales unitarios, lo que dará lugar a crecimientos más moderados de los precios, y si la tasa de inflación de los competidores no cambia, permitirá una mejora en la competitividad, contribuyendo a la corrección del déficit por cuenta corriente.

Las políticas de devaluación interna han inspirado el marco general de aplicación de la política económica en los países deficitarios de la UEM tras el estallido de la crisis financiera global (véase el Recuadro 7.4 en relación al comportamiento de los desequilibrios por cuenta corriente en la UEM). Para impulsarlas se han adoptado sobre todo reformas en el mercado de trabajo que, fundamentalmente, han perseguido modificar las instituciones de negociación colectiva para favorecer un ajuste a la baja de los salarios. También se ha introducido una mayor competencia en los mercados de bienes y servicios para que las bajadas en los costes salariales se trasladen con mayor rapidez a los precios, aunque estas medidas se han adoptado con mucha menos decisión. A su vez, las políticas de austeridad fiscal han constituido el otro pilar fundamental de esta estrategia.

Es muy discutible que las políticas de devaluación interna hayan conseguido los objetivos perseguidos de mejora de la competitividad, ya que en ocasiones, como ha sido el caso de España la contención en los costes laborales no se ha trasladado en toda su cuantía a precios, sino que ha sido aprovechada para aumentar los márgenes de beneficios. Por otro lado, la devaluación interna ha agravado la caída en la demanda interna.

Recuadro 7.4
Los desequilibrios por cuenta corriente en la UEM

Una de las características más notables en el funcionamiento de la UEM desde su creación fue la existencia de importantes desequilibrios por cuenta corriente en su seno, que fueron además ampliándose hasta que en 2007 se desatara la crisis financiera internacional. Así, mientras Alemania registraba en 2007 un superávit en su cuenta corriente y de capital superior al 7% del PIB, y otros países más pequeños como Austria, Holanda o Finlandia registraban también cifras similares, la situación era muy diferente en Grecia, España y Portugal, con déficits iguales o superiores al 10% (Véase Gráfico 1).

Inicialmente los desequilibrios por cuenta corriente fueron contemplados como una muestra del buen funcionamiento de la UEM, en la medida que posibilitaban el trasvase de recursos financieros de los países con mayor renta hacia los países con menor renta, lo que impulsaría un proceso de convergencia real. Sin embargo, el trascurso del tiempo mostró que el tamaño y la persistencia que habían adquirido los desequilibrios constituían una amenaza a la propia UEM. De hecho, los países que en 2007 registraban un mayor déficit por cuenta corriente —Grecia, Portugal, España e Irlanda—, o bien fueron intervenidos o se vieron inmersos en crisis de deuda.

Gráfico 1   Gráfico 2

 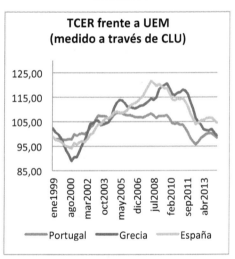

FUENTE: Eurostat y elaboración propia.

El que los desequilibrios por cuenta corriente en el seno de la UEM alcanzasen unos niveles insostenibles responde a la conjunción de distintos factores, que lejos de ser independientes están estrechamente interrelacionados: la existencia de abundantes y baratos recursos financieros en los países centrales de la UEM, que se dirigieron hacia los países deficitarios del sur, el comportamiento muy diferenciado de la competitividad de los países deficitarios y superavitarios y, por último, la existencia de un crecimiento muy diferenciado de la demanda interna de los países deficitarios y superavitarios. En definitiva, todos estos factores no eran sino la plasmación de un modelo de crecimiento económico desequilibrado, con los países centrales, liderados por Alemania, con un modelo de crecimiento basado en las exportaciones y, los países deficitarios del sur, con un modelo de crecimiento basado en el endeudamiento.

> Cuando estalló la crisis financiera internacional quedó en evidencia que los déficits por cuenta corriente eran insostenibles y la recomendación de política económica de las autoridades europeas para su corrección se centró en la necesidad de recuperar de forma acelerada la competitividad perdida, como consecuencia del mayor crecimiento relativo de los costes laborales. Las políticas de devaluación interna y de austeridad fiscal se convirtieron en los instrumentos básicos que los países del sur tuvieron que aplicar con el fin de restablecer sus equilibrios macroeconómicos.
>
> Desde 2008 se ha asistido a una muy rápida corrección en los déficits exteriores de los países periféricos del sur. Ahora bien, resulta bastante discutible que esto sea una muestra del éxito de las políticas de devaluación interna. Por un lado, aunque es cierto que la contención salarial ha permitido a España, Grecia y Portugal recuperar la competitividad-costes perdida durante la primera década de funcionamiento del euro (véase Gráfico 2), las mejoras en competitividad-precio ha sido mucho más moderadas, ya que las empresas han aprovechado la reducción de los costes laborales para incrementar sus márgenes de beneficios. Por tanto, difícilmente se puede argumentar que la corrección de los déficits por cuenta corriente responde a las mejoras de competitividad. De hecho, más bien son el resultado del hundimiento en la demanda interna, al cual han contribuido las propias políticas de devaluación interna.

B) El papel de las políticas monetaria y fiscal en la corrección del déficit exterior

La variación en el tipo de cambio nominal puede contribuir a cerrar la brecha entre ahorro e inversión y, por tanto, a reducir el déficit por cuenta corriente, pero normalmente será preciso que la devaluación se acompañe de medidas encaminadas a reducir el gasto interno mediante la instrumentación de políticas fiscales y monetarias más restrictivas.

El signo de la política monetaria puede jugar un papel importante en la reducción del déficit por cuenta corriente. En ocasiones, como lo acontecido en la economía española en los años del boom inmobiliario, el déficit exterior puede estar asociado a la aplicación de una política monetaria fuertemente expansiva que se traduce en unos tipos de interés reales muy bajos o incluso negativos que impulsan la inversión y dañan el ahorro interno. En estas circunstancias, la aplicación de una política monetaria restrictiva y, por tanto, la elevación de los tipos de interés nominales y reales reducirá aquellos componentes del gasto que son sensibles al tipo de interés (fundamentalmente inversión y consumo), a la vez que probablemente alentará el ahorro. A su vez, el incremento en los tipos de interés estimulará que los inversores internacionales incrementen la demanda de activos financieros nacionales facilitando la financiación del déficit exterior.

Un aspecto que merece la pena destacar es la relación que en ocasiones se establece entre el saldo por cuenta corriente y el signo de la política monetaria. Si un déficit en la balanza por cuenta corriente se traduce en una reducción en los activos de reserva, como consecuencia de que no se producen suficientes entradas netas de capital, se registrará una reducción de la base monetaria (a no ser que se produzcan una esterilización que compense el descenso en los activos de reserva) y, por consiguiente, se estaría endureciendo el signo de la política monetaria. De esta forma tendríamos que un déficit por cuenta corriente de forma automática traería consigo un endurecimiento de la política monetaria que contribuiría al ajuste exterior.

Por su parte, la política fiscal también puede jugar un papel relevante en la corrección del desequilibrio entre gasto y renta. Medidas de política fiscal restrictivas (aumento en los impuestos o reducciones del gasto público) traerán consigo una reducción en la brecha entre ahorro e inversión y, con ello, del déficit por cuenta corriente. Tal y como analizamos en el apartado segundo, un déficit fiscal puede constituir una causa potencial del déficit por cuenta corriente, en cuyo caso su corrección facilitará la reducción del desequilibrio externo. No obstante, no toda política fiscal restrictiva tendrá un efecto corrector del déficit por cuenta corriente. Por ejemplo, si se producen recortes en determinadas partidas del gasto público, como los destinados a infraestructuras o investigación, puede que se esté dañando la capacidad potencial de la economía, de tal forma que aunque a corto plazo la restricción fiscal contribuya al ajuste del déficit exterior, no es así a medio plazo. Por tanto, a la hora de utilizar la política fiscal restrictiva como instrumento corrector del déficit por cuenta corriente es preciso tener en cuenta que esas medidas pueden tener un impacto sobre las necesidades de financiación del sector privado y sobre el PIB potencial de la economía.

La utilización de políticas monetaria y fiscal restrictivas para contribuir al equilibrio externo constituye una fórmula adecuada cuando la economía se encuentra en una situación en la que el nivel de producción se encuentra por encima del potencial, es decir, cuando existe sobreempleo y déficit por cuenta corriente. Por el contrario, cuando la economía registra de forma simultánea déficit por cuenta corriente y desempleo (producción por debajo del potencial) se plantearía un dilema de política económica, ya que la utilización de las políticas de demanda restrictivas contribuiría al equilibrio externo, pero agravaría el desequilibrio interno.

Orientación bibliográfica

Para un análisis del equilibrio exterior y de la política económica en una economía abierta desde un punto de vista académico y utilizando el marco teórico tradicional IS-LM-BP puede verse Cuadrado Roura, J.R. (Director) (2010): *Política Económica: elaboración, objetivos e instrumentos*, McGraw-Hill, Madrid, Cap. 13., y Fernández Díaz, A., Parejo Gámir, J.A. y Rodríguez Sáiz, L. (2006): *Política Económica*, McGraw-Hill, Madrid, Cap. 8.

Un análisis de las políticas de fomento de competitividad y, en general, de las políticas estructurales encaminadas a favorecer el reequilibrio exterior, aspectos que no han sido tratados en el presente capítulo, puede encontrarse en Antuñano Maruri, I. y Sánchez Andrés, A. (2009): *Política Económica. Elaboración y políticas coyunturales*, Tirant lo Blanch, Valencia, Cap. 11.

Para un análisis en profundidad de la estructura y criterios de elaboración de la balanza de pagos y la posición de inversión internacional, véase Fondo Monetario Internacional (2009): *Manual de Balanza de Pagos y Posición de Inversión Internacional. Sexta Edición*, Washington, y Banco de España (2014), *Balanza de Pagos de España 2013*, Madrid, Cap. 2, Nota Metodológica.

Existe una amplia bibliografía específica, basada en artículos recientes, en que se analizan distintos aspectos relacionados con los desequilibrios en la balanza de pagos, tanto desde un punto de vista teórico, como de los desequilibrios externos a nivel global o en la UEM. Para un análisis detallado de los desequilibrios por cuenta corriente en el seno de la UEM véase: Arestis, P. y Paúl, J. (2009). "Los déficits por cuenta corriente en la UEM y la crisis financiera internacional", *Ola Financiera*, México, Vol. 6, Nº. 14, Chen, R., Milesi-Ferretti, G.M. y Tressel, T. (2012) "External Imbalances in the Euro Area", *IMF Working Paper* 12/236.Puede profundizarse en el análisis de los desequilibrios globales en cuenta corriente en Bernanke, B. (2005): "The global saving glut and the U.S. current account deficit", speech at the Sandridge Lecture, Richmond, March 10. El concepto de saldo por cuenta corriente ajustado al ciclo y el comportamiento de este en las principales economías puede verse en Estrada, A. (2012): "El saldo en la balanza por cuenta corriente ajustado de ciclo: un análisis para las economías del G-20", *Boletín Económico del Banco de España*, marzo, 2013, págs. 57-67.

Capítulo 8
Política de rentas

CARLOS OCHANDO CLARAMUNT
Universidad de Valencia

1. Política de rentas, concertación social y modelo corporatista de relaciones laborales

La gobernabilidad de las sociedades capitalistas actuales (con la coexistencia de grupos de presión en permanente conflicto) hace necesaria la adopción de políticas, más o menos institucionalizadas, de concertación social y política. La existencia de acuerdos corporatistas es, pues, un elemento consustancial al desarrollo de las sociedades capitalistas avanzadas, que además requiere la participación activa del Estado.

Toda política de rentas, en un sistema político democrático, se inserta en modelos de relaciones laborales e industriales que podemos calificar como "*corporatistas*" o "*neocorporatistas*". Durán (1985) define el sistema neocorporativo "como aquél cuya estructura política se caracteriza por la integración en el vértice de los mecanismos de decisión en materia de política económica, de las representaciones organizadas de los trabajadores y del capital, integración 'concertada' y no impuesta, basada, por consiguiente, en el acuerdo de los protagonistas de la misma, que conservan su libertad de organización y de acción".

En la política de rentas se establecen criterios o normas reguladoras de los ingresos de los diferentes participantes en la distribución de la renta. Esta regulación se realiza por medio del consenso, el pacto o la concertación social entre los diferentes agentes sociales y grupos de interés, que renuncian a presionar políticamente sobre el nivel de remuneraciones, permitiendo de esa forma la consecución de los objetivos de la política económica del gobierno. Ambas partes reconocen su mutua interdependencia y están dispuestas a cooperar voluntariamente entre sí y con el Estado.

Esta voluntad cooperadora permite superar o suavizar el carácter conflictivo-pluralista tradicional de las relaciones laborales en los países de economía de mercado, por un sistema neocorporatista-concertado en el que participa —directa o indirectamente— el Estado.

Este modelo neocorporativo institucionaliza, por tanto, una cooperación voluntaria entre los grupos de interés socio-económicos organizados y el gobierno, en el que los primeros negocian centralizadamente el crecimiento de sus rentas alrededor de los objetivos globales de la política económica que diseña el gobierno. La negociación sobre la evolución de las rentas se desplaza desde el *"mercado económico"* (negociación colectiva) hacia el *"mercado político"*, en un proceso que requiere la institucionalización de algunos mecanismos de consulta, negociación y arbitraje a nivel nacional entre los principales agentes económicos y sociales y el Estado.

El gobierno participa activamente para alcanzar los acuerdos, ya que es el primer interesado en asociarse al proceso concertado de toma de decisiones (véase Recuadro 8.1 para el caso español). Para que desempeñe con éxito este papel mediador, debe tener el compromiso de intervenir en el proceso de distribución de la renta, mejorando la equidad con que ésta es repartida entre los diferentes grupos sociales y económicos. Esto se debe a la importancia que adquieren las contrapartidas sociales para legitimar la aceptación sindical de la moderación salarial y la influencia de la política fiscal en la determinación de los salarios reales de la economía. El gobierno arbitra el conflicto de intereses ofertando una serie de contrapartidas a los interlocutores sociales.

La participación del gobierno en el pacto social garantiza al empresariado el mantenimiento de una tasa de acumulación de capital privado, por medio de la moderación salarial pactada y modificando algunos de los elementos de rigidez del mercado de trabajo. A los trabajadores les ofrece una serie de contrapartidas dirigidas a compensar la posible pérdida de posiciones en la distribución funcional de la renta, haciéndolos beneficiarios de determinadas políticas de gasto público de carácter redistributivo, creación de empleo público y/o ampliación de derechos sociales y sindicales. Ambos interlocutores sociales suelen obtener beneficios organizativos e institucionales en este proceso concertado de participación en la elaboración y praxis de la política económica, como veremos más adelante en el capítulo.

Recuadro 8.1
Concertación y negociación colectiva centralizada en España (1991-2011)

En España, el uso de los acuerdos sociales ha sido prolífico desde el periodo de la Transición política hasta la actualidad. Algunos de esos pactos sociales han incorporado el instrumento de la política de rentas, otros no. Algunos de esos pactos ha contado con la participación del gobierno, otros no. En la siguiente tabla se recogen los principales acuerdos firmados desde los años noventa hasta el 2011.

	Naturaleza	Firmantes
Acuerdo Bipartito (después Tripartito) sobre formación profesional y formación continua (1992) (de renovación cuatrienal, en 1996, 2000 y 2006)	Bipartita/Tripartita	Gobierno/CEOE-CEPYME/CCOO/UGT/CIG
Acuerdo Interconfederal sobre Ordenanzas y Reglamentaciones (1994)	Bipartita	CEOE-CEPYME/CCOO/UGT
Pacto de Toledo (1995)	Política	Fuerzas parlamentarias
Acuerdo sobre Consolidación y Racionalización del Sistema de Seguridad Social (1996)	Bipartita	Gobierno/CCOO/UGT
Acuerdo para el Empleo y la Protección Social Agrarios (1996)	Tripartita	Gobierno/CEOE-CEPYME/CCOO/UGT
Acuerdo Tripartito para la resolución de conflictos (ASEC I) (1996) (ASEC II en 2001 y ASEC III en 2003)	Tripartita	Gobierno/CEOE-CEPYME/CCOO/UGT
Acuerdo Interconfederal para la estabilidad en el empleo (AIEE) (1997)	Bipartita	CEOE-CEPYME/CCOO/UGT
Acuerdo sobre cobertura de vacíos (AICV) (1997)	Bipartita	CEOE-CEPYME/CCOO/UGT
Acuerdo Interconfederal sobre Negociación Colectiva (AINC) (1997) (renovado anualmente en 2000-2008)	Bipartita	CEOE-CEPYME/CCOO/UGT
Acuerdo sobre el trabajo a tiempo parcial (1998)	Bipartita	Gobierno/UGT/CCOO
Acuerdo para la mejora y el Desarrollo del Sistema de Protección Social (2001)	Tripartita	Gobierno/CEOE-CEPYME/CCOO
Renovación del Pacto de Toledo (2003)	Política	Fuerzas parlamentarias
Declaración para el Diálogo Social: Competitividad, empleo estable y cohesión social (2004)	Tripartita	Gobierno/CEOE-CEPYME/CCOO/UGT
Declaración para el Diálogo social en las Administraciones Públicas (2004)	Bipartita	Gobierno/CCOO/UGT/CSI-CSIF
Acuerdo sobre la acción protectora de la atención a las personas en situación de dependencia (2005)	Tripartita	Gobierno/CEOE-CEPYME/CCOO/UGT
Acuerdo para la mejora del Crecimiento y el Empleo (AMCE) (2006)	Tripartita	Gobierno/CEOE-CEPYME/CCOO/UGT
Acuerdo sobre medidas en materia de Seguridad social (AMMSS) (2006)	Tripartita	Gobierno/CEOE-CEPYME/CCOO/UGT
Acuerdo sobre la reforma del Fondo de reserva de la Seguridad Social (2007)	Tripartita	Gobierno/CEOE-CEPYME/CCOO/UGT
Acuerdo sobre la Responsabilidad Social de las empresas (2007)	Tripartita	Gobierno/CEOE-CEPYME/CCOO/UGT
Declaración para el impulso de la Economía, el Empleo, la Competitividad y el Progreso Social (2008)	Tripartita	Gobierno/CEOE-CEPYME/CCOO/UGT
Acuerdo Social Económico para el Crecimiento, el Empleo y garantía de las pensiones (2011)	Tripartita	Gobierno/CEOE-CEPYME/CCOO/UGT

FUENTE: Basado en Guillén, A. y Gutiérrez, R. (2008): "Treinta años de pactos sociales en España: un balance" Cuadernos de Información Económica nº 203, marzo-abril; pág.: 175.

1.1. Los diferentes niveles de concertación social y de organización de los intereses

Hablamos de *microconcertación*, cuando los acuerdos se toman en el ámbito de empresas, firmas o cadenas de producción y de *mesoconcertación*, si el ámbito geográfico del acuerdo es inferior —en términos administrativos y territoriales— al nacional. Por tanto, el nivel *"meso"* suele referirse a las organizaciones que operan entre las principales asociaciones nacionales que están en la cumbre jerárquica de la negociación y las empresas o agentes individuales. Estas organizaciones suelen defender intereses de carácter sectorial o regional.

Ante la crisis de las políticas de rentas nacionales, se produjo un cambio en los objetivos, métodos, contenidos y niveles de las políticas de concertación. La argumentación es la siguiente: las políticas de macroconcertación tienen un marcado carácter institucional y político centralizado que impide responder flexiblemente a las necesidades de ajuste sectorial, local y regional que se producen en las actuales economías desarrolladas, sobre todo, en un contexto de crisis económica y de creciente globalización. Además, y como refleja el Cuadro 8.1, las condiciones económicas e institucionales han variado radicalmente desde los años sesenta y setenta (años de aplicación extensa de las políticas de rentas) hasta los años noventa.

Cuadro 8. 1
Principales diferencias entre los acuerdos firmados en los años sesenta, setenta y noventa

	Acuerdos sociales 60 y 70	Acuerdos sociales en los 90
Contexto	Economía regulada a nivel nacional Baby boom Régimen monetario acomodado Fordismo	Gobalización Envejecimiento de la población Unión Económica y Monetaria Sociedad de la información
Mercado de trabajo	Pleno empleo Mercado de trabajo regulado	Empleo atípico Desempleo Seguridad y flexibilidad
Política salarial	Redistribución productividad	Restricción salarios y competitividad
Protección social	Estado del bienestar en expansión	Estados del bienestar en procesos de restricción
Marco institucional y negociación colectiva	Centralización Orientación social de los actores	Descentralización coordinada

FUENTE: Sisson, K. y Martín, A. (2001): *Pactos para el empleo y la competitividad.* CES, Colección Estudios Nº 111, pág. 22.

La crisis de los acuerdos globales (que en España se produjo a mediados de los años ochenta) abrió, en la práctica totalidad de los países desarrollados, un proceso en el que la concertación social se trasladó desde el ámbito central hacia los ámbitos sectoriales, regionales o locales, con unos objetivos económicos más concretos.

Uno de los aspectos más importantes del llamado "*mesocorporatismo*" es la importancia de los factores económicos en la formulación de los acuerdos sociales. En este nivel tiene más importancia la estructura económica sectorial para el establecimiento de acuerdos, mientras que en el "*macrocorporatismo*" adquieren más importancia los contenidos políticos (incluso ideológicos), institucionales y organizativos.

Las causas de este cambio en las políticas de concertación a principios de los años noventa pueden ser muchas y variadas, tanto de naturaleza política como económica. Destaquemos algunas:

1) la tendencia hacia la descentralización política y administrativa en la toma de decisiones públicas;

2) el cambio en el modelo de producción y acumulación producido durante los años setenta y ochenta. La superación del modelo fordista de producción cuestiona la funcionalidad de las anteriores relaciones laborales e institucionales que habían contribuido a su consolidación;

3) un cambio de actitud de los actores sociales que intervienen en el proceso negociador (sindicatos, empresa y gobierno);

4) los cambios sociales y económicos de carácter estructural producidos en el mercado de trabajo y la estructura industrial (inestabilidad de la demanda, mayor intensidad de la competencia internacional, mayor diversificación de la demanda de consumo, avance de la tecnología de la información y comunicación, etc.);

5) la importancia del objetivo de competitividad como eje central de la política económica y, finalmente,

6) la creciente competencia internacional y la innovación tecnológica, que hacen que las intervenciones políticas se "*sectorialicen*" y "*regionalicen*" cada vez más.

Destacan, pues, en los últimos años la proliferación de acuerdos y pactos regionales como instrumento de política económica a favor del empleo y la regeneración del tejido industrial (sobre todo, en periodos de crisis económica). Los contenidos de estos acuerdos han girado, esencialmente, sobre tres ejes: 1) la política industrial y tecnológica, 2) la política de formación profesional y 3) la política de empleo, incluyendo algunas reformas estructurales y algunas medidas expansivas de política social, pero eliminando la política de rentas y otro tipo de regulaciones del mercado laboral que se establecen a nivel nacional. Es claro, por consiguiente, el marcado carácter regulativo -y no tanto distributivo- de las políticas de concertación a nivel regional.

2. La instrumentación tradicional de la política de rentas

Tal y como hemos tratado en el epígrafe anterior, la política de rentas ha jugado un papel clave en la acción pública durante el pasado siglo XX, tanto como política instrumental de estabilización económica como en su vertiente conformadora de un modelo de relaciones laborales e industriales neocorporatista. En el primer caso, ha permitido aliviar las tensiones inflacionistas que se han venido produciendo en la mayoría de economías, principalmente a partir de la crisis de oferta de los años setenta. En segundo lugar, especialmente en su vertiente cooperativa, la política de rentas y de concertación social ha permitido desarrollar un modelo de relaciones laborales corporatista, basado en el consenso entre los agentes sociales en materia de rentas, así como en la actitud participativa de los mismos en otras áreas e instrumentos de la política económica y social.

¿Cómo podemos definir la política de rentas? Fernández Díaz (1979) apunta que "puede entenderse por política de rentas el conjunto de principios, criterios o normas referentes a la evolución de todo tipo de rentas (tanto salariales como no salariales), compatible con el logro de la estabilidad de precios y, en determinadas ocasiones, de una mejora en la distribución de la renta". A su vez, Cuadrado Roura y Villena (1980) definen la política de rentas como "una intervención deliberada del gobierno en el proceso de formación de los precios del factor trabajo y de los productos con objeto de impedir que los aumentos de las rentas monetarias sean más rápidos que el incremento de la renta nacional en términos reales".

Durán (1999) señala que "se puede definir a la política de rentas como la regulación institucionalizada de las rentas salariales. Esta regulación se realiza mediante un proceso negociador entre los representantes elegidos por los agentes económicos implicados, trabajadores y empresarios, normalmente a través de los sindicatos y de las organizaciones empresariales, en donde se determinan las pautas que van a orientar la evolución de los salarios en cada una de las unidades productivas".

Tradicionalmente, en la praxis política, la política de rentas ha tenido como objetivo prioritario el control de la inflación. Ha sido, por tanto, un instrumento de la política de estabilización económica con una clara vocación antiinflacionista. Se trata de un tipo de intervención pública sobre las retribuciones de los factores de producción, especialmente las del factor trabajo (sueldos y salarios), con el objetivo principal de contribuir al control de la inflación de costes de la economía. Además de contribuir al control de los precios o a su desaceleración, se espera que la moderación de los costes salariales favorezca la consecución de otros objetivos de política económica complementarios al de la inflación: la mejora del excedente empresarial, el aumento de la competitividad, el aumento de la inversión y, finalmente, la creación de empleo. Esta es la lógica subyacente de la instrumentación tradicional de la política de rentas (Figura 8.1).

La característica esencial de la política de rentas, en relación con otro tipo de políticas de gestión de la demanda agregada, es que interviene en el mismo momento de la formación de las rentas, y no en el momento del gasto (como ocurre con la política fiscal o la política monetaria).

Figura 8.1
Lógica de la política de rentas tradicional

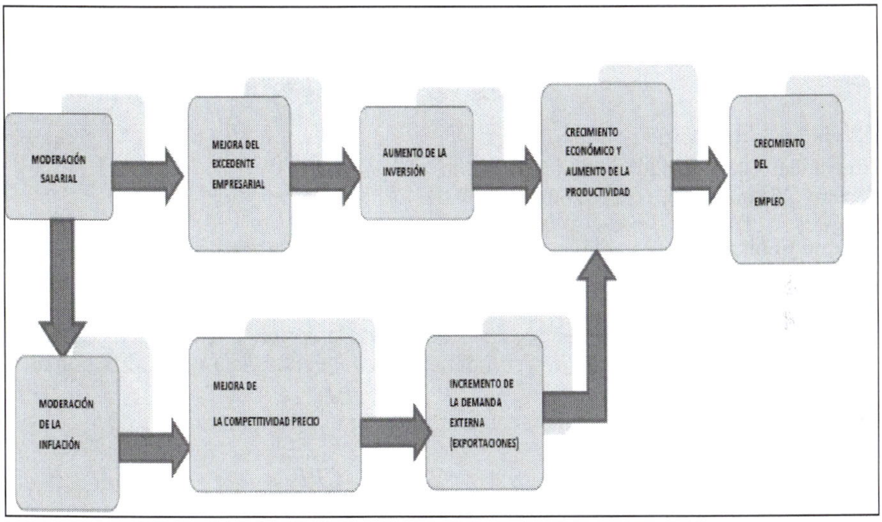

La política de rentas trataría de controlar la inflación de costes regulando los incrementos de rentas y obligando a que éstos no superen en valores nominales o reales el crecimiento del producto real (productividad). Para ello, utiliza criterios "*ex-ante*" de control del crecimiento salarial. En ocasiones, también se pretende quebrar las expectativas inflacionistas que alimentan los procesos de subida de los precios mediante un cambio en el sistema de negociación de los salarios.

Como apunta Cuadrado Roura (2006), la responsabilidad de la autoridad económica es: 1) fijar el objetivo de inflación; 2) establecer la "norma" o "normas" que deberían respetar los incrementos salariales en los sectores público y privado, así como las tasas de variación deseables para otras rentas y 3) promover el logro de acuerdos que aseguren el cumplimiento de dichos criterios.

Debemos tener claro que la política de rentas no es un sustituto de las políticas de regulación de la demanda ni de las reformas estructurales, sino un posible complemento de ellas. La política de rentas constituye una pieza más de un programa más amplio de política económica para alcanzar los objetivos de equilibrio interno y externo de la economía. Por tanto, en ocasiones, el éxito mismo de la moderación de rentas depende de su combinación con el resto de las políticas económicas instrumentales y estructurales. De ahí, que se deba combinar con adecuadas políticas de regulación de la demanda agregada para que alcance la máxima potencialidad en sus efectos.

> **Recuadro 8.2**
> **La política de rentas: una pieza esencial en la resolución de la crisis económica de la zona euro**
>
> Algunos autores han propuesto revitalizar el uso de la política salarial y de rentas en el contexto europeo como un instrumento que puede contribuir a la salida de la actual crisis económica. La mayoría de las propuestas pasan por ligar de una manera más estrecha el crecimiento de los salarios con la productividad del trabajo. Así, por ejemplo, la norma salarial que defienden Hein y Detzer (2014) es la siguiente:
>
> $$\hat{w}_j = \hat{y}_j + p^\tau$$
>
> $\hat{w}_j$ = Crecimiento del salario nominal
> $\hat{y}_j$ = Crecimiento de la productividad del trabajo a largo plazo
> p^τ = Objetivo de inflación para la zona euro
>
> Para contribuir a reequilibrar las cuentas corrientes dentro de la zona euro mediante el reajuste de la competitividad precio relativa, las políticas salariales durante un periodo intermedio de tiempo tendría que desviarse de la anterior norma. El crecimiento del salario nominal en países con superávit de cuenta corriente tendría que exceder de la norma, mientras que el crecimiento de los salarios nominales en los países con déficit de cuenta corriente no tendría que alcanzar esa norma.
>
> Stockhammer y Onaran (2012) plantean la siguiente norma para los países de la zona euro:
>
> $$\hat{w}_j = \hat{y}_j + p^\tau + \alpha \, (CLU_{RA} - CLU_j)$$
>
> $\hat{w}_j$ = Crecimiento del salario nominal
> $\hat{y}_j$ = Crecimiento de la productividad del trabajo a largo plazo
> p^τ = Objetivo de inflación para la zona euro
> CLU_{RA} = Coste laboral unitario en la zona euro
> CLU_j = Coste laboral unitario en el país
>
> Esta *"regla de oro salarial"* contribuiría a alcanzar algunos objetivos deseables:
> a) evitar que los shocks exógenos dentro de la Unión Europea se resuelvan con ajustes en los niveles de competitividad entre los países miembros,
> b) garantizar un crecimiento de los salarios reales acorde con el crecimiento de la productividad y
> c) garantizar suficiente demanda agregada.
>
> ALGUNAS REFERENCIAS BIBLIOGRÁFICAS BÁSICAS SOBRE LA "NORMA SALARIAL" PARA LOS PAÍSES DE LA ZONA EURO:
> BIBOW, J. (2014): "The Euro Treasury Plan" *Public Policy Brief Levy Economics Institute* n° 135.
> FLASSBECK, H. y LAPAVITSAS, C. (2013): "The Systemic Crisis of the Euro: true causes and effective Therapies" Rosa Luxemburg Stiftung.
> HEIN, E. y TRUGER, A. (2009): "How to Fight (or Not to Fight) a Slowdown" *Challenge* n° 52(3), pp. 52-75.
> HEIN, E. y DETZER, D. (2014): "Coping with Imbalances in the Euro Area Policy Alternatives Addressing Divergences and Disparities between Member Countries" *Working Papers Levy Economics Institute* n° 816.
> STOCKHAMMER, E. (2011): "Peripheral Europe's Debt and German Wages. The Role of Wage Policy in the Euro Area" *International Journal of Public Policy* vol. 7 (1/2/3), pp. 83-96.
> STOCKHAMMER, E. y ONARAN, O. (2012): "Rethinking Wage Policy in the Face of the EuroCrisis. Implications of the Wage-led Demand Regime" *International Review of Applied Economics* 26(2), pp. 191-203.

En la actualidad, y en el contexto de crisis económica, muchos autores sostienen que la política de rentas debe seguir teniendo, como principal objetivo, el logro de una inflación estable. De hecho, algunos economistas han defendido el establecimiento de una *"regla de oro"* dentro de la Unión Monetaria, consistente en alinear los salarios nominales a la evolución de los CLU y al objetivo de precios establecido para la zona euro (Recuadro 8.2).

2.1. Tipología de política de rentas

A) La política de rentas indicativa

En este tipo de política de rentas, el gobierno promueve la cooperación voluntaria (no coactiva) entre los sindicatos y las organizaciones empresariales con el objetivo de limitar el crecimiento de los salarios y los precios.

El gobierno apoya esta cooperación de los agentes sociales a través de la persuasión moral, el comportamiento *"ejemplar"* del sector público o las declaraciones oficiales respecto a la evolución de los precios. Para ello, utiliza indicadores o *"normas-guía"* de referencia sobre el deseable crecimiento nominal y/o real de los sueldos y salarios, pero dejando que los agentes sociales alcancen libremente los acuerdos concretos para su aplicación.

La política de rentas del sector público siempre desempeña un *"papel educador"* en el sector privado. Por esta vía, puede incidir sobre las expectativas de inflación moderando el crecimiento de las rentas en el sector público. Si las expectativas inflacionistas son sensibles a la política de rentas del sector público, ésta puede convertirse en un potente instrumento de moderación del crecimiento de las rentas del sector privado, debido al *"efecto escaparate"* o *"imitación"* que se produce entre los dos sectores de la economía.

Este tipo de política de rentas indicativa es casi inevitable ya que el gobierno establece el crecimiento de las rentas salariales de los empleados públicos y espera que este aumento sirva de guía o referencia para la negociación colectiva del sector privado. De este modo, podríamos afirmar que un gobierno está permanentemente utilizando la política de rentas indicativa cuando fija el crecimiento de las rentas de los empleados públicos, de los colectivos sociales dependientes de los Presupuestos Generales del Estado, o cuando realiza continuos anuncios o recomendaciones que tratan de influir en la marcha de la negociación colectiva del sector privado.

B) Política de rentas obligatoria

Es una política coactiva, impuesta por el gobierno que implica controles (normalmente congelación) de salarios, precios y otras rentas. Se establecen por ley las variaciones de precios y/o salarios por medio de la fijación de precios intervenidos y el establecimiento de topes máximos salariales y de otras rentas. Este tipo de política de rentas se suele utilizar en periodos excepcionales o en sistemas políticos no democráticos.

Este tipo de intervención no se puede denominar con exactitud política de rentas porque incumple el requisito de la existencia de un acuerdo concertado o pacto social implícito o explícito entre las partes organizadas dentro de un clima de libertad política y sindical.

La ventaja de esta política es que provoca una clara ruptura de las expectativas inflacionistas, ya que demuestra la seriedad del gobierno en aplicar una política antiinflacionista, además de suponer una ganancia de tiempo hasta que las políticas de demanda convencionales logren resultados efectivos.

Los efectos negativos de este tipo de política son:

a) la asimetría en el control de las rentas (es decir, la facilidad de control de los salarios y la dificultad de control de los precios y las rentas no salariales) que acabará generando una oposición sindical y una conflictividad social creciente, máxime cuando esa política no está legitimada democráticamente y

b) la experiencia histórica demuestra que existen claros incentivos a transgredir la norma por parte de los diferentes grupos implicados debido a la obtención de beneficios individuales cuando se consigue evadir la norma. De ahí que no sea factible mantener los controles largos periodos de tiempo. Tras el control, es altamente previsible que se produczca un *"efecto explosión"* en el crecimiento de las rentas salariales de la economía.

C) La política de rentas cooperativa

Esta política se realiza a través de una negociación institucional entre los diferentes interlocutores o agentes sociales (sindicatos y asociaciones empresariales) y el gobierno. En este marco, los sindicatos se comprometen a aceptar unas determinadas directrices salariales restrictivas a cambio de que el gobierno realice, como contrapartida, determinadas políticas (fiscales, sociales, de inversión pública, de bienestar social, etc.) y que las organizaciones empresariales adquieran ciertos compromisos que supongan mejoras en las condiciones de trabajo, aumento de la inversión o creación de empleo. El acuerdo social, que puede realizarse con o sin la presencia del propio gobierno, puede llevar incorporado un mecanismo de control para el cumplimiento del pacto.

El problema, nuevamente, es que pueden aparecer fuertes incentivos en las bases sociales de los representantes de la negociación para no respetar los compromisos adoptados en el acuerdo social e incumplimientos de lo pactado por parte de las organizaciones empresariales y del propio gobierno.

2.2. *Beneficios y costes en la aplicación de las políticas de rentas*

Para que se alcance el pacto social, los grupos socio-económicos que intervienen en la negociación deben percibir los beneficios particulares que pueden obtener por la vía concertadora. La política de rentas debe ser percibida por todos los agentes sociales como una "*política de suma positiva*". Como sugiere Espina (1990), "toda política de rentas —para ser aceptada— debe ser contemplada por todos los agentes sociales como un juego de suma no nula y no como un simple intercambio en el que lo que unos ganan haya de ser necesariamente perdido por las otras partes". Si existe un beneficio neto para todos los agentes sociales será fácil alcanzar un acuerdo; si existe un coste neto para algún agente el acuerdo se convierte en una tarea mucho más ardua y difícil.

Sin embargo, es fácil que se produzca una distribución asimétrica de los costes y beneficios entre los agentes sociales implicados. Mientras que el Estado y las organizaciones empresariales suelen obtener beneficios netos de la política de rentas, los/as trabajadores/as y sus representantes, en cambio, pueden llegar a soportar costes netos.

A) Los beneficios macroeconómicos potenciales de las políticas de rentas

La aplicación de política de rentas puede tener efectos negativos sobre otros objetivos de política económica (por ejemplo, el control del déficit público, si llevan aparejadas políticas de aumento del gasto público). Sin embargo, a menudo tienen efectos macroeconómicos muy positivos. Entre ellos los siguientes:

   a) La política de rentas puede evitar la puesta en práctica de otras políticas más perjudiciales para los intereses de los trabajadores. Por ejemplo, las políticas deflacionistas de demanda. Una política de demanda contractiva, además de tener graves costes sociales (incremento del desempleo, descenso del nivel de bienestar, etc.), tiene efectos claramente regresivos sobre la distribución de la renta. De esta forma, la política de rentas puede hacer compatible el objetivo de la estabilidad de precios con el mantenimiento de un elevado crecimiento económico, y por consiguiente, del empleo. Es decir, la política de rentas puede ser un buen complemento de las políticas expansivas de demanda agregada. Asimismo, una política de rentas puede compatibilizar la moderación salarial y la flexibilidad de determinados aspectos del mercado de trabajo con la expansión del salario indirecto a través de la ampliación de los gastos sociales característicos del Estado del bienestar.

b) La moderación salarial puede contribuir a mejorar el excedente empresarial y favorecer el aumento de la inversión, el crecimiento económico y la creación de empleo.

c) Existe un debate entre la centralización de la negociación salarial "versus" la descentralización salarial. Lo cierto es que existe evidencia empírica de que la centralización no está reñida con alcanzar mejores resultados macroeconómicos.

d) Permite alterar a corto plazo el "*trade-off*" entre desempleo e inflación. Una política de aumento de la DA para reducir la tasa de desempleo provocará una menor tasa de inflación si está acompañada de una política de rentas. Esto es debido a la reducción de las expectativas de inflación y a una menor inclinación de la curva de Phillips, ya que cualquier reducción del desempleo supondrá una tasa de aumento salarial más baja que anteriormente.

e) La política de rentas puede disminuir el salario real deseado de los trabajadores. Es decir, una política de rentas que modere los salarios disminuye la diferencia entre el salario real actual de los trabajadores y el salario real deseado, reduciendo de esta manera la tasa de inflación.

f) Existen claras diferencias de productividad entre sectores económicos. Pueden existir presiones para que los salarios se igualen y, por tanto, el crecimiento salarial en el sector de menor crecimiento de la productividad presione al alza la inflación. La política de rentas puede diferenciar el crecimiento salarial de dos sectores con diferente productividad.

g) A partir del modelo escandinavo de inflación, en economías abiertas, una política de rentas puede hacer que los incrementos remunerativos del "*sector expuesto*" se vinculen a las ganancias de productividad del "*sector protegido*" y no a las propias, moderando con ello la inflación.

h) La reducción del conflicto entre capital y trabajo, con la consiguiente estabilidad política y paz social, es condición institucional necesaria para favorecer el crecimiento económico a largo plazo.

B) Los beneficios políticos, institucionales y organizativos

En países como España, con una débil institucionalización de la democracia económica, la política de rentas puede contribuir a institucionalizar la participación sindical en la toma de decisiones de política económica, sirviendo de instrumento de participación democrática en la esfera política. Esto ha venido ocurriendo en España, donde las políticas de rentas, sin duda, han contribuido a la estabilidad del sistema democrático, a una mayor presencia institucional y política de los sindicatos y a ganancias organizativas de los sindicatos de clase mayoritarios que han permitido aumentar su representatividad sindical y su legitimidad social.

No obstante, en la aplicación de la política de rentas también pueden aparecer riesgos o costes importantes para las organizaciones sindicales. Un objetivo fundamental de las políticas de rentas es el mantenimiento de la paz social (minimización de la conflictividad laboral y de la actividad reivindicativa sindical) y la estabilidad política. Por esta razón, algunos autores y también algunos representantes de las organizaciones sindicales han criticado las políticas de rentas aduciendo que pueden contribuir a configurar un modelo de sindicalismo conciliador, debilitado, en el cual los sindicatos pueden perder autonomía y afiliación sindical. Denuncian que lo único que persiguen las políticas de rentas es garantizar el proceso de acumulación de capital privado, reduciendo el poder negociador de los sindicatos y suavizando la actividad reivindicativa del movimiento obrero. Un resumen de los beneficios y costes político-institucionales se muestra en el Cuadro 8.2.

Cuadro 8.2
Beneficios y costes políticos, institucionales y organizativos para las organizaciones sindicales de las políticas de rentas

Beneficios potenciales	Costes potenciales
- Extensión del ámbito de influencia sindical de la empresa a la esfera política. - Institucionalización de la participación sindical en la toma de decisiones de la política económica. - Instrumento de participación democrática en las decisiones públicas. - Apoyo a partidos políticos con vínculos institucionales e ideológicos. - Posibilidad de favorecer las actitudes cooperativas y solidarias entre los participantes. - Mejora de la transparencia de la información sobre el desarrollo de la economía.	- Efectos redistributivos regresivos (transferencias de rentas a favor de las rentas no salariales, aumento del excedente empresarial, pérdida del poder adquisitivo de los salarios, precarización del empleo, etc.). - Auto-limitación de la capacidad reivindicativa e intensidad de la negociación sindical sobre los salarios. - Posible caída de la afiliación sindical. - Incumplimientos de las compensaciones políticas y económicas pactadas a cambio de la moderación salarial. - Efectos asimétricos: aumento del poder de negociación de los grupos organizados con respecto a los que no lo están (grupos "latentes" como los consumidores o los contribuyentes).

2.3. La difícil evaluación de los resultados de la política de rentas antiinflacionista

La política de rentas tiene una naturaleza eminentemente política. Esto hace que la valoración de sus efectos se convierta, a menudo, en un ejercicio fuertemente ideologizado. Desde una perspectiva académica o teórica no ha existido nunca un consenso en torno a la eficacia de las políticas de rentas. Desde posiciones keynesianas o neokeynesianas se ha defendido la virtualidad y eficacia de las mismas, o, por lo menos, se ha terminado considerando las políticas de rentas como el *"precio"* que hay que pagar para tener una mayor tasa de empleo en la economía. Desde una perspectiva marxista, la política de rentas ha sido duramente criticada, por la renuncia de la clase trabajadora a establecer un nuevo orden social y económico a través de una lucha de clases más conflictiva. Finalmente, desde posicionamientos liberales también han sufrido duros ataques porque representan intervenciones sobre los precios de los factores de producción que deben ser el resultado del libre juego del mercado.

Los trabajos empíricos existentes sobre el tema tampoco muestran conclusiones del todo definitivas. Algunas investigaciones muestran el fracaso de las políticas de rentas, otras su éxito y otras que las políticas de rentas son eficaces a corto plazo, pero dejan de serlo a largo plazo por los *"efectos salida"*, es decir, el *"efecto explosión"* de los salarios provocado por la propia intervención política.

De igual forma, existen problemas de medición de los efectos. La dificultad de seleccionar indicadores y un modelo que los relacione entre sí, así como el periodo de tiempo para realizar la evaluación de los resultados, añaden dificultades a la evaluación. Más aún, los indicadores elegidos no suelen reflejar los cambios producidos en términos cualitativos.

A partir de la literatura económica sobre esta materia podemos detectar algunos factores económicos y políticos que, teóricamente, pueden contribuir al éxito de las políticas de rentas (Recuadro 8.3). No obstante, el fracaso o el éxito de una política de rentas concreta puede deberse a muchos factores y algunos ajenos a la propia política (como son, la inadecuada combinación con otras políticas económicas, la defectuosa regulación de la demanda agregada, la causa de la inflación puede no estar en el lado de los costes, etc.) o al incumplimiento de las contraprestaciones en política social e institucional por parte del gobierno que pueden dar lugar a una reacción sindical en contra (mayor conflictividad social, huelgas, explosión salarial, etc.).

A pesar de todos estas dificultades, la política de rentas, en su vertiente estabilizadora, ha mostrado una gran eficacia (colaborando, sobre todo, con los instrumentos monetarios) en el control de la inflación y/o en la ruptura de las expectativas inflacionistas de la mayoría de economías europeas durante las últimas décadas del siglo XX.

Recuadro 8.3
Las condiciones óptimas para la aplicación de las políticas de rentas

La instrumentalización de la política de rentas no está exenta de innumerables dificultades técnicas (conseguir que sea aceptable para una amplia mayoría de trabajadores y empresas, utilizar un indicador adecuado del crecimiento de la productividad, establecer posibles excepciones a la norma general, evitar las situaciones de evasión y/o incumplimiento de la norma salarial, establecer mecanismos institucionales de supervisión de los acuerdos, etc.).

Además de estas dificultades técnico-políticas, la evaluación de los resultados de las políticas de rentas es un ejercicio extremadamente complicado. El éxito o fracaso de las políticas de rentas está estrechamente vinculado al marco social, económico, institucional y político existente en el momento de su aplicación, que a su vez obedece también a factores y contextos históricos. Lo único que podemos hacer es repasar la literatura económica (teórica, empírica y comparada) existente al respecto. En la siguiente tabla se resumen las condiciones económicas, políticas e institucionales que favorecen, teóricamente, la aplicación de las políticas de rentas, o que mejoran el grado de eficacia de las mismas.

Referentes a la instrumentación de la política económica y de rentas	Referentes a la situación económica	Referentes al modelo de relaciones laborales e industriales
– No debe ser un sustituto de las políticas de manejo de la D.A., sino su complemento. – Objetivos realistas y creíbles de política económica. – Alto grado de aceptabilidad de los objetivos de política económica. – Importancia del modo de "vender la política" por parte del gobierno. – El gobierno debe confiar plenamente en la política y creer en su eficacia. – Cálculo sencillo de los indicadores de referencia sobre la evolución de las rentas. – Compromiso serio y factible sobre la vigilancia y control de los precios y otro tipo de rentas de naturaleza no salarial. – La política de rentas ha de ser equitativa para todos los sectores de la comunidad. – Aunque el objetivo principal pueda ser la inflación, se debe preocupar también por la distribución de la renta. – Oferta de contrapartidas a la moderación salarial y cumplimiento de las mismas. – Existencia de consenso ideológico en torno a los objetivos de política económica. – Burocracia estatal capaz, eficaz y respetada (respeto público a las leyes). – Sistema político con partidos políticos no identificados con grupos de interés. – La política de rentas debe tener una duración flexible (en relación inversa a la intensidad y rigor de la propia política). Mejor una política a largo plazo. – Depende de la existencia o no de sanciones en apoyo del cumplimiento. – El resto de la política económica y de control de la Demanda Agregada debe perseguir los mismos objetivos.	– Clima de expansión económica (Tesis de Lipsey y Parkin). – Inflación causada por el lado de los costes salariales. – "País pequeño" con un elevado grado de apertura exterior de la economía. – Experiencias históricas traumáticas recientes en materia de inflación de costes (crisis económica, guerra, hiperinflación, etc.).	– Tradición sindical de participación democrática de los agentes sociales en la vida política. – Debe de estar legitimada por el acuerdo o consenso social y debe implicar una colaboración amplia entre las autoridades y las organizaciones que comparten la responsabilidad de su aplicación. – Organizaciones sindicales fuertes y con un alto grado de implantación en la vida política. – Elevada tasa de afiliación sindical y representatividad social. – Independencia de los sindicatos respecto a los partidos políticos. – Unidad y coordinación de las asociaciones empresariales (sectoriales y regionales) y de las centrales sindicales. – Existencia de órganos institucionales tripartitos de consulta, información y arbitraje a nivel central para las negociaciones. – Existencia de mecanismos de vigilancia y penalización de los acuerdos. – Alto grado de centralización de la negociación salarial. – Tradición de unidad nacional en apoyo a los objetivos económicos y sociales de la política económica.

3. Crisis económica, devaluación salarial y distribución de la renta

La crisis económica y la fuerte destrucción de empleo han tenido un impacto evidente en el proceso de moderación salarial en España. Pueden identificarse, además, otros factores:

a) las reformas laborales acometidas (cambios legales en el mercado de trabajo que han precarizado el mercado de trabajo y han favorecido la creación de empleo de bajos salarios);

b) la política económica en general (política de austeridad y consolidación fiscal, reformas estructurales,) y, finalmente,

c) las estrategias sindicales que han asumido la moderación salarial como el único camino posible en un escenario de fuerte destrucción de empleo y durísima crisis económica.

Aunque existen diferentes formas de medir el aumento (o disminución) de los salarios en España (Recuadro 8.4), el comienzo de la devaluación salarial en España se produce en 2010. En 2010 se fijó una subida de los sueldos de los empleados públicos del 0,3%. Además, se congelaron las retribuciones (básicas y complementarias) de los altos cargos de la Administración General del Estado durante los años 2009 y 2010.

Con el Real Decreto-Ley 8/2010 se adoptaron medidas extraordinarias para la reducción del déficit público, tales como una reducción media del 5% para los salarios del sector público y para esas mismas remuneraciones, una congelación para el 2011, que se extiende al periodo 2011 y 2014.

Posteriormente, se aprobaron sucesivas reformas laborales dirigidas a flexibilizar y precarizar las condiciones laborales:

a) en 2010 con el gobierno del PSOE se aprobó la primera reforma laboral desde el comienzo de la crisis económica (R.D-Ley 35/2010 de 17 de septiembre de 2010) y

b) el gobierno del PP acometió una segunda reforma del mercado de trabajo (RD-Ley 3/2012 de 10 de febrero de 2012 promulgada como Ley 3/2012 de 6 de julio de 2012 de medidas urgentes para la reforma del mercado laboral).

El efecto de las dos reformas laborales, junto a las medidas que afectaron los salarios de los empleados públicos, han sido determinantes en el proceso de devaluación salarial. Concretamente, la reforma laboral de 2012 supuso cambios muy radicales en tres ámbitos relacionados con la determinación de los salarios: 1) la negociación colectiva (prioridad a los convenios de empresa, posibilidad de descuelgue, mayor descentralización, etc.), 2) los costes y procedimientos del despido (reducción de las indemnizaciones por despido, eliminación de la autorización administrativa para los despidos colectivos, etc.) y 3) las modalidades y posibilidades de contratación.

Recuadro 8.4
¿Cómo medimos la devaluación salarial en España?

La primera evidencia que podemos utilizar para ver la evolución de los salarios en España es la de los salarios pactados en convenios colectivos, entre los que hay que distinguir los nuevos convenios y las revisiones de convenios plurianuales. También es preciso distinguir entre los crecimientos salariales pactados inicialmente, y los que resultan después de tener en cuenta las cláusulas de garantía salarial (indiciación frente a la inflación). Las estadísticas sobre salarios pactados las ofrece el Ministerio de Empleo y Seguridad Social (Estadística de Convenios Colectivos de Trabajo, http://www.empleo.gob.es/estadisticas/cct/welcome.htm). Se ofrecen datos mensuales acumulativos, por tanto, la cifra de crecimiento anual es la de diciembre.

Este es el mejor punto de partida para ver en qué medida se están aplicando, por ejemplo, los posibles acuerdos de rentas pactados entre sindicatos y patronales. Los salarios pactados, sin embargo, no recogen todos los salarios percibidos por los trabajadores, ya que hay que añadir otros complementos, horas extraordinarias y acuerdos entre empresas y trabajadores al margen de los convenios (por encima o descuelgues por abajo). Para tener en cuenta esto habría que ir a los salarios brutos, y la diferencia entre el crecimiento de los salarios pactados y los salarios brutos se llama "deriva salarial". No obstante, hay que tener en cuenta que los salarios brutos están afectados por un efecto composición (cambios en la estructura del empleo y diferencias en los salarios de distintos colectivos). Un indicador de este salario bruto es el *coste salarial por trabajador* que se estima por el INE en la Encuesra Trimestral de Coste Laboral (ETCL).

Si ahora se añade al coste salarial por trabajador los otros costes laborales no salariales (principalmente, cotizaciones empresariales a la Seguridad Social e indemnizaciones por despido) se obtiene el *coste laboral por trabajador*, que también se recoge en la ETCL del INE.

Por último, un concepto equivalente al del coste laboral por trabajador es el de la *remuneración por asalariado*, que nos ofrece la Contabilidad Nacional (http://www.ine.es/inebmenu/mnu_cuentas.htm) como el cociente entre la remuneración de los asalariados y el número total de empleo asalariado (equivalente a tiempo completo. Para obtener la remuneración por asalariado debemos obtener la remuneración total de los asalariados y dividirla por el número de asalariados equivalentes a tiempo completo. Para datos trimestrales utilizaremos la tasa de variaciaón interanual de la serie desestacionalizada. Los datos anuales son la media de estas tasas para los cuatro trimestres del mismo año. La remuneración total de los asalariados en un año es la suma de las remuneraciones trimestrales (flujo) y el número de asalariados del año es la media de los cuatro trimestres (stock).

En ocasiones puede ser útil distinguir en este concepto entre el sector público (remuneración por asalariado de las administraciones públicas) y la economía de mercado (el resto).

Las tasas de crecimiento de los salarios pactados, encuesta de costes laborales y remuneración de asalariados según la contabilidad nacional están accesibles también en la serie de indicadores estructurales del Banco de España (http://www.bde.es/webbde/es/estadis/infoest/indeco.html).

La remuneración por asalariado es un concepto equivalente al coste laboral por trabajador (no al coste salarial por trabajador) aunque las cifras que nos ofrecen ambas series no son las mismas. Esto se debe a las distintas metodologías de ambas estadísticas (la segunda es una encuesta) y por la diferente cobertura, ya que la contabilidad abarca a todas las actividades económicas y la encuesta excluye a los empleados del hogar, los trabajadores agrarios y los empleados públicos no adscritos al régimen general de la Seguridad Social. Además, la contabilidad nacional considera como asalariados a los autónomos que son propietarios de sociedades y que trabajan en ellas (incluidos los cooperativistas) y en la remuneración de los asalariados se incluyen las pensiones de los trabajadores públicos.

A partir de este dato de la remuneración por asalariado y de la productividad por ocupado se llega al Coste Laboral Unitario Nominal (CLUN), que es una medida del coste laboral nominal por cada unidad producida en términos reales.

Para ampliar este tema se puede consultar el trabajo de Pérez Infante, J. I. (2013): "Crisis, reformas laborales y devaluación salarial" *Relaciones Laborales* nº 10, págs.: 69-96.

Por otro lado, los Acuerdos para el Empleo y la Negociación Colectiva (I y II) han supuesto un instrumento básico para la institucionalización de la moderación salarial en el diálogo social bipartito entre las principales organizaciones empresariales y los sindicatos mayoritarios.

Podemos concluir, en base a los datos ofrecidos, que la llamada "devaluación interna" ha sido, sobre todo y en el fondo, una "devaluación salarial" (Recuadro 8.5). Los Gráficos 8.1 y 8.2 muestran la extraordinaria disminución de los salarios nominales y reales en España desde el comienzo de la crisis económica y, sobre todo, después de 2010. En realidad, y cuando tenemos en cuenta los efectos de composición, la moderación salarial ha sido, todavía, más intensa[1]. Así mismo, si tenemos en cuenta el salario real (deflactado por el Índice de Precios al Consumo), la pérdida de poder adquisitivo desde 2009 hasta 2014 ha sido de un 8% (Gráfico 8.3).

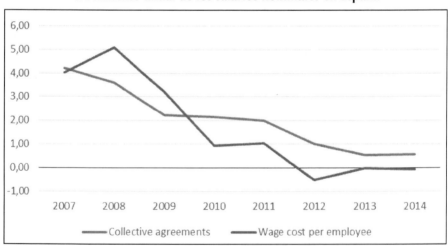

Gráfico 8.1
Crecimiento anual de los salarios nominales en España

FUENTE: Ministerio de Empleo y Seguridad Social; INE (Encuesta Trimestral de Coste Laboral) y elaboración propia.

---

[1] Con el efecto composición queremos expresar que la destrucción del empleo se ha concentrado en los empleos de menor cualificación y, por tanto, con salarios más bajos.

Gráfico 8.2
Crecimiento anual medio de los salarios nominales y reales

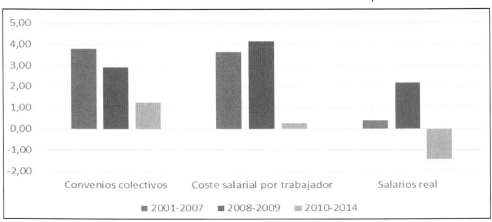

FUENTE: Ministerio de Empleo y Seguridad Social, INE (Encuesta Trimestral de Coste Laboral) y elaboración propia.

Gráfico 8.3
Salarios nominales y reales (2009Q4=100)

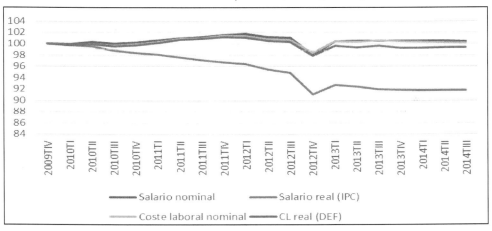

FUENTE: INE (Encuesta Trimestral de Coste Laboral) y elaboración propia.

Recuadro 8.5
Los Acuerdos para el Empleo y la Negociación Colectiva (AENC): un instrumento de moderación salarial

Desde el comienzo de la crisis económica actual, los acuerdos sociales que incorporan normas de crecimiento salarial para guiar la negociación colectiva han seguido siendo muy utilizados en el caso español. Se han firmado dos acuerdos bipartitos interconfederales hasta 2014. Ambos acuerdos firmados han apuntalado la moderación salarial. El I AENC, firmado por CEOE-CEPYME, CCOO y UGT el 9 de febrero de 2010 para una vigencia de tres años (2010, 2011 y 2012), establecía un crecimiento salarial del 1% (2010), entre el 1% y 2% (2011) y entre el 1,5% y 2,5% (2012).

El II ANEC se firmó el 25 de enero de 2012 para otros tres años de vigencia (2012, 2013 y 2014). El compromiso de moderación salarial todavía fue mayor. Para 2012, los salarios pactados no debían exceder del 0,5%; en el 2013 el tope se fijaba en el 0,6% y para el 2014 se pactó una fórmula un poco más compleja. Para el 2014, el aumento de los salarios pactados debía ajustarse al ritmo de la actividad de la economía española, según los siguientes criterios. Si el incremento del PIB a precios constantes era en 2013 inferior al 1% el aumento salarial no excedería el 0,6%. Si el incremento del PIB a precios constantes era 2013 era superior o inferior al 2%, el aumento salarial no excedería el 1%. Y si el incremento del PIB a precios constantes en 2013 alcanza o supera el 2%, el aumento salarial no excederá el 1,5%. En realidad, el objetivo para 2014 se fijó en el 0,6%.

En julio de 2014, Gobierno, CEOE-CEPYME, CCOO y UGT pactaron un "Acuerdo de propuestas para la negociación tripartita con el objetivo de fortalecer el crecimiento económico y el empleo" (http://prensa.empleo.gob.es/WebPrensa/noticias/ministro/detalle/2277).

En mayo de 2015 se llegó a un acuerdo de rentas entre los sindicatos mayoritarios (CCOO y UGT) y las organizaciones empresariales (CEOE, y CEPYME) para los años 2015, 2016 y 2017. Para 2015 la subida salarial será hasta el 1% (dejando que la subida salarial se pueda adecuar a las circunstancias de cada empresa); para el 2016 hasta el 1,5% y para 2017 la subida está abierta y dependerá de la evolución del PIB en 2016 y de las previsiones macroeconómicas del gobierno para ese año 2017. La negociación fue muy larga y difícil porque la CEOE insistía en la necesidad de mantener la moderación salarial. Proponía una subida salarial del 0,6% para el 2015 y del 0,8% para el 2016 y que las subidas salariales estuvieran vinculadas a la evolución del PIB. Finalmente, se aceptó una ligerísima recuperación del poder adquisitivo de los salarios (teniendo en cuenta que, previsiblemente, la subida de la inflación para 2015 y 2016 esté por debajo del 1% y 1,5%). El acuerdo incluye una cláusula de garantía salarial bianual. Concretamente, el Preacuerdo establece que "los convenios negociados conforme a las anteriores directrices deberán tener en cuenta que el sumatorio de los salarios de 2015 y 2016 será mayor a la suma de las inflaciones de ambos años, en función proporcional de los salarios inicialmente pactados".

Algunos trabajos demuestran que los sindicatos españoles llevan años interiorizando la moderación salarial como uno de sus objetivos. Se trataría de una especie de *"política de rentas voluntaria"*. Autores como Ferreiro, han demostrado que los sindicatos españoles han asumido, de manera implícita y voluntaria, una estrategia sindical de moderación salarial como una pieza clave para la consecución de otros objetivos, entre ellos, el crecimiento económico y la creación de empleo.

ALGUNAS REFERENCIAS BIBLIOGRÁFICAS SOBRE LA POLÍTICA DE RENTAS EN ESPAÑA:

FERREIRO, J. (2004): "Descentralized versus centralized collective bargaining: is the collective bargaining structure in Spain efficient?" *Journal of Post Keynesian Economics* vol 26 (4), pp: 695-728.

FERREIRO, J. y GÓMEZ, C. (2006): "New Incomes Policy in Spain" en Hein, E., Heise, A. y Truger, A. (Eds.): *European Economic Policies. Alternatives to Orthodox Analysis and Policy Concepts.* Metropolis, Marburg.

FERREIRO, J. y GÓMEZ, C. (2008): "Is Wages Policy on the Agenda of Trade Unions Again? Voluntary Wage Moderation in Spain" *Economic and Industrial Democracy* vol. 29 (1), pp: 64-95.

FERREIRO, J. y GÓMEZ, C. (2014): "Implementing a Voluntary Wage Policy: Lessons from the Irish and Spanish Experiencies" *Panoeconomicus 1 Special Issue,* pp: 107-127.

4. Distribución de la renta, demanda agregada y crecimiento económico

El salario tiene una doble vertiente económica: 1) es un coste de producción para las empresas y 2) es la principal fuente de ingresos para los hogares. Si nos fijamos en la primera vertiente, un aumento de los salarios provocará un aumento de los costes de producción de las empresas, una reducción de los márgenes de beneficio y, finalmente, un efecto negativo sobre la inversión productiva privada de la economía. Si nos centramos en la segunda, un aumento salarial implicará un mayor consumo privado, un nivel de demanda agregada más alto y, finalmente, un mayor crecimiento económico (además, debemos considerar que la propensión a consumir de los trabajadores es más alta que la de los capitalistas).

En conclusión, un aumento de la participación de las rentas salariales en la renta nacional puede favorecer o limitar el crecimiento económico, dependiendo del efecto dominante de los salarios sobre la demanda agregada y sobre los beneficios.

En consecuencia, las economías desarrolladas siguen dos modelos o regímenes de crecimiento económico:

a) régimen de demanda basado en los ingresos ("*wage-led*") y

b) régimen de demanda basado en las ganancias ("*profit-led*").

El régimen de demanda basado en los ingresos ha estado basado en el aumento de los salarios (un aumento en la participación salarial conduce a un aumento de la demanda agregada) y/o en el endeudamiento ("*debt-leg*") (modelo basado en la "*financiariazación*", en el que el endeudamiento de las familias es lo que ha impulsado el aumento del consumo y la demanda agregada), mientras que el régimen de demanda basado en las ganancias ("*profit-led*") puede estar sustentado en las exportaciones ("*export-led*"). Esto es lo que algunos autores denominan "*modelo neoliberal*" o "*modelo mercantilista orientado a las exportaciones*".

En el régimen de demanda basado en las ganancias un aumento en la participación salarial conduce a una disminución de la demanda agregada. La demanda puede estar basada en las ganancias si la inversión es muy susceptible a una reducción en los márgenes de ganancia. Una rentabilidad alta (sobre un determinado índice de utilización de la capacidad) puede incentivar a las empresas a ampliar su capacidad productiva y a aumentar su inversión. En el Cuadro 8.3 se especifican las características de los dos regímenes y los efectos de las políticas de distribución.

Cuadro 8.3
Estructura económica, regímenes, estrategias de crecimiento y políticas de distribución

		REGÍMENES		POLÍTICAS DE DISTRIBUCIÓN	
		REGÍMENES DE DEMANDA	REGÍMENES DE OFERTA	A FAVOR DEL CAPITAL	A FAVOR DE LOS TRABAJADORES
ESTRUCTURA ECONÓMICA	BASADA EN LAS GANANCIAS	Inversión muy susceptible a los márgenes de ganancia. Una menor participación salarial conduce a una mayor inversión. Una mayor participación salarial se traduce en un PIB más bajo y en una acumulación de capital más lenta.	La moderación salarial conduce a una inversión que aumenta la productividad. Un crecimiento más alto del salario real lleva a un crecimiento más lento de la productividad.	Proceso de crecimiento basado en las ganancias. "Neoliberalismo en teoría": las políticas de la oferta generarán demanda agregada (teoría del derrame).	Estancamiento o crecimiento inestable. "Reformas sociales predestinadas al fracaso". No hay alternativa.
	BASADA EN LOS SALARIOS	La tendencia a gastar dinero proveniente de un salario es mayor que la tendencia a gastar dinero proveniente del rendimiento de capital. Una mayor participación salarial se traduce en un PIB más alto y en una acumulación de capital más rápida.	El crecimiento salarial tiene efectos positivos marcados en el esfuerzo laboral y en las inversiones que aumentan la productividad. El crecimiento del salario real conduce a un crecimiento de la productividad más rápido.	Estancamiento o crecimiento inestable. "Neoliberalismo realmente existente": es inestable y debe depender de motores de crecimiento externos (crecimiento basado en el crédito).	Proceso de crecimiento basado en los salarios. Keynesianismo social de la posguerra.

FUENTE: Basado en Stockhammer, E. (2011): "Crecimiento basado en los salarios: introducción" *Boletín Internacional de Investigación Sindical*, vol. 3 (2).

Según Hein (2011), en los últimos años, la mayoría de las economías desarrolladas han seguido dos modelos de crecimiento económico: 1) el auge del consumo basado en el endeudamiento y/o 2) el modelo mercantilista orientado a las exportaciones. Para este autor ambos modelos se han complementado y han formado una alianza que, a todas luces y considerando la actual crisis económica, se ha mostrado frágil e inestable. Ninguno de estos dos modelos (asociados al *"neoliberalismo"* y la *"financiarización"*) es factible en el futuro. Una estrategia de recuperación económica sostenible a medio y largo plazo no puede pasar por seguir reproduciendo estas dos estrategias de crecimiento económico.

En esta misma línea argumental, algunos organismos internacionales, como la OIT, han alertado que, aunque la moderación o devaluación salarial puede ayudar a impulsar las exportaciones y/o la inversión en las economías, es importante tener en cuenta que las bajas remuneraciones reducen el consumo de los hogares. Por tanto, siempre que una caída en los salarios reduce el consumo interno más de lo que aumentan las exportaciones y la inversión, esto tiene un efecto negativo sobre el crecimiento económico del país. Ello explicaría por qué la caída de los salarios en periodos de crisis puede realmente llevar a una espiral descendente de la demanda agregada y una deflación de precios, más que a una recuperación económica.

Basándose en este tipo de argumentación, numerosos trabajos han defendido una estrategia de crecimiento económico basada en los salarios. Existe ya bastante evidencia empírica que avala esta teoría. No obstante, Onaran (2013) ha demostrado que el efecto de un cambio en la participación de los salarios en la renta nacional sobre el crecimiento económico no es homogéneo en los países del G20: una disminución de los salarios en la distribución de la renta conduce a un crecimiento más bajo en la zona euro, Alemania, Francia, Italia, Reino Unido, Estados Unidos, Turquía y Corea, mientras estimula el crecimiento económico en países como Canadá, Australia, Argentina, México, China, India y Suráfrica.

5. El nuevo papel de la política de rentas

La política de rentas siempre ha tenido un segundo objetivo: la mejora de la distribución funcional de la renta. Este objetivo se ha mantenido más como "retórico" y/o "teórico" y en contadas ocasiones se ha convertido en un objetivo prioritario de las políticas de rentas aplicadas en los países europeos desarrollados. Aunque desde el terreno académico a menudo se ha separado la política de rentas de su objetivo redistributivo, autores como Greffe (1993) han vinculado con claridad la política de rentas y la redistribución de la renta.

No obstante, es innegable que toda política de rentas tiene efectos redistributivos no neutrales. El Estado, para aglutinar el consenso, promete intercambios entre el salario directo (de mercado) y el indirecto, entre el consumo privado y el consumo público, lo que siempre tiene efectos distributivos. No debemos olvidar que el poder de compra se determina en el mercado de trabajo, pero también se ve directamente influido por los impuestos, las cotizaciones, las trasferencias sociales o el gasto público. Este objetivo de redistribución de la renta es esencial para conseguir que el control de las rentas sea socialmente aceptable y esté legitimado por el consenso de todos los grupos de interés, especialmente, los sindicatos. Por tanto, la instrumentación y aceptación de la política de rentas siempre produce efectos redistributivos entre trabajadores y empresarios, entre distintas categorías profesionales de trabajadores y entre trabajadores del sector público y del sector privado, por poner algunos ejemplos.

En las últimas décadas, y tras la crisis económica de los años setenta, este segundo objetivo ha sido olvidado, debido a la prioridad que han dado los gobiernos al objetivo anti-inflacionista. Ello ha ocasionado, a veces, que las políticas de rentas no sólo no mejoraran la distribución funcional de la renta en favor de los/as trabajadores/as, sino que la empeoraran significativamente. Es decir, han supuesto un instrumento de transferencia de renta desde las rentas del trabajo hacia las rentas del capital en un proceso de mejora del excedente empresarial para reactivar, previsiblemente (aunque el efecto ni es automático ni seguro) la inversión y el empleo.

El actual contexto de crisis económica puede, nuevamente, revitalizar el uso del instrumento de la política de rentas, pero con objetivos diferentes a los que han predominado en el pasado. La política salarial y de rentas no debería limitarse a contribuir a alcanzar el objetivo anti-inflacionista (objetivo clásico y tradicional de este instrumento de la política económica), sino a garantizar la estabilidad de precios con el crecimiento económico y una distribución funcional de la renta más equitativa (Sardoni, 2011). Como señala Arestis y Sawyer (2013: 10), "la política de rentas generalmente ha estado asociada con el control de la inflación pero también debería ser interpretada literalmente, esto es una política para las rentas y para la distribución de la renta. Por tanto, es una parte inevitable de la política de rentas tomar en consideración los rasgos de una distribución socialmente deseable de la renta".

Una política de rentas que persiga este objetivo distributivo debería establecer una norma salarial que vincule los salarios con el crecimiento de la productividad a largo plazo. Como paso previo al establecimiento de esta norma salarial, se podría aumentar, por ejemplo, el salario mínimo o establecer un salario mínimo a nivel europeo (Recuadro 8.6). De hecho, el instrumento del SMI ya ha sido ampliamente utilizado durante la crisis. Como se puede leer recientemente en un Informe Conjunto de Síntesis de la OIT y del Banco Mundial (2013: 35), "entre los países que ajustaron el nivel del salario mínimo durante el periodo de crisis, 16 lo incrementaron en términos reales; 10 lo aumentaron más o menos en función del índice de precios al consumidor (IPC); seis lo aumentaron en una proporción menor al IPC; y solo uno lo recortó de forma temporaria. Por lo tanto, cabe afirmar que la intervención en relación con el salario mínimo revistió importancia entre las medidas adoptadas por los países ante la crisis, contrariamente a lo que ocurrió con crisis anteriores en África, Asia y América Latina". El Gráfico 8.4 incluye los países de la OCDE y muestra la evolución del Salario Mínimo durante el periodo de crisis económica como porcentaje del salario medio.

Gráfico 8.4
Niveles de Salario Mínimo después de impuestos: % del salario medio, pre-crisis y después

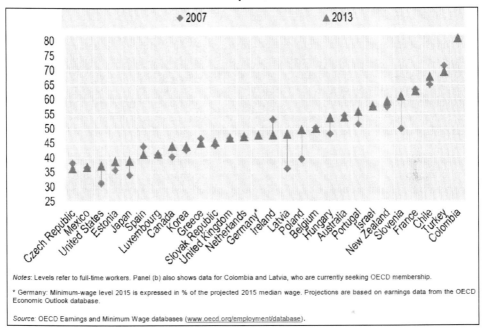

Autores como Hein (2011) y Lavoie y Stockhammer (2013) defienden la necesidad de *"un nuevo pacto keynesiano mundial"*, es decir, una estrategia de recuperación a medio plazo basada en los ingresos. Una política de rentas que favorezca las rentas salariales aumentaría el gasto en consumo privado y, por tanto, el nivel de demanda agregada, la actividad económica y la creación de empleo (Figura 8.2).

Recuadro 8.6
El Salario Mínimo Interprofesional como instrumento de política de rentas: ¿deberíamos subirlo?

Existe ya bastante evidencia empírica que demuestra que el Salario Mínimo tiene una incidencia muy baja o casi nula sobre las decisiones de la contratación. En cambio, la existencia del Salario Mínimo puede tener importantes efectos positivos en la economía. Entre ellos se encuentran la mejora de los ingresos y las condiciones de vida (especialmente, de los trabajadores vulnerables, de los colectivos que trabajan con contratos temporales o parciales y de las personas que trabajan en el sector informal), la lucha contra la pobreza y la reducción de las desigualdades salariales (incluidas, las de género). Por tanto, se convierte en un instrumento esencial para limitar la explotación de los trabajadores vulnerables y garantizar unos ingresos mínimos y dignos a los empleados asalariados.

En los últimos años, algunos autores han propuesto el aumento del Salario Mínimo o el establecimiento de un Salario Mínimo a nivel europeo (Schulten, Th., 2008 y Schulten, Th. y Watt, 2007). En algunos informes se recomienda establecer el Salario Mínimo por lo menos en el nivel del 50% del salario medio o el 60% del salario mediano de los respectivos países miembros (ETUC, 2012).

Sin embargo, en los países periféricos de la Unión Europea la estrategia ha sido todo lo contraria: la congelación del Salario Mínimo o, incluso, la disminución del mismo. Observemos la siguiente tabla del *Informe de la OIT (2014): Estudios sobre el crecimiento con equidad. España. Crecimiento con empleo.*

Cuadro 4.3 Evolución del salario mínimo en España, 2009–2014[185]

		2009	2010	2011	2012	2013	2014
España	Salario mínimo nominal	€ 728,00	€ 738,85	€ 748,30	€ 748,30	€ 752,85	..
	Salario mínimo, como proporción del salario medio	35,1	35,3	34,6	34,7	..	..
Francia	Salario mínimo nominal	€ 1.321,02	€ 1.343,77	€ 1.365,00	€ 1.398,37	€ 1.430,22	€ 1.445,38
	Salario mínimo, como proporción del salario medio	47,9	47,4	47	..	..	..
Grecia	Salario mínimo nominal	€ 817,83	€ 862,82	€ 862,82	€ 876,62*	€ 683,76	..
	Salario mínimo, como proporción del salario medio	50,7	40,4	50,1	..	..	..
Portugal	Salario mínimo nominal	€ 525,00	€ 554,17	€ 565,83	€ 565,83	€ 565,83	€ 565,83
	Salario mínimo, como proporción del salario medio	43,2	42,8	42,6	43,3	43,12	..

Notas: Los datos se refieren al primer semestre de cada año. *Los salarios mínimos en Grecia se redujeron por ley en 2012, con efectos en el segundo semestre del año.
Fuente: Departamento de Investigaciones de la OIT, a partir de datos de Eurostat.

ALGUNAS REFERENCIAS BIBLIOGRÁFICAS BÁSICAS SOBRE EL SALARIO MÍNIMO A NIVEL EUROPEO:
ETUC (2012): "Solidarity in the Crisis and beyond. Towards a Coordinated European Trade Union Approach to Tackling Social Dumping" Discussion Note to the ETUC Winter School, Copenahen, 7-8 Frebrauty.
OECD (2015): *Focus on Minimun Wages after the Crisis: Making them Pay.* Directorate for Employment, Labour and Social Affairs.
SCHULTEN. Th. (2002): "A European Solidaristic Wage Policy?" *European Journal of Industrial Relations* Vol 8 (2), pp: 173-196.
SCHULTEN, Th. (2008): "Towards a European Minimum Wage Policy? Fair Wages and Social Europe" *European Journal of Industrial Relations* vol. 14 (4), pp: 421-439.
SCHULTEN, Th. y WATT, A. (2007): European Minimum Wage policy- a Concrete Project for a Social Europe. *European Economic and Employment Policy Brief* nº 2, ETUI-REHS.

Figura 8.2
Lógica del nuevo papel de la política de rentas

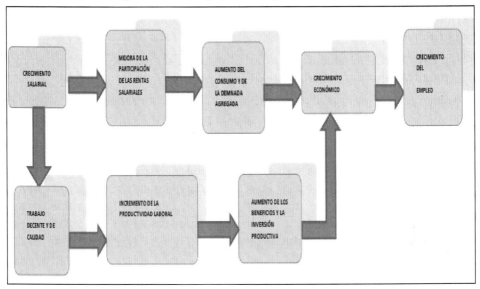

Como ponen de relieve Storm y Naastepad (2011: 236) esos nuevos pactos sociales "deberían suponer: 1) una participación justa en las ganancias a partir del crecimiento de la productividad laboral y el progreso tecnológico entre empresas y trabajadores; 2) permitir ganancias lo suficientemente altas como para estimular las inversiones, y 3) el compromiso de brindar seguridad laboral en el ámbito empresarial y como estrategia macroeconómica (pleno empleo). En otras palabras, la regulación, la coordinación y la cooperación pueden convenir más en términos de desempeño macroeconómico que los sistemas conflictivos con sumas cero, como se observa en las economías europeas nórdicas basadas en los salarios".

Es evidente, que esta nueva política de rentas debería coordinarse entre el conjunto de países miembros de la UE. Stockhammer (2011: 198) apunta que "la política salarial está, por ende, en una situación similar al dilema del prisionero. Para cada uno de los Estados miembros la moderación salarial puede ser una estrategia atractiva, pero si todos buscan lo mismo, tendrá efectos negativos. La coordinación salarial europea facilitaría, en principio, la superación del dilema del prisionero e internalizaría las externalidades de los acuerdos salariales. Sin embargo, las diferencias en los sistemas de negociación salarial dificultan la tarea en la práctica".

Por otro lado, salarios más altos tienen un importante impacto positivo sobre la productividad y las inversiones (y no perjudican de forma directa la rentabilidad). Un aumento de la participación de los salarios en la renta induce a un crecimiento de la productividad de la mano de obra, debido a dos efectos (Lavoie y Stockhammer, 2013):

1) directo: un incremento salarial incentiva la incorporación de métodos más productivos en las empresas e

2) indirecto: un incremento salarial aumenta la demanda global y, por consiguiente, la productividad.

En resumen, la política de rentas ha demostrado sobradamente en las décadas pasadas su eficacia como instrumento de política anti-inflacionista (junto con otros instrumentos de política económica). No obstante, en el escenario deflacionista actual, puede jugar un nuevo papel cuyo objetivo principal sea la mejora de la distribución primaria de la renta. Paralelamente, una distribución de la renta más equitativa permitiría estimular la demanda agregada, la actividad económica, el crecimiento económico y el empleo con salarios dignos. La política de rentas se convertiría, desempeñando este nuevo rol, en un instrumento clave para la superación de la actual crisis económica.

Orientación bibliográfica

Este capítulo es heredero de un anterior trabajo publicado en Ochando, C. (2009): "Política de rentas y de concertación social" en Antuñano, I. y Sánchez, A. (Coords.): *Política económica. Elaboración y políticas coyunturales*. Tirant Lo Blanch. Valencia; págs. 289-317. El presente capítulo no es más que una ampliación, revisión y actualización de ese capítulo anterior, aunque hemos incorporado algunos cambios sustanciales. A lo largo del capítulo, en los recuadros expuestos, ya se han citado algunas referencias bibliográficas sobre el tema de la política de rentas. Por supuesto, esas referencias pueden ser útiles y no las repetiremos en este comentario bibliográfico final.

Sobre el tema de la política de rentas existen algunos libros clásicos como el de Fallick, J. L. y Elliot, R. F. (Eds.): *Estudios sobre política de rentas*, I.E.F. Madrid, 1983 y Cuadrado, J. R. y Villena, J. E.: *Política de rentas*, I.E.F. Madrid, 1980.

Respecto a la bibliografía más actual, pueden ser de interés los trabajos de Arestis, Ph. y Sawyer, M. (2013): "Moving from Inflation Targeting to prices and Incomes Policy" *Panoeconomicus* nº 60(1), pp: 1-17 y Sardoni, C. (2011):"Incomes policy: two approaches" *European Journal of Economic and Economic Policies: Intervention* vol 8 (1), pp: 147-163.

Para estudiar la política de rentas llevado a cabo en los países europeos es útil el trabajo de Dore, R. Ph., Boyer, R. y Mars, Z. (1994): *The Return to Incomes Policy*. Pinter Publishers. London and New York. Más recientemente, se pueden consultar los siguientes trabajos: Hassel, A. (2006): *Wage Setting, Social Pacts and the Euro: a New Role for the State*. Amsterdam University Press. Amsterdam; Keune, M. y Galgoczi, B. (Eds.) (2008): *Wages and Wage Bargaining in Europe. Developments since the Mid-1990s*. ETUI-REHS, Brussels y Natali, D. y Pochet, Ph. (2009): "The Evolution of Social Pacts in the EMU Era: What Type of Institutionalization?" *European Journal of Industrial Relations*, 15(2), pp: 147-166.

Finalmente, además de los trabajos de Ferreiro (citados en el Recuadro 8.5 del capítulo), para estudiar la política de rentas en España pueden ser interesantes los dos trabajos siguientes: Molina, O. y Rhodes, M. (2011): "Spain: From Tripartite to Bipartite Pacts" en Avdagic, S., Rhodes, M. y Visser, J. (Eds.): *Social Pacts in Europe. Emergence, Evolution and Institutionalization*. Oxford

University Press, Oxford y Ochando, C. (2010): "Crisis económica y distribución de la renta: el nuevo papel de la política de rentas" en Antuñano, I., Jordán, J. M. y Tomás Carpi, J. A. (Eds.): *Crisis y transformación. Ensayos en homenaje al profesor Emèrit Bono.* Universitat de Valencia, Valencia.

También, sobre el caso español, el proceso de devaluación salarial está muy bien descrito en los trabajos de Pérez Infante, J. I. (2013): "Crisis, reformas laborales y devaluación salarial" *Relaciones Laborales* nº 10, pp: 69-96 y Paúl, J. y Uxó, J. (2014): "Competitividad, devaluación interna y sector exterior" en Sánchez, A. y Tomás Carpi, J. A. (Dirs.): *Crisis y política económica en España. Un análisis de la política económica actual.* Tomson Reuters Aranzadi.

Apuesta por Tirant Online, la base de datos jurídica de la editorial más prestigiosa de España.*

www.tirantonline.com

Suscríbete a nuestro servicio de base de datos jurídica y tendrás acceso a todos los documentos de Legislación, Doctrina, Jurisprudencia, Formularios, Esquemas, Consultas o Voces, y a muchas herramientas útiles para el jurista:

- ✶ Biblioteca Virtual
- ✶ Herramientas Salariales
- ✶ Calculadoras de tasas y pensiones
- ✶ Tirant TV
- ✶ Personalización
- ✶ Foros y Consultoría
- ✶ Revistas Jurídicas
- ✶ Gestión de despachos
- ✶ Biblioteca GPS
- ✶ Ayudas y subvenciones
- ✶ Novedades

* Según ranking del CSIC

☎ 96 369 17 28

96 369 41 51

✉ atencionalcliente@tirantonline.com

🌐 www.tirantonline.com